全国高等教育教材·北大版留学生专业汉语教材

医学汉语

实习篇 III

总主编 周小兵

主编 莫秀英

中山大学国际交流学院科研基金项目资助

参编学校

大理学院　　东南大学
复旦大学　　赣南医学院
广西医科大学　海南医学院
江苏大学　　南方医科大学
南京医科大学　四川大学
苏州大学　　泰山医学院
天津医科大学　温州医学院
西安交通大学　新乡医科大学
中国传媒大学　中山大学

北京大学出版社

图书在版编目(CIP)数据

医学汉语·实习篇Ⅲ/莫秀英 主编. —北京：北京大学出版社，2012.4
(全国高等教育教材·北大版留学生专业汉语教材)
ISBN 978-7-301-18386-1

Ⅰ.医… Ⅱ.莫… Ⅲ.医学–汉语–对外汉语教学–教材 Ⅳ.H195.4

中国版本图书馆 CIP 数据核字(2011)第 001832 号

书　　　名：	医学汉语——实习篇Ⅲ
著作责任者：	莫秀英　主编
正 文 插 图：	曹　玲
责 任 编 辑：	贾鸿杰
标 准 书 号：	ISBN 978-7-301-18386-1/H·2732
出 版 发 行：	北京大学出版社
地　　　址：	北京市海淀区成府路 205 号　100871
网　　　址：	http://www.pup.cn
电　　　话：	邮购部 62752015　发行部 62750672　编辑部 62752028　出版部 62754962
电 子 邮 箱：	zpup@pup.pku.edu.cn
印　　刷　者：	北京虎彩文化传播有限公司
经　销　者：	新华书店
	787 毫米×1092 毫米　16 开本　15.5 印张　372 千字
	2012 年 4 月第 1 版　2025 年 1 月第 2 次印刷
定　　　价：	48.00 元(附 MP3 盘 1 张)

未经许可，不得以任何方式复制或抄袭本书之部分或全部内容。
版权所有，侵权必究　举报电话：010-62752024
　　　　　　　　　　　电子邮箱：fd@pup.pku.edu.cn

总主编　周小兵(中山大学)
主　编　莫秀英(中山大学)
副主编　邓淑兰(中山大学)
　　　　乐　琦(南方医科大学)
　　　　张　曦(南京医科大学)
　　　　林华生(中山大学)

本书编辑委员会

南方医科大学	郑道博　乐　琦
南京医科大学	冯振卿　张　曦
四川大学	方定志
天津医科大学	郭凤林
温州医学院	陈肖鸣
西安交通大学	宋玉霞
中国传媒大学	逄增玉
中山大学	周小兵　刘传华　莫秀英　林华生　邓淑兰

编写者

大理学院	张如梅
东南大学	陶　咏　张志凌
复旦大学	梁　进
赣南医学院	钟富有
广西医科大学	周红霞　王　晨
海南医学院	张峻霄
江苏大学	吴卫疆
南方医科大学	乐　琦　魏胜艳　熊　芳
南京医科大学	张　曦　刘　娜　姜　安
四川大学	谢　红
苏州大学	何立荣　林齐倩
泰山医学院	李　楠　王松梅　肖　强　王　倩
天津医科大学	石再俭
温州医学院	胡　臻
西安交通大学	李馨郁
新乡医学院	郗万富
中国传媒大学	逄增玉
中山大学	莫秀英　林华生　邓淑兰　陈梅双　李典娜

英文翻译　邓晋松　莫　伟　陈梅双　杨　诚　刘　敏　陈　穗
　　　　　叶张章　张　雷　岑东芝　于苇凌
英文审订　陈梅双　于苇凌　王书元

序

《医学汉语——实习篇》是一套 Special Purpose Chinese 教材。Special Purpose Chinese,有人翻译成"特殊用途汉语",有人翻译成"专用汉语"。前者是直译,后者是意译。我更倾向于使用后者。

专用汉语跟通用汉语有很大的区别。后者是一般学习者学习用的,前者是为了某种专门需要而学习用的。这两种汉语反映在教学实施和教材编写上,也有许多不同。如词汇选择,专用汉语跟通用汉语就明显不同。"感冒"、"嗓子"、"不舒服"等是通用词汇,"呼吸道"、"感染"、"支气管"、"扩张"等是医科专用词汇。除了词汇,专用汉语教材的课文、注释、练习等项目都跟通用汉语不同。

一般来说,专用汉语可以大致分为两个方面:专业汉语、职业汉语。专业汉语是为了使学习者能用汉语学习某个专业而设置的,如医科汉语、商科汉语。专业汉语有时涉及面比较广:如科技汉语,是为了用汉语学习理工科专业而设置的;社科汉语,是为了用汉语学习社会科学专业而设置的。职业汉语是为了让学习者从事某项职业而设置的,如商务汉语、法律汉语。学习者可能已经掌握了相关专业,但不懂汉语,必须通过这种学习,使自己能在某种程度上用汉语从事相关职业。

不难看出,专用汉语不但跟通用汉语有别,而且难度比较大。一种语言作为外语学习和使用,往往先从通用语言开始,发展到一定程度,才会需要专用语言。近几年,对专用汉语,如医科汉语、商科汉语的需求迅速增加,说明汉语在国际上的影响越来越大,地位越来越高。

一般的教材编写有几个阶段:准备阶段、实施阶段、修订阶段。《医学汉语——实习篇》的编者,在这几个阶段都做足了功课。比如说,准备工作:首先,编写者大多教过医科留学生基础阶段的通用汉语课程,不少还上过医学汉语课,有较为丰富的经验。其次,主编莫秀英和副主编林华生专门对进入见习实习阶段的留学生做了问卷调查和询问调查,了解使用者的需求。编写大纲的初稿,就建立在事实调查的基础之上。最后,主编召集大部分编写者(十几所高校的老师)在中山大学开过一个专门的研讨会,仔细讨论了教材编写大纲和具体的编写分工、程序等。

实施阶段的动作也做得相当好。前面讲过,专用汉语不同于通用汉语的最大特点,在于二者的词汇选择不同。如何选择词汇,是医科实习汉语教材的第一关。这部教材从学习医科的本科生实习的实际需求为依据,合理选择在住院部实习时经常要使用的词汇,作为词汇教学的主要内容。此外,该教材在句式选用和课文、练习的设计也有不少特点。如课文设计,考虑到实习的基本需要,有对话也有成段表达。而这些对话或成段表达都可能在实习医生和病人之间、或者实习医生和指导医生之间产生。练习的设计,既考虑到实习汉语的要求,也考虑到学习者的实际水平和学习兴趣,形式灵活多样。此外,这部教材在词汇量控制、课文长度、课时容量、练习量等方面都有仔细的斟酌和认真的考量。

目前,在中国大陆学习医科的外国留学生有一万多人,而且人数还会持续增长,需求还会不断增加。跟其他专用汉语教材一样,医科汉语教材的编写才刚刚开始。我们相信,随着时间的推移,随着教学实践的发展,医科汉语跟其他专用汉语教材一样,会不断积累经验,越编越好。

周小兵

2007 年 11 月 12 日

编写说明

《医学汉语——实习篇》是一套针对临床医学专业全英语教学外国留学生到中国医院见习、实习而编写的教材。《医学汉语——实习篇Ⅲ》的使用对象一般应学过基础汉语,掌握《汉语水平词汇与汉字等级大纲》中的甲、乙级词汇或《高等学校外国留学生汉语教学大纲》(长期进修)中的初级阶段词汇1500~2000个左右,掌握基本的汉语语法和常用句式,HSK成绩达到四级左右。同时也适合具有一定汉语水平、对医学汉语感兴趣的外国人使用。

教材编写之前,我们以座谈和问卷两种形式对正在实习或已经完成实习阶段的外国留学生进行调查,调查内容是见习和实习阶段使用汉语的情况。根据调查结果及各院校老师的教学经验,我们确定了本教材的内容和生词范围。

本教材的内容主要是医院住院部各科室常用的汉语,也涉及一些门诊常用的汉语,以说和听为主,兼顾写。具体来说,包括医院各科室的中文名称、常用药物的中文名称、人体各种结构的中文名称、常见病的中文名称、各种常见病主要症状及体征的汉语表达、实验室检验报告及病历的书写、住院部里医生与病人的日常用语、实习生与指导医生的日常用语等。

虽然使用本教材的学生的汉语水平只达到初级,但根据课程设置的目的和使用对象对教材实用性的要求,本教材选用生词不以《汉语水平词汇与汉字等级大纲》中的甲、乙级词汇或《高等学校外国留学生汉语教学大纲》(长期进修)中的初级词汇为标准,而以医院住院部和门诊部常用的词汇为标准。因此,生词中大部分是超纲词,这是本教材不同于普通汉语教材之处,也是本教材以实用性为主的特色。我们认为,这些词对一般人来说是超纲的,因为使用频率非常低;但对到医院见习和实习的留学生来说并不算超纲,因为使用频率非常高,所以掌握这些词汇对他们的见习和实习都非常有用。

整套教材分Ⅰ、Ⅱ、Ⅲ三册,每册17课,共51课。每课容量约为4课时。各课内容根据我国三甲医院住院部各科室纵向排列,比较重要的科室(如内、外、妇、儿等)课数较多,个别科室只用1课。每课由生词语、课文、注释、练习、附录组成。

课文题目由课文中的一个句子构成,有的是本课的主题句,有的是常用句。

生词语每课约18~25个,每个词有汉字、拼音、词性、英文翻译。

课文由1~2个对话和1个成段表达构成。课文的角色主要由2~4位留学生充当,贯穿整套教材;每课另有不固定的指导医生、病人等。课文内容是医院里实习生之间以及实习生与指导医生、病人、病人家属、护士的对话或成段表述。

注释包括课文中出现的语法难点和常用语、常用格式、常用句式以及专业词语的解释。针对使用对象的特点,每项注释都附有英文翻译。

练习部分注重说、听、写三方面的训练,每课有8~10道练习题。题型有听与读、替换与扩展、看汉字写拼音、看拼音写汉字、选词填空、根据问句写出答句、根据答句写出

问句、完成对话、看图对话、根据话题成段表述、把短文改成对话、把对话改成短文、有信息差的模拟交际练习、词语搭配、组词、根据情景问问题、根据情景回答问题等。

附录部分是一些常用专业词语或跟课文内容相关的常用词语和模拟的常见化验单。词语包括汉字、拼音、词性、英文翻译。这部分词语不要求课堂内讲授，只作为学生扩充词汇量的一个参考。模拟的化验单可作为学生的课外阅读材料。

课文、生词语及部分练习配有MP3，以方便进行听说教学。

本教材在中山大学国际交流学院周小兵教授的组织指导下，由18所高等院校合作编写而成。

参加第三册编写的院校有中山大学、南京医科大学、南方医科大学、复旦大学、东南大学、西安交通大学、四川大学、天津医科大学、广西医科大学、江苏大学、苏州大学、中国传媒大学、泰山医学院、温州医学院、新乡医学院、赣南医学院、海南医学院和大理学院。中山大学国际交流学院莫秀英任主编，负责总体设计、统稿、审稿、附录的编写、部分稿件的修改和校对等。邓淑兰（中山大学）、乐琦（南方医科大学）、张曦（南京医科大学）、林华生（中山大学）任副主编，负责部分稿件的审阅、修改和校对。课文编写、生词确定和注释由莫秀英、邓淑兰、乐琦、张曦和林华生完成。练习和部分附录由各院校参编教师完成，莫秀英、邓淑兰、乐琦、张曦、陈梅双、姜安修改。中文部分的校对由李典娜（中山大学）负责。本册生词、注释、课文和附录的英文翻译者有：南方医科大学留学生管理部邓晋松先生（留英MBA），广东省第二中医院莫伟医师，中山大学国际汉语学院陈梅双，珠江医院岑东芝，美国罗格斯大学博士生于苇凌，中山大学医学院硕士生杨诚、刘敏、陈穗、叶张章、张雷。英文审订由陈梅双（中山大学教师）、于苇凌（美国罗格斯大学博士生）、王书元（美国哥伦比亚大学博士生）负责。全书由周小兵教授审订。

在编写过程中，我们参阅了大量的网上资料（包括医学常识、病例分析等），在此特对在网上提供相关资料的作者表示感谢。

本教材的顺利完成，得到了北京大学出版社吕幼筠、贾鸿杰两位编辑的大力支持和帮助，在此表示由衷的感谢。我们还要感谢中山大学国际交流学院副院长刘传华先生，他为组织、联系各院校编写本教材做了大量的工作。还要感谢中山大学国际交流学院的吴门吉博士，她在教材的设想阶段为我们设计了调查问卷，对整个教材的总体设计帮助甚大。还要感谢中山大学留学生办公室的陈佩中先生和陈宇英女士，他们热心地为我们组织留学生进行座谈和问卷调查。最后我们要感谢中山大学中山医学院的外国留学生，他们不仅热情地配合我们做调查，还主动给我们提供对临床见习、实习有帮助的书目，甚至无偿赠送一些非常实用的图书。本书在编写过程中，也得到各相关院校领导的大力支持，在此一并表示衷心感谢。

本书是医学专业实习汉语教材的一个新尝试，错漏之处在所难免，敬请同行和读者批评指正。

编　者 zhuzimxy@163.com
2012年3月于广州康乐园

目　录

第一课
　　她为什么转到新生儿监护室来？　1

第二课
　　他现在处于昏迷状态　10

第三课
　　她得的是不是手足口病？　19

第四课
　　这是百日咳第二期的症状　29

第五课
　　这种病要用抗菌药治疗吗？　39

第六课
　　这些都是慢性肝炎的症状　50

第七课
　　肺结核能治好吗？　59

第八课
　　鼻咽癌在癌症中的治愈率是最高的　68

第九课
　　她属于典型的双眼老年性白内障　76

第十课
　　青光眼对视力的损害是不可逆的　86

第十一课
唯一的办法就是进行角膜移植手术　**95**

第十二课
我觉得这可能是下颌髁状突颈部骨折　**105**

第十三课
他得的不是一般的银屑病　**115**

第十四课
带状疱疹早期容易被误诊　**124**

第十五课
她和家人根本没往精神疾病这个方面想　**132**

第十六课
你要有充分的思想准备　**140**

第十七课
怎么能那么准确地判断出她是宫外孕呢？　**150**

附录一
课文拼音　**159**

附录二
参考译文　**193**

附录三
交际活动　**227**

附录四
部分练习参考答案　**229**

附录五
词汇总表　**232**

第一课　她为什么转到新生儿监护室来？

一、生词语

1.	新生儿	xīnshēng'ér	（名）	neonate
2.	监护室	jiānhùshì	（名）	ICU
3.	女婴	nǚyīng	（名）	female infant
4.	足月	zúyuè	（动）	to mature
5.	早产	zǎochǎn	（动）	to premature
6.	血型	xuèxíng	（名）	blood type
7.	婴儿	yīng'ér	（名）	infant
8.	胆红素	dǎnhóngsù	（名）	bilirubin
9.	生理性黄疸	shēnglǐxìng huángdǎn		physiologic jaundice
10.	溶血性黄疸	róngxuèxìng huángdǎn		hemolytic jaundice
11.	光疗	guāngliáo	（名）	phototherapy
12.	快速	kuàisù	（形）	fast
13.	浓度	nóngdù	（名）	concentration
14.	丙种球蛋白	bǐngzhǒng qiúdànbái		γ-globulin; gamma globulin
15.	痊愈	quányù	（动）	to recover
16.	换血	huàn xiě		to exchange transfusion
17.	嫩	nèn	（形）	delicate
18.	软	ruǎn	（形）	soft
19.	意义	yìyì	（名）	significance
20.	算	suàn	（动）	to count
21.	疗效	liáoxiào	（名）	healing effect
22.	哺乳	bǔrǔ	（动）	to lactate
23.	母乳	mǔrǔ	（名）	breast milk
24.	喂养	wèiyǎng	（动）	to feed
25.	定时	dìngshí	（动）	to time

二、课文

人物 rénwù

指导医生——丁玉玲
实习生——莎娜
病人——一名新生儿
家属——马小芳（患儿母亲）

1 会话

莎　　娜：丁老师，新生儿监护室(ICU)刚收了一位**女婴**。

丁玉玲：她是什么时候出生的？是**足月**还是**早产**？

莎　　娜：昨天晚上8点半出生的，到现在出生了20个小时，是足月儿。

丁玉玲：她为什么转到新生儿监护室来？

莎　　娜：护士长说，这个女婴皮肤和眼白都很黄。

丁玉玲：她母亲的**血型**是什么？

莎　　娜：是O型。

丁玉玲：哦。那现在先给**婴儿**验血，看看她是什么血型，**血清胆红素**是多少。

莎　　娜：丁老师，这会不会是新生儿**生理性黄疸**？

丁玉玲：足月儿一般在出生24小时后才会出现生理性黄疸，她出现黄疸的时间太早了。

莎　　娜：黄疸是看胆红素高不高，为什么要查血型呢？

丁玉玲：她妈妈的血型是O型，如果女婴的血型是A型或者B型，就可能是新生儿**溶血性黄疸**。

莎　娜：啊，我想起来了，这个叫 ABO 溶血，是因为母亲和婴儿的血型不合引起的。那我赶快去给她验血。

2. 会话

莎　娜：丁老师，验血报告出来了，女婴的血型是 A 型，血清胆红素比正常值高多了。

丁玉玲：嗯，可以确诊是新生儿溶血性黄疸了。

莎　娜：那现在该怎么治疗呢？

丁玉玲：先进行**光疗**。

莎　娜：光疗？

丁玉玲：对，就是照蓝光。

莎　娜：照蓝光有什么作用？

丁玉玲：蓝光可以使胆红素容易从尿液中排出，**快速**降低血清胆红素的**浓度**。

莎　娜：哦，那还要服药吗？

丁玉玲：不用服药，可以再注射**丙种球蛋白**，这样效果更好。

莎　娜：照了蓝光，注射了丙种球蛋白，这个宝宝就能好起来吗？

丁玉玲：一般来说是可以**痊愈**的。如果还不行，就要考虑**换血**。

莎　娜：丁老师，我觉得新生儿特别可爱，皮肤**嫩嫩**的，身体**软软**的。可是看见他们这么小就生病，我心里非常难受。

丁玉玲：我们的工作就是让他们恢复健康，这是多么有**意义**的工作啊！

莎　娜：对，我一定要好好儿学习，好好儿工作，帮助宝宝们尽快恢复健康。

3. 成段表达（莎娜对马小芳说）

马姐，你的宝宝出生20个小时后出现了黄疸。根据她和你的验血报告，丁医生诊断她得的是新生儿溶血性黄疸。现在我们已经把她送进新生儿监护室接受治疗了。新生儿溶血性黄疸是因为母亲的血型和孩子的血型不合引起的。不过你不用太担心，她的黄疸还不**算**很严重。现在我们给她照蓝光，打丙种球蛋白，一般来说宝宝一周左右就可以痊愈出院了；如果照蓝光、打丙种球蛋白后**疗效**不明显，或者出院后过一段时间皮肤又黄起来，那就比较麻烦，可能要进行换血了。所以宝宝出院后，你们还是要注意观察宝宝的皮肤，如果颜色又黄起来了，一定要立即送医院治疗。治疗不及时的话，宝宝会有生命危险的。现在你一定很想见见宝宝，也很想给她**哺乳**吧？不过这几天你的宝宝要在监护室治疗，**母乳喂养**不太方便。等她的症状减轻一些，护士会**定时**把她抱来给你哺乳的。现在你也累了，先好好儿休息吧。

三、注 释

1. 胆红素

胆红素是一种胆色素，是胆汁的一种特征性组成成分，随胆汁排入肠道。胆红素包括直接胆红素（又称结合胆红素）、间接胆红素和总胆红素。血清中的胆红素大部分由衰老红细胞被破坏后产生出来的血红蛋白衍化而成，胆红素升高就会出现黄疸。

Bilirubin is one kind of bile pigment, it is a characteristic component of bile and is excreted with the bile into the intestine. Bilirubin includes direct bilirubin (also known as conjugated bilirubin), indirect bilirubin and total bilirubin. The majority of serum bilirubin is the derivative of hemoglobin, which is formed from the destructed aged red blood cell. The increase of bilirubin can cause jaundice.

2. 生理性黄疸、溶血性黄疸

黄疸是血中胆红素增高,使巩膜、皮肤、黏膜以及其他组织和体液发生黄染的现象。

Jaundice is a phenomenon of which the sclera, skin, mucous membrane, and other organizations and humor are stained yellow, it is caused by the increase of bilirubin in blood.

生理性黄疸是新生儿时期的一种常见现象,一般经5—7天自行消退。如黄疸过早出现、消退延迟或黄疸较重,则可能是病理性黄疸。

Physiological jaundice is a common phenomenon in the neonatal period, the yellowness regresses in 5—7 days automatically. If jaundice appeared too early, the yellowness regression delays, or the jaundice appears excessive for the infant's age, it may be pathological jaundice.

溶血性黄疸是病理性黄疸的一种。新生儿溶血性黄疸最常见的原因是ABO溶血,由母亲与胎儿的血型不合引起。但不是所有ABO系统血型不合的新生儿都会发生溶血。

Hemolytic jaundice is a kind of pathological jaundice. The most common reason of neonatal hemolytic jaundice is ABO blood group incompatibility hemolysis between mother and fetus, but hemolysis does not occur in all ABO incompatibility.

3. 光疗

指用光线照射来治疗疾病的方法。红外线、紫外线等都能用来进行光疗。

Phototherapy refers to the treating method in which the exposure to light radiation is used. Infrared and ultraviolet light may be used in phototherapy.

4. 丙种球蛋白

球蛋白的一种,又称γ球蛋白。从正常人血浆中提取的丙种球蛋白制剂,因含有多种抗体,因而有增强机体抵抗力以预防感染的作用。

Gamma globulin is one kind of globulin, also known as γ-globulin. It is extracted from the plasma of normal person, so it contains a variety of antibodies and could enhance the body resistance to infection.

5. 嫩嫩的、软软的(单音节形容词重叠+的)

单音节形容词重叠表示程度深,有比较强的描写作用。"单音节形容词重叠+的"可以做定语和谓语,既表示程度深,又具有描写作用。重叠后的形容词前面不能再加表示程度的副词"很、非常、十分、比较"等。

　　To repeat the single syllabus of an adjective results in a deeper extent or a stronger effect in description. "The repeated single syllabus adjective+的" could be used as attribute and predicate, it means the extent is deep, and it also has the function of description. No adverb which describes the extent could be added before the repeated adjective, such as "很、非常、十分、比较" etc. For example:

　　(1) 新生儿的皮肤嫩嫩的,身体软软的。(做谓语)
　　(2) 新生儿有嫩嫩的皮肤、软软的身体。(做定语)
　　(3) 新生儿的皮肤很嫩嫩的,身体十分软软的。(×)

四、练 习

1. 听与读

黄疸	胆	光疗	哺乳
生理性黄疸	胆囊	放疗	母乳
病理性黄疸	胆红素	化疗	母乳喂养
溶血性黄疸	胆固醇	理疗	乳腺
		疗效	乳房
换血	足月	好起来	定时
验血	早产	黄起来	定量
溶血	足月儿	想起来	定期
血型	早产儿	身体好起来	按时
血清	新生儿	皮肤黄起来	及时
		我想起来了	

2. 替换与扩展

(1) 新生儿ABO溶血,是因为母亲和婴儿的血型不合引起的。

急性肠胃炎	吃了不干净的食物
4床的膝关节肿胀	关节内有积液
病人手腕呈餐叉样畸形	桡骨远端骨折

(2) 蓝光可以使胆红素容易从尿液中排出。

常吃含草酸高的食物	引起输尿管结石的复发
膝关节内注射透明质酸	起到润滑关节和保护关节软骨的作用
静脉注射造影剂	使脑脓肿病人的病灶周围出现典型的环征

(3) 先进行光疗,如果还不行,再考虑换血。

进行药物治疗	做切除手术
做介入化疗	长期进行中药治疗
用中药治疗	用抗生素治疗

(4) 我觉得新生儿特别可爱,皮肤嫩嫩的,身体软软的。

她的病情比较重	眼睑肿肿	脸色苍白苍白
今天很不舒服	头胀胀	腰酸酸
那位小姑娘特别漂亮	眼睛大大	头发长长

(5) 不过你不用太担心,她的黄疸还不算很严重。

| 这个手术只要把纤维瘤切除就行了 |
| 肋骨骨折一般会自己愈合的 |
| 这种病是可以根治的 |

3. 看汉字,写拼音

监护室 _____   女婴 _____   黄疸 _____

胆红素 _____   浓度 _____   喂养 _____

痊愈 _____   意义 _____   算 _____

母乳 _____   丙种球蛋白 _____

4. 看拼音,写汉字

xīnshēng'ér _____   zúyuè _____   guānliáo _____

kuàisù _____   zǎochǎn _____   dìngshí _____

ruǎn _____   xuèxíng _____   liáoxiào _____

5. 两人一组,根据课文完成下列对话并进行互相问答

丁老师:她为什么转到_____来?

莎　娜:护士长说,_____。

丁老师:她母亲的_____?
莎　娜:_____。
丁老师:那现在先_____,看看_____,_____是多少。
莎　娜:丁老师,这会不会是_____?
丁老师:足月儿一般在_____才会出现_____,她出现黄疸的时间_____。

6. 两人一组,根据课文内容写出合适的应答句后进行互相问答

(1) 丁老师:她是什么时候出生的?是足月还是早产?
　　莎　娜:_____?

(2) 莎　娜:黄疸是看胆红素高不高,为什么要查血型呢?
　　丁老师:_____。

(3) 莎　娜:那现在该怎么治疗呢?
　　丁老师:_____。

(4) 莎　娜:照蓝光有什么作用?
　　丁老师:_____。

(5) 莎　娜:照了蓝光,注射了丙种球蛋白,这个宝宝就能好起来了吗?
　　丁老师:_____。

7. 交际性练习(参见附录三)

两人一组,角色A看附录三的3,角色B看附录三的10。

8. 选择合适的词语填空(每个词语只能用一次)

(痊愈　意义　光疗　监护室　早产　定时　浓度　血型　喂养　算)

(1) 新生儿_____刚收了一位_____女婴。
(2) 照蓝光后7床的血清胆红素_____降低了。
(3) 溶血性黄疸的新生儿照了蓝光,注射了丙种球蛋白,一般来说是可以_____的。
(4) 我觉得医生的工作非常有_____。
(5) 新生儿溶血性黄疸是因为母亲和孩子的_____不合引起的。
(6) 你不用担心,她的黄疸还不_____很严重。
(7) 7床进行_____后效果非常明显,看来她过两天就可以出院了。
(8) 健康的妈妈应该用母乳_____自己的宝宝。
(9) 给宝宝哺乳要_____,不能宝宝一哭就哺乳。

9. 根据课文内容回答下列问题

(1) 新生儿一般什么时候出现生理性黄疸？需要治疗吗？

(2) 新生儿患溶血性黄疸最常见的原因是什么？

(3) 确诊新生儿得了溶血性黄疸之后应该怎么治疗？

(4) 治疗溶血性黄疸采用照蓝光有什么作用？

(5) 患溶血性黄疸的新生儿如果不能及时接受治疗会有什么危险？

附录：

1. 常用专业词语

核黄疸	héhuángdǎn	nuclear jaundice
感染性黄疸	gǎnrǎnxìng huángdǎn	infected jaundice
阻塞性黄疸	zǔsèxìng huángdǎn	obstructive jaundice
母乳性黄疸	mǔrǔxìng huángdǎn	breast milk jaundice
Rh 溶血症	Rh róngxuèzhèng	Rh hemolysis
ABO 溶血症	ABO róngxuèzhèng	ABO hemolysis

2. 新生儿血液检验单（模拟）

母亲姓名：　　　性别：女　　年龄：20 小时　　床号：　　样本号：

科室：新生儿科　　送检者：　　标本类别：全血　　送检日期：

项目	结果	单位	参考范围（第1天）
白细胞计数(WBC)		10^9/L	23.4±5.8
红细胞总数(RBC)		10^{12}/L	5.67±0.75
血红蛋白(Hb)		g/L	190±24.5
红细胞比积(HCT)		%	59.2±8.4
血小板计数(PL)		10^9/L	252±53.2
总胆红素(TBIL)		μmol/L	36.4～127.2
直接胆红素(DBIL)		μmol/L	4.3～15.9
间接胆红素(IBIL)		μmol/L	15.1～126
……			
血型(B.Group)		型	

第二课　他现在处于昏迷状态

一、生词语

1.	处于	chǔyú	（动）	be in
2.	状态	zhuàngtài	（名）	status, condition
3.	尽力	jìn lì		do sb's best
4.	陪	péi	（动）	to accompany
5.	弹性	tánxìng	（名）	elasticity
6.	眼窝	yǎnwō	（名）	socket of eyeball
7.	钝	dùn	（形）	blunt
8.	滴注	dīzhù	（动）	drip
9.	等渗含钠液	děngshèn hánnàyè		isotonic solution of sodium
10.	心脏监测仪	xīnzàng jiāncèyí		heart monitor
11.	输氧	shū yǎng		oxygenating
12.	测量	cèliáng	（动）	to measure
13.	电解质	diànjiězhì	（名）	electrolyte
14.	专护	zhuānhù	（名）	special nursing
15.	重度	zhòngdù	（名）	severe
16.	重症	zhòngzhèng	（名）	critically ill
17.	休克	xiūkè	（名/动）	shock; to shock
18.	脱水	tuōshuǐ	（动）	dehydrate
19.	合并	hébìng	（动）	combine
20.	补液	bǔyè	（动）	add liquid
21.	神志	shénzhì	（名）	mind
22.	清醒	qīngxǐng	（形）	conscious
23.	调理	tiáolǐ	（动）	recuperation
24.	补液盐	bǔyèyán	（名）	ORS
25.	普通	pǔtōng	（形）	general

二、课　文

人物 rénwù

指导医生——丘永新(男,45岁)
实习生——卡奇
护士——王红(女)
儿科危重病房病人——丁小强(男,1岁2个月)
病人家属——吴莉(女,病人的妈妈)

1. 会话 (在医生办公室)

吴　莉：丘医生,您好！是您叫我来这里吗？

丘永新：对,来,坐这儿。我们想详细了解一下儿你儿子最近的身体情况。他是什么时候开始**腹泻**的？

吴　莉：七八天前开始的,最近两天比较厉害,大便都像水一样。

卡　奇：每天腹泻多少次？

吴　莉：每天都拉十多次,还有呕吐。身体比以前瘦多了,也没有精神。医生,我儿子的病不要紧吧？

丘永新：他现在病情比较严重,不过我们会**尽力**给他治疗的。你先回病房**陪**孩子吧。

吴　莉：好,谢谢您！

丘永新：王护士,丁小强住院后的情况怎么样？

王　红：最近十个小时都没有排尿,呼吸急促,手脚比较凉,颜色发紫。

丘永新：现在的情况呢？

王　红：他现在处于昏迷状态,脉搏比较慢,呼吸深长,皮肤**弹**

性消失,**眼窝**明显凹陷,腹部比较软。

卡 奇:我刚才给他听诊时发现肺音异常,心音低钝。双膝叩诊没引出反射。正在给他静脉**滴注**2∶1**等渗含钠液**。

丘永新:王护士,现在你先给他接上**心脏监测仪**,并给他**输氧**,**测量血电解质**,安排**专护**监护他的生命体征。

王 红:好,我这就去。

卡 奇:丘老师,这个孩子有**重度**腹泻,还有昏迷,我的诊断是**重症**腹泻伴**休克**。对不对?

丘永新:对,你的进步挺快的。另外,由于病人腹泻和呕吐的情况比较严重,所以现在主要的危险是重度**脱水**。

卡 奇:重度脱水多数会**合并**重度代谢性酸中毒,还可能有低钾血症?

丘永新:对。现在要给他大量**补液**,等到他有尿后,再及时补钾。

卡 奇:我去把您的吩咐告诉护士吧。

2. 成段表达(治疗6个小时后,卡奇对病人家属吴莉说)

　　小强妈妈,您儿子经过6个小时的治疗后,病情已经稳定下来了。他排了一次尿,手脚开始转温,**神志**已经**清醒**,精神状态不错,以前的症状都减轻了,看上去已经基本正常,治疗的效果非常好。现在主要是让他继续恢复体力,所以饮食**调理**非常重要。他原先脱水的情况比较严重,现在要继续给他补充大量的液体。果汁含有大量的维生素C,营养丰富又容易吸收,所以现在给他补充水和果汁对他的体力恢复很有好处。一般来说,补充了大量的液体和营养后,小强的体力就会逐渐恢复。我和护士会继续观察他的身体恢复情况,也希望您能配合我们的工作。如果明天您发现小强仍然有比较明显的腹泻,请一定要告诉我们,我们再让他口服**补液盐**。补液盐对患急性腹泻脱水的孩子有良好的疗效,服用后可以防止再出现因为腹泻引起的脱水。您放心,危险的时候已经过去了,现在您跟我来把他转到**普通**病房吧。

三、注 释

1. 处于……状态

"处于"是及物动词,书面语,意思是"在",后面常带"状态"做宾语。但"状态"的前面一定要有表示具体状态的定语。如:

"处于" is a transitive verb, used in written language, meaning "be in", often followed by "状态" as object. However, there must be an attribute describing the state before "状态". For example:

(1) 他现在处于昏迷状态。

(2) 中国乒乓球队现在处于最佳状态。

2. 等渗含钠液

等渗溶液是一种与血浆具有相同渗透压的溶液,这种溶液含有钠,故又称等渗含钠液。2∶1 等渗含钠液即 2 份生理盐水加 1 份 1.4%碳酸氢钠溶液。

Isotonic solution is a kind of solution with the same osmotic pressure as plasma. This solution contains sodium, so it is also known as isotonic solution of sodium. 2∶1 isotonic sodium saline solution means the ratio of normal saline and 1.4% sodium bicarbonate solution is 2∶1.

3. 电解质

电解质是在熔融状态或在水溶液中能分解出带正、负电荷自由离子因而能导电的物质,如许多酸、碱、盐等化合物。电解质对维持体内的液体平衡、酸碱平衡和细胞正常功能都是不可缺少的。

Electrolyte can be decomposed into free positive and negative ions in the molten state or in aqueous solution, and thus become conductive, such as acids, alkalis, and salt compounds. Electrolyte is indispensable for keeping the body's fluid balance, acid-base balance and normal functioning of cells.

4. 休克

是一种细胞急性缺氧综合征。主要症状是血压下降,血流减慢,四肢发冷,脸色苍白,体温下降,神志不清甚至昏迷等。

Shock is a syndrome of cell acute hypoxia. The main symptoms are decreased blood pressure, slowing down of blood flow, cold limbs, pale face, decrease in body temperature, unconsciousness or even coma.

5. 脱水

指人体中的液体大量减少。常在严重的呕吐、腹泻或大量出汗等情况下发生。常伴有钠和其他电解质的流失，引起血浆渗透压的改变。

Dehydration refers to a significant liquid reduction in the human body. It often happens with severe vomiting, diarrhea, or large amount of sweating. Dehydration is often accompanied by the lost of Na + and other electrolytes, and caused changes in plasma osmolality.

6. 补液／补液盐(ORS)

补液是指把生理盐水等输入病人静脉，以补充体液的不足。

ORS refers to the normal saline infusion into the patient's veins, to supplement the shortage of body fluids.

补液盐是由葡萄糖、氯化钠、碳酸氢钠、氯化钾按一定比例均匀混合制成的白色粉末。口服后可以扩充血容量，调节体内电解质和酸碱平衡，改善心血管机能，提高机体的解毒和抵抗能力。

Rehydration salts is the white powder made by mixing glucose, sodium chloride, sodium bicarbonate, potassium chloride with a certain percentage. After taken orally, it can expand the blood volume and can regulate the electrolyte and acid-base balance in the body, improving cardiovascular function and the body's detoxification and resistance to diseases.

四、练习

1. 听与读

腹泻	等渗液	尽力	眼窝	输氧
重度腹泻	等渗含钠液	尽量	眼睑	输液
重症腹泻	口服补液盐	尽早	眼球	补液
痢疾	电解质	尽快	眼底	
拉肚子				

| 叩诊 | 调理 | 普通 |
| 滴注 | 调整 | 特别 |

第二课 他现在处于昏迷状态

中毒	体征	测量
酸中毒	症状	监测
代谢性酸中毒	生命体征	专护
重度代谢性酸中毒	监护生命体征	监护
		护理

2. 替换与扩展

(1) 他现在处于<u>昏迷</u>状态。

> 清醒
> 危险
> 休克
> 情绪异常激动的

(2) 他现在<u>脉搏比较慢</u>。

> 呼吸深长
> 皮肤弹性消失
> 眼窝明显凹陷
> 腹部比较软
> 神志已经清醒
> 心音低钝
> 出现了重度脱水的症状
> 精神状态不错
> 体力已经恢复

(3) 我刚才给他听诊时发现<u>肺音异常</u>。

> 肺部有湿啰音
> 心率增快
> 心脏有杂音

(4) 王护士,现在你先给他<u>接上心脏监测仪</u>,再给他<u>输氧</u>。

> 测量血电解质, 安排专护
> 吃些镇痛药   固定胸廓
> 拔除导尿管   做身体检查

(5) 我的诊断是重症腹泻伴休克。

> 新生儿溶血性黄疸
> 过期妊娠
> 双侧卵巢畸胎瘤
> 肋骨闭合性骨折

(6) 现在要给他大量补液。

> 滴注
> 输氧
> 输血
> 输液

3. 看汉字，写拼音

眼窝 _____　　甚至 _____　　弹性 _____　　输氧 _____

重症 _____　　调理 _____　　等渗含钠液 _____

滴注 _____　　心脏监测仪 _____　　电解质 _____

4. 看拼音，写汉字

jìnlì _____　　zhuàngtài _____　　xiūkè _____

zhuānhù _____　　tuōshuǐ _____　　hébìng _____

pǔtōng _____　　shénzhì _____　　bǔyè _____

5. 词语搭配

(1)
1) 接上　　A. 专护
2) 测量　　B. 生命体征
3) 安排　　C. 等渗含钠液
4) 监护　　D. 心脏监测仪
5) 滴注　　E. 补液盐
6) 口服　　F. 血电解质

(2)
1) 呼吸　　A. 凹陷
2) 手脚　　B. 低钝
3) 眼窝　　C. 清醒
4) 心音　　D. 冰凉
5) 神志　　E. 消失
6) 症状　　F. 急促

6. 选择适当的词语填空（每个词语只能用一次）

(尽力　普通　昏迷　陪　专护　补液　清醒　合并　休克　弹性)

(1) 婴幼儿的皮肤都是嫩嫩的，很有_____。

(2) 您不要太担心,我们会_____给您太太治疗的。
(3) 他现在处于_____状态,脉搏比较慢,呼吸深长。
(4) 重度脱水大多数会_____重度代谢性酸中毒。
(5) 病人现在严重脱水,需要给他大量_____。
(6) 她经过6个小时的抢救,现在病情终于稳定下来了,神志已经_____。
(7) 现在请你_____他去办理出院手续。
(8) 他现在病情不太稳定,需要安排_____监护他的生命体征。
(9) 病人已经_____了,快去抢救吧。
(10) 他现在已经没有生命危险了,把他转到_____病房吧。

7. 两人一组完成下列对话并相互问答

(1) 医生:你儿子是什么时候开始腹泻的?
　　病人母亲:_____
　　医生:每天腹泻多少次?
　　病人母亲:_____
　　病人母亲:我儿子的病不要紧吧?
　　医生:_____

(2) 指导医生:丁小强住院后的情况怎么样?
　　护士:_____
　　指导医生:现在的情况呢?
　　护士:_____
　　指导医生:现在你先给他接上心脏监测仪,并给他_____,测量_____,安排专护监护他的生命体征。
　　护士:_____。

8. 两人一组看图对话,参考使用下列词语

场景提示:医生办公室里,一位实习生和一位指导医生在讨论一位小儿腹泻病人的病情。

(昏迷　腹泻　休克　弹性　眼窝　脱水　滴注
心脏监测仪　输氧　监护　补液　合并)

9. 写一写丁小强的症状和医生的诊断

附录:常用专业词语

沙门菌肠炎	shāménjūn chángyán	salmonellosis enteritis
志贺菌肠炎	zhìhèjūn chángyán	shigellosis enteritis
轮状病毒肠炎	lúnzhuàng bìngdú chángyán	rotavirus enteritis
伪膜性肠炎	wěimóxìng chángyán	pseudomembranous colitis
儿童慢性非特异性腹泻	értóng mànxìng fēitèyìxìng fùxiè	chronic nonspecific diarrhoea childhood

第三课　她得的是不是手足口病？

一、生词语

1.	手足口病	shǒuzúkǒubìng	（名）	hand-foot-mouth disease
2.	鼻涕	bítì	（名）	nasal discharge
3.	烦躁	fánzào	（形）	irritable
4.	疹子	zhěnzi	（名）	rash
5.	水疱	shuǐpào	（名）	vesicle; blister
6.	肯	kěn	（动）	to be willing to
7.	口水	kǒushuǐ	（名）	saliva
8.	口腔	kǒuqiāng	（名）	oral cavity
9.	足	zú	（名）	foot
10.	臀部	túnbù	（名）	buttocks
11.	散在	sǎnzài	（形）	scattered
12.	疱疹	pàozhěn	（名）	herpes
13.	黏膜	niánmó	（名）	mucous membrane; mucosa
14.	红晕	hóngyùn	（名）	red halo; red areola
15.	抖动	dǒudòng	（动）	to tremble
16.	惊厥	jīngjué	（动）	(to have) convulsion
17.	嗜睡	shìshuì	（动）	(to have) somnolence
18.	清淡	qīngdàn	（形）	bland
19.	流质	liúzhì	（名）	liquid
20.	粥	zhōu	（名）	porridge
21.	喷	pēn	（动）	to spray
22.	喷剂	pēnjì	（名）	spraying agent

二、课　文

指导医生——张斌(男,50岁)
实习生——卡奇
病人——李晓玉(女,1岁零8个月,儿科8床)
病人家属——王霞(女,28岁,病人的妈妈)

1. 会话(在医生办公室)

卡　奇：张老师,8床的家属我带来了。
王　霞：张医生,您好！是您找我吗？
张　斌：对,来,坐这儿。我们要详细了解一下儿您女儿最近的身体情况。
王　霞：她是不是病得很严重？
卡　奇：您别太担心,先回答张医生的问题,这对治疗您的孩子很有帮助。
王　霞：哦,好,只要能治好孩子的病,叫我做什么都行。
张　斌：您是什么时候发现她有异常情况的？
王　霞：大概是前天吧。当时她有点儿流**鼻涕**、**烦躁**,食欲也比平时差。
张　斌：有没有发烧？
王　霞：昨天早上开始发烧,体温是38.7度。
张　斌：什么时候发现她长**疹子**和**水疱**的？
王　霞：也是昨天早上。该起床的时间她还在睡,把她叫起来后,又不**肯**吃饭,老是流**口水**,后来我发现她的手上、**口腔**里面和舌头上有红色的疹子和水疱。
张　斌：好了。请您先回病房陪孩子吧。
王　霞：医生,你们一定要治好我的孩子啊！

卡　奇：您放心,我们会尽力的。

2. 会话(王霞离开医生办公室后,在医生办公室)

张　斌：卡奇,8床住院后的情况怎么样?

卡　奇：她一直发烧,手、足、臀部皮肤有散在的红色斑点和一些疱疹,口腔黏膜和舌头上也有散在疱疹,疱疹周围有红晕。

张　斌：唇色怎么样?

卡　奇：比较红。

张　斌：吃饭的情况好不好?

卡　奇：因为口腔黏膜和舌头上的水疱破裂使孩子十分痛苦,所以她不肯吃东西。

张　斌：你给她做肺部听诊了吗?

卡　奇：做了。两肺呼吸音粗,有啰音;心音有力,没听到杂音。

张　斌：今天的情况怎么样?

卡　奇：今天她精神比较差,肢体无力、抖动。体温39.5度,伴有咳嗽、呕吐和惊厥、抽搐。

张　斌：血常规检查结果出来了吗?

卡　奇：出来了,白细胞总数比较高。

张　斌：你觉得这个孩子得的是什么病?

卡　奇：是不是重症手足口病?

张　斌：对,你的进步挺快的。另外,由于病人可能伴有其他并发症,我们还要对她做进一步的检查。

3. 成段表达(治疗四天后，卡奇对病人家属王霞说)

王姐，您好！晓玉的手足口病经过这几天的治疗，病情已经稳定下来了。她的手、脚和臀部的疹子已经基本消退，口腔黏膜、舌面疱疹也好转了，发烧、咳嗽、呕吐、抽搐、**嗜睡**、惊厥、肢体抖动等症状也消失了，精神状态比前几天好多了，已经能够吃**清淡**的**流质**食物。由于没有出现并发症，今天就可以出院了。出院以后，要让她继续恢复体力，所以饮食营养非常重要。这几天，您最好给她吃有营养的流质或半流质食物，比如小米**粥**、瘦肉粥等。孩子住的房间要保持空气新鲜，孩子用的衣服、被子要常洗常晒。不要带孩子去人多和空气不好的地方，也少让她跟别的孩子一起玩儿，减少感染的机会。孩子饭前便后一定要好好儿洗手。另外，要按时给孩子服药，定时给孩子**喷口腔喷剂**。只要能注意这些，您的孩子很快就会恢复健康！现在您可以去办出院手续了。

三、注 释

1. 手足口病

手足口病是由科萨奇病毒感染引起的以手、足、口水疱为特征的疾病。该病多见于儿童。一般经口腔感染3—5天后出现口腔水疱，同时在手指、指甲周围、手掌和足背等处出现数个水疱，水疱周围有红晕，大约一周后消退。患儿有皮肤发痒、发热、身体不适等症状。

Hand-foot-mouth disease is caused by Coxsackie virus and is characterized by vesicles on hands, feet and mouth. It's most frequently seen in children. Oral vesicles develop generally 3—5 days after oral infection. Meanwhile, vesicles surrounded by a red halo could occur on fingers, periungual region, palms and the dorsa of feet, which subsides in about a week. Itch, fever and malaise may occur.

2. 黏膜

黏膜是口腔、气管、胃、肠、尿道等器官里面的一层薄膜，黏膜里有血管和

四、练 习

1. 听与读

鼻涕	手部	水疱	红晕
流鼻涕	足部	疹子	红斑
口水	臀部	疱疹	红色斑点
流口水	口腔	风疹	散在的红色斑点
流泪	口腔黏膜	湿疹	散在疱疹

抽搐	手足口病
惊厥	重症手足口病
抖动	轻度手足口病

流质	喷剂
半流质	口腔喷剂
流质食物	喷口腔喷剂
半流质食物	喷药
清淡的食物	喷鼻子
有营养的食物	喷伤口

2. 替换与扩展

(1) 当时她有点儿<u>流鼻涕</u>、<u>烦躁</u>，<u>食欲</u>也比平时<u>差</u>。

腹泻,体力
咳嗽,嗓子
胸闷,出汗
尿频,膀胱

弱
哑
多
胀痛

(2) 什么时候发现她长疹子和水疱的？

皮肤和眼白变黄
重度脱水
携带乙肝病毒
有血尿

神经等,能分泌黏液。

Mucous membrane is a thin layer of membrane within organs such as oral cavity, trachea, stomach, intestines and urethra, which contains blood vessels and nerves. It car secrete mucus.

3. 抽搐、惊厥

抽搐指肌肉不随意地收缩的症状,多见于四肢和颜面。

Tic refers to symptoms of involuntary muscular contraction, usually of four extremities and the face.

惊厥指四肢和面部肌肉阵发性抽搐、眼球上翻、神志不清的症状,多见于婴幼儿。

Convulsion refers to symptoms of paroxysmal muscular spasms of extremities and the face accompanied with eyeballs upturning and unconsciousness. It's most frequently seen in infants.

4. 流质食物、半流质食物

流质食物指液态的食物,它无渣,容易吞咽和消化,像米汤、牛奶、果汁、肉汤等都是流质食物。

Liquid food refers to food that is liquid, such as rice water, milk, juice and meat soup. It is dregs-free and is easy to be swallowed and digested.

半流质食物指介于米饭与流质食物之间的食物,如粥、汤面、菜泥等。

Semi-liquid food is the food between rice and liquid food, such as porridge, soup noodle, vegetable mush etc.

5. 喷剂

又称喷雾剂,药物剂型的一种。多用于治疗鼻炎、咽喉痛、哮喘病等。治疗时把药物喷洒在特定的部位。

Also called "喷雾剂", it is one kind of pharmaceutical dosage forms. Such agents are often applied to specific sites for treating rhinitis/sore throat and asthma.

第三课　她得的是不是手足口病？

(3) 她一直发烧,手、足、臀部皮肤有散在的红色斑点和一些疱疹。

> 胸痛,呼吸道
> 尿痛,尿道口
> 关节痛,关节腔内可能
> 觉得胸闷,听诊发现

> 分泌物潴留
> 很明显的灼热感
> 积液
> 收缩期杂音

(4) 因为口腔黏膜和舌头上的水疱破裂使病人十分痛苦,所以她不肯吃东西。

> 肋骨骨折
> 胆囊肿大、胆结石急性发作
> 尿道有明显灼热感、膀胱胀痛
> 胸椎和左肩骨已经发生的骨转移

> 不敢排痰
> 不能吃太多东西
> 不敢排尿
> 必须尽快进行放疗

(5) 要按时给孩子喷口腔喷剂。

> 定时　　13床吃布洛芬片
> 及时　　冠心病发作患者含硝酸甘油片
> 同时　　他做物理治疗
> 尽快　　她打催产素

3. 看汉字,写拼音

鼻涕 ＿＿＿＿　　臀部 ＿＿＿＿　　疱疹 ＿＿＿＿

黏膜 ＿＿＿＿　　惊厥 ＿＿＿＿　　嗜睡 ＿＿＿＿

喷剂 ＿＿＿＿　　红晕 ＿＿＿＿　　清淡 ＿＿＿＿

4. 看拼音,写汉字

shǒuzúkǒubìng ＿＿＿＿　　fánzào ＿＿＿＿　　dǒudòng ＿＿＿＿

liúzhì ＿＿＿＿　　kǒushuǐ ＿＿＿＿　　zhěnzi ＿＿＿＿

kǒuqiāng ＿＿＿＿　　shuǐpào ＿＿＿＿　　bùkěn ＿＿＿＿

5. 选择合适的词语填空(每个词语只能用一次)

(黏膜　肯　鼻涕　烦躁　疱疹　喷剂　散在　流质　清淡　红晕)

(1) 妈妈刚刚做完手术,身体很虚弱,只能吃＿＿＿＿＿＿食物。

(2) 小明最近口腔溃疡,医生给他开了一些口腔＿＿＿＿＿＿。

(3) 这孩子最近睡得不好,特别＿＿＿＿＿＿,不＿＿＿＿＿＿吃东西。

(4) 给他做检查的时候,我发现他的口腔＿＿＿＿＿＿上有一些＿＿＿＿＿＿。

(5) 他这种病不能吃辣椒等刺激性的食物,要吃_____的食物。

(6) 孩子的手、足、口等部位出现了_____疱疹,疱疹周围有_____。

(7) 这几天我感冒了,常常流_____。

6. 两人一组,完成下列对话,并进行互相问答

(1) 病人家属:医生,为什么我女儿的手上、口腔里面和舌头上会有红色的疹子和水疱?

医生:_____。

(2) 医生:_____?

病人:大概是昨天晚上吧,我开始出现上吐下泻的症状。

(3) 医生:卡奇,_____?

实习生:她的情况不太好,一直在发烧,手、足、口腔有散在疱疹,疱疹周围有红晕。

(4) 病人家属:我女儿为什么不肯吃东西?

实习生:_____。

(5) 病人家属:我女儿出院后需要注意什么?

实习生:_____。

7. 根据课文内容判断正误

会话1:

(　) (1) 病人的妈妈很担心孩子的身体。

(　) (2) 病人是昨天早上出现异常情况的。

(　) (3) 病人的食欲不好。

(　) (4) 病人前天的体温是38.7度。

(　) (5) 病人出现了流鼻涕、发烧、手足口等处有疱疹、腹泻等症状。

会话2:

(　) (1) 住院后,病人没有发烧了。

(　) (2) 由于口腔黏膜和舌头上的水疱破裂,病人不愿意吃东西。

(　) (3) 卡奇给病人做肺部听诊时,听到了杂音。

(　) (4) 血常规检查发现红细胞总数比较高。

(　) (5) 卡奇认为病人得了手足口病。

成段表达：
( )(1)病人住院治疗一个星期后出院。
( )(2)病人出现了并发症，但现在已经治好了。
( )(3)病人现在可以吃流质和半流质的食物。
( )(4)应该让孩子多跟别的孩子一起玩儿，这样她会比较高兴。
( )(5)出院后，病人可以不用再继续吃药了。

8. 根据课文内容选择正确答案

(1) 我们要详细_____一下儿你女儿最近的身体情况。
A. 明白　　　B. 确诊　　　C. 了解　　　D. 考虑

(2) 你是什么时候发现她有_____情况的？
A. 平常　　　B. 异常　　　C. 通常　　　D. 经常

(3) 因为口腔黏膜和舌头上的水疱破裂使孩子十分痛苦，所以她不_____吃东西。
A. 会　　　B. 该　　　C. 得　　　D. 肯

(4) 病人住院后体温39.5度，伴有咳嗽、呕吐和惊厥、_____。
A. 癫痫　　　B. 穿刺　　　C. 抽搐　　　D. 过敏

(5) 你女儿的手足口病经过这几天的治疗，病情已经_____下来。
A. 固定　　　B. 稳定　　　C. 规定　　　D. 决定

(6) 孩子出院后可以吃一些_____的流质食物。
A. 油腻　　　B. 通畅　　　C. 刺激性　　　D. 清淡

9. 交际性练习（参见附录三）

全班分成两大组，一组是A，看附录三的1；另一组是B，看附录三的17。然后A组和B组任意组合成两人小组进行会话，尽量使用下面的词语。
(科萨奇病毒　感染　儿童　手　足　口腔　疱疹　红晕　发烧　肺部听诊　咳嗽　呕吐　惊厥　抽搐　血常规检查　白细胞)

附录:

1. 常用专业词语

口蹄疫	kǒutíyì	food and mouth disease
疱疹性咽峡炎	pàozhěnxìng yānxiáyán	herpangina
疱疹样皮炎	pàozhěnyàng píyán	dermatitis herpetiformis
风疹	fēngzhěn	rubella
疫情	yìqíng	epidemic situation

2. 口腔内部器官图

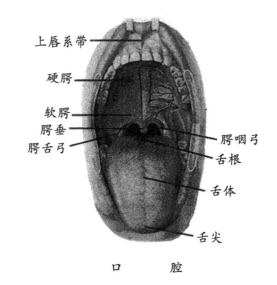

口　腔

第四课 这是百日咳第二期的症状

一、生词语

1. 百日咳	bǎirìké	（名）	pertussis
2. 隔离	gélí	（动）	to isolate
3. 青紫色	qīngzǐsè	（名）	violaceous color
4. 暂停	zàntíng	（动）	to hold; to suspend
5. 喷嚏	pēnti	（名）	sneeze
6. 抗	kàng	（动）	to resist; anti-
7. 抽筋	chōujīn	（动）	to vellicate
8. 百白破疫苗	Bǎibáipò yìmiáo		diphtheria-pertussis-tetanus vaccine; DPT vaccine
9. 杆菌	gǎnjūn	（名）	bacillus
10. 红霉素	hóngméisù	（名）	erythromycin
11. 肾上腺皮质激素	shènshàngxiàn pízhì jīsù		adrenalcortical hormones
12. 往往	wǎngwǎng	（副）	often; frequently
13. 成熟	chéngshú	（动）	to mature
14. 窄	zhǎi	（形）	narrow
15. 堆积	duījī	（动）	to accumulate
16. 缺氧	quēyǎng	（动）	to hypoxia
17. 传染病	chuánrǎnbìng	（名）	communicable disease
18. 拖	tuō	（动）	to delay
19. 接种	jiēzhòng	（动）	to inoculate
20. 有利	yǒulì	（形）	advantageous; be good for

二、课　文

指导医生——丁玉玲
实习生——莎娜、阿卜杜拉
儿科**隔离**病房30床病人——刘畅（男，3个半月）
家属——张玲（患儿的母亲）

1. 会话

丁玉玲：莎娜、阿卜杜拉，这孩子刚从急诊室转过来，你们先问问他的情况。

莎　　娜：好。孩子妈妈，您好，这孩子哪儿不舒服？

张　　玲：你们看，他的皮肤都变成**青紫色**了。

阿卜杜拉：哦。他的呼吸正常吗？

张　　玲：跟平时不一样，有时候好像会呼吸**暂停**。

莎　　娜：什么时候开始出现这种情况的？

张　　玲：今天早上。

阿卜杜拉：发病前身体一直都很好吗？

张　　玲：不。一个星期前有点儿发热、咳嗽、流鼻涕、打**喷嚏**，给他吃了一些小儿**抗**感冒药，三四天后感冒的症状好转了，只是**抽**了几次**筋**。

丁玉玲：以前打过**百白破疫苗**吗？

张　　玲：没打过。

莎　　娜：丁老师，这孩子得的是不是百日咳？

丁玉玲：根据症状，这种可能性很大。

张　　玲：医生，我的孩子有危险吗？

丁玉玲：有一些危险，需要住院观察和治疗。

2. 会话

莎　　娜：丁老师，30床的痰检查发现有百日咳**杆菌**。

丁玉玲：看来我们的怀疑没错，孩子是得了百日咳。

阿卜杜拉：他咳嗽的症状不明显，可是有抽筋、紫绀、呼吸暂停等症状。

丁玉玲：四五个月以内的小婴儿患百日咳常常会出现这些症状，比较危险，治疗时间比较长。

阿卜杜拉：百日咳的意思是不是要差不多一百天才能好？

丁玉玲：嗯，这种病轻的话一两周可以治好，重的话要两三个月。

莎　　娜：汉语的病名真有意思。

丁玉玲：这种病第一期跟普通感冒的症状差不多，不少家长都以为孩子只是小感冒。

阿卜杜拉：难怪那么晚才送孩子来看。现在病情发展到第二期了吧？

丁玉玲：对。现在先用**红霉素** 30~50mg/kg/日，连用7~10天，希望能有明显的效果。

莎　　娜：如果用了红霉素后效果还是不明显，怎么办？

丁玉玲：那就用**肾上腺皮质激素**来减轻炎症，还要注意给他吸痰，防止窒息。

3. 成段表达（莎娜对张玲说）

张姐，根据您孩子的临床症状和各项检查，他得的不是感冒，是百日咳。百日咳第一期病情比较轻，容易治疗，一般一两周就能痊愈。不过第一期的症状跟普通感冒差不多，很多人都没有及时到医院治疗，**往往**是等病情发展到第二期才觉得不是小感冒，再到医院来。你们的孩子送到医院时已经是第二期了。由于小婴儿发育还没**成熟**，往往没有足够的力气咳嗽，所以发病时咳嗽不是很厉害。他们

的呼吸道也比较**窄**小,分泌物容易**堆积**,引起呼吸暂停和脑**缺氧**,所以皮肤会变成青紫色,还会抽筋,比较危险。不过,您也不用太担心,这是一种常见的儿童**传染**病,我们已经给您的孩子做隔离治疗并加强护理。百日咳第二期治疗的时间会比较长,严重的话可能要**拖**两三个月呢。如果您的宝宝出生三个月时能够**接种**百白破疫苗,就不会得这种病了。婴幼儿的免疫能力一般都比较差,您最好能及时给宝宝打各种必要的免疫疫苗,这样**有利**于孩子的健康成长。

三、注　释

1. 百日咳

　　百日咳是由百日咳杆菌引起的急性呼吸道传染病,通过飞沫传播。患者多为五岁以下婴幼儿,五个月以内的婴儿患者易发生窒息而危及生命。该病潜伏期大约十天,早期症状似感冒,可分为一期(卡他期)、二期(痉咳期)和三期(恢复期),可并发肺炎、脑病等。早期常用红霉素、复方新诺明等抗生素治疗,一般病后可持久免疫。百日咳菌苗免疫接种是预防本病的有效方法,接种应在出生后一个半月到三个月开始。

　　Pertussis is an acute respiratory infection caused by bordetella pertussis, its transmission is by droplet infection. Patients are mostly infants below 5 years old. The patients younger than 5 months old are easy to get asphyxia and lead to life danger. The incubation period of this disease is about 10 days. The early symptoms are similar to that of cold. The disease could be divided into stage one (catarrhal stage), stage two (spasmodic cough stage) and stage three (convalescence stage). It could be followed by pneumonia, encephalopathy, and so on. It is often treated with erythromycin, SMZ-TMP, and some other antibiotics in early stage. When fully recovered, the patient usually have permanent immunity against pertussis. The inoculation against pertussis is an effective way to prevent from getting this disease. The inoculation should be performed 1.5—3 months after the baby's birth.

2. 隔离病房

　　隔离病房是医院里专门为传染病病人设立的病房。为了防止传染病的传播,必须将传染病病人、可疑病人同别的病人分隔开来,使之互不接触。传染病病人和可疑病人住在隔离病房里,进出人员一般都要穿隔离衣、戴口罩和手套,房间内的物品一般都属专用,有严格的消毒措施。相关人员接触病人后都应认真洗涤。

Isolation ward is mainly designed for infectious patients and suspected infectious patients, which are separated to prevent from diseases spreading. Personnel in and out generally wear isolation clothes with respirators and gloves. The items in the ward are used exclusively, and there are often strict disinfection measures. Personnel should wash themselves carefully after contacting with a patient.

3. 百白破疫苗

百日咳、白喉、破伤风这三种传染病都是儿童常见病、多发病,严重危害儿童的健康。百白破疫苗是百日咳、白喉、破伤风混合疫苗的简称,又称百白破三联疫苗。接种这种混合疫苗可以预防百日咳、白喉、破伤风这三种疾病。该疫苗的接种对象是三个月到六周岁的儿童。

Pertussis, diphtheria and tetanus are common and frequently-encountered diseases for children, and are very harmful to children's health. The diphtheria-pertussis-tetanus vaccine is short for the combined vaccine of pertussis, diphtheria and tetanus, and is also called DPT triple vaccine. Inoculating this combined vaccine can prevent children from getting diphtheria, pertussis and tetanus. The vaccine is for children between 3 months and 6 years old.

4. 杆菌

是细菌的一类,因形似杆状而称为杆菌。杆菌的种类很多,常见的如大肠杆菌、痢疾杆菌等。

Bacillus is a kind of bacteria, which looks like a rod. There are many kinds of bacillus, the common ones are E coli, bacillus dysenteriae, etc.

5. 红霉素

是一种碱性抗生素,抗菌谱与青霉素近似。

Erythromycin is a kind of alkaline antibiotics, its antibacterial spectrum is similar with that of penicillin.

6. 肾上腺皮质激素

肾上腺位于肾脏的上方,由周围的皮质和中央的髓质构成。皮质由外向内分为球状带、束状带和网状带。球状带细胞分泌盐皮质激素,束状带细胞分泌糖皮质激素,网状带细胞分泌性激素。

Adrenal glands are above the kidney, formed by the surrounding cortex and the medulla in the middle. The cortex is formed by zona glomerulosa at the outer, zona fasciculate at the middle, and zona reticularis at the center. The zona glomerulosa secretes mineralocorticoid hormone, zona fasciculate secretes glucocorticoids, and zona reticularis secretes gonadal hormones.

由肾上腺皮质合成和分泌的激素统称肾上腺皮质激素,简称皮质激素。皮质激素既具有解热镇痛的疗效,又容易出现不良反应,临床上主要用于危重病人的抢救及用其他药物治疗无效的某些慢性病。

Hormones secreted and synthesized by the adrenal cortex are called adrenocortical hormones, or cortical hormones for short. The cortical hormones have antipyretic and analgesic effects, and easy to induce adverse effects. It is used for the rescue of critical patients clinically, and also for some chronic disease when other medicines are ineffective.

7. (有利)于

"于",介词,书面语。用在谓词性词语后面,引出与动作、行为有关的对象。意思是"对……"。如:

"于" is a preposition, used in written language. It is used after predicative words, introducing the subject related to an action or behavior. It means "to...". For example:

(1) 这样有利于孩子的健康成长。(意即:"这样对孩子的健康成长有利。")

(2) 经常锻炼身体有益于身体健康。(意即:"经常锻炼身体对身体健康有益。")

第四课 这是百日咳第二期的症状

四、练 习

1. 听与读

百日咳	隔离	青紫色	红霉素
百白破疫苗	隔离治疗	紫绀	青霉素
接种疫苗	隔离病房		头孢菌素
接种百白破疫苗			抗生素
打百白破疫苗			肾上腺皮质激素
			胆红素
			催产素

杆菌	暂停	婴儿	咳嗽
百日咳杆菌	呼吸暂停	女婴	流涕
细菌	心跳暂停	男婴	流鼻涕
大肠杆菌	暂停输液		打喷嚏
	暂停手术		

感冒	缺氧
感冒药	缺钙
抗感冒药	缺碘
小儿抗感冒药	缺血

2. 替换练习

(1) 一个星期前有点儿发热、流涕、打喷嚏,给他吃了一些小儿抗感冒药。

口腔黏膜上有一些水疱	喷	口腔喷剂
出现新生儿溶血性黄疸	打	丙种球蛋白
出现重度腹泻伴休克	静脉滴注	2:1等渗含钠液
肋骨骨折引起胸口疼痛	开	镇痛药

(2) 30床的痰检查发现有百日咳杆菌。

> 触诊
> 腹部B超
> 腹腔穿刺
> CT

> 腹股沟肿块
> 腹腔积血
> 不凝血
> 巨大肝囊肿

(3) 根据临床症状和各项检查,他得的不是感冒,是百日咳。

> 脑中风
> 肿瘤
> 皮肤过敏
> 胆结石

> 癫痫
> 疝气
> 手足口病
> 肾结石

(4) 他送到医院时已经是第二期了。

> 处于昏迷状态
> 休克
> 重度脱水
> 神志不清

(5) 这是一种常见的儿童传染病。

> 呼吸道
> 消化道
> 血液
> 性

3. 看汉字,写拼音

喷嚏 _____   百日咳 _____   婴儿 _____   暂停 _____

隔离 _____   红霉素 _____   疫苗 _____   杆菌 _____

缺氧 _____   接种 _____

4. 看拼音,写汉字

tuō _____   zhǎi _____   yǒulì _____   wǎngwǎng _____

qīngzǐsè _____   kàng _____

5. 根据课文完成对话

(1) 医生：孩子发病前身体怎么样？

家属：＿＿＿＿＿＿＿＿＿＿＿＿＿＿＿＿＿＿＿＿＿＿＿＿＿＿＿＿＿。

医生：哦，呼吸正常吗？

家属：＿＿＿＿＿＿＿＿＿＿＿＿＿＿＿＿＿＿＿＿＿＿＿＿＿＿＿＿＿。

医生：＿＿＿＿＿＿＿＿＿＿＿＿＿＿＿＿＿＿＿＿＿＿＿＿＿＿＿＿＿？

家属：没打过。

(2) 医生：莎娜，你负责的病人痰检查结果怎么样？

莎娜：＿＿＿＿＿＿＿＿＿＿＿＿＿＿＿＿＿＿＿＿＿＿＿＿＿＿＿＿＿。

医生：给他用红霉素治疗，30～50mg/kg/日，连用7天。

莎娜：如果用了这些药效果不明显怎么办？

医生：＿＿＿＿＿＿＿＿＿＿＿＿＿＿＿＿＿＿＿＿＿＿＿＿＿＿＿＿＿。

6. 两人一组，根据问句写出合适的应答句后进行互相问答

指导医生：30床的主要症状是什么？

实习生：＿＿＿＿＿＿＿＿＿＿＿＿＿＿＿＿＿＿＿＿＿＿＿＿＿＿＿＿＿。

指导医生：你认为30床现在是百日咳的哪一期？

实习生：＿＿＿＿＿＿＿＿＿＿＿＿＿＿＿＿＿＿＿＿＿＿＿＿＿＿＿＿＿。

指导医生：像30床这样的情况，先用多长时间的红霉素？

实习生：＿＿＿＿＿＿＿＿＿＿＿＿＿＿＿＿＿＿＿＿＿＿＿＿＿＿＿＿＿。

指导医生：现在为什么要给30床用肾上腺皮质激素？

实习生：＿＿＿＿＿＿＿＿＿＿＿＿＿＿＿＿＿＿＿＿＿＿＿＿＿＿＿＿＿。

7. 参考使用下面的词语，看图说话

场景提示：图1：在医生办公室。实习生刚去看完30床病人（一个3个半月大的男婴），来办公室向指导医生报告病人的情况，回答指导医生的问题。

图2：在医生办公室外面，病人家属非常担心和着急。看到实习生出来，马上去问他关于孩子的病情和怎么治疗等情况。

（感冒　咳嗽　青紫色　呼吸暂停　脑缺氧　百日咳　杆菌　红霉素
肾上腺皮质激素　疫苗　接种　传染病）

8. 选择合适的词语填空(每个词语只能用一次)

(喷嚏 杆菌 青紫色 接种 暂停 隔离 窄 往往 有利于 传染病)

(1) 宝宝出生后,应当及时_____百白破疫苗。

(2) 百日咳刚开始的症状_____跟普通感冒差不多。

(3) 这孩子今天早上开始抽搐、脸色发紫,有时候还好像呼吸_____了。

(4) 经常锻炼身体_____提高身体的免疫力。

(5) 百日咳是一种_____,患有百日咳的患儿应该_____治疗。

(6) 如果脑缺氧,皮肤就会出现_____。

(7) 这孩子的痰检查发现有百日咳_____。

(8) 早上起床我觉得特别冷,打了六七个_____,可能要感冒了。

(9) 这条路非常_____,要是遇到对面有车来就麻烦了。

9. 把练习5的对话改成对病人情况的描述

附录:

1. 常用专业词语

卡他期	kǎtāqī	stage of catarrh
痉咳期	jìngkéqī	stage of spasmodic cough
恢复期	huīfùqī	convalescence
白喉	báihóu	diphtheria
破伤风	pòshāngfēng	tetanus
百日咳肺炎	Bǎirìké fèiyán	pertussal pneumonia

2. 呼吸道

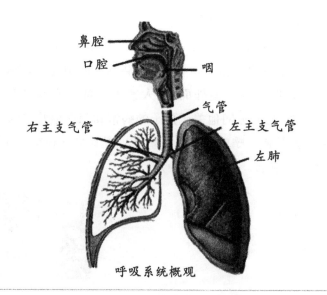

呼吸系统概观

第五课　这种病要用抗菌药治疗吗？

一、生词语

1. 抗菌药	kàngjūnyào	（名）	antimicrobial
2. 传染	chuánrǎn	（动）	to infect; to transmit
3. 脓血	nóngxuè	（名）	pus and blood
4. 稀便	xībiàn	（名）	loose stool
5. 黏液	niányè	（名）	mucus
6. 凉拌菜	liángbàncài	（名）	cold dishes
7. 少量	shǎoliàng	（形）	a bit; a little
8. 巨噬细胞	jùshì xìbāo		macrophage
9. 粪便	fènbiàn	（名）	stool
10. 培养	péiyǎng	（动）	to culture
11. 痢疾	lìji	（名）	dysentery
12. 谦虚	qiānxū	（形）	modest
13. 喹诺酮	kuínuòtóng	（名）	quinolone
14. 磺胺	huáng'àn	（名）	sulfanilamide
15. 庆大霉素	qìngdàméisù	（名）	gentamicin
16. 污染	wūrǎn	（动）	to contaminate
17. 苍蝇	cāngying	（名）	house fly
18. 消毒	xiāodú	（动）	to disinfect
19. 潜伏期	qiánfúqī	（名）	incubation period
20. 卫生	wèishēng	（形/名）	sanitary; hygiene
21. 接触	jiēchù	（动）	to contact
22. 煮	zhǔ	（动）	to cook

二、课　文

指导医生——王莉
实习生——阿卜杜拉
传染病科病人——高华(男，42岁)
病人家属——马芳琳(病人的妻子)

1. 会话

阿卜杜拉：高先生，您好！您哪里不舒服？

高　　华：你好！医生，我拉肚子拉得很厉害，现在一点儿力气也没有了。

马　芳　琳：医生，他已经拉了两天了，大便里还有**脓血**，这该怎么办啊！

阿卜杜拉：你们先别着急。高先生，您除了拉肚子外还有别的地方不舒服吗？

高　　华：我全身都不舒服，头痛得厉害，没力气，没食欲。

阿卜杜拉：量过体温了吗？

马　芳　琳：护士刚给量过，39度。

阿卜杜拉：今天拉了几次？

高　　华：十几次了。

阿卜杜拉：大便是什么样子的？

马　芳　琳：他一开始是**稀便**，后来大便里有脓血和**黏液**一样的东西。

阿卜杜拉：有没有很想排便可是又排不出来的感觉？

高　　华：有啊有啊，经常有这种感觉。

阿卜杜拉：发病前有没有吃过什么不干

净的东西?

马 芳 琳：发病前一天他去过一个小饭馆,还吃了不少**凉拌菜**。是食物中毒吗？

阿卜杜拉：这要等检查结果出来以后才能确诊。

2. 会话

阿卜杜拉：王老师,这是3床的检验单。

王　　莉：嗯,大便检查见大量红细胞和白细胞,还有**少量巨噬细胞**。**粪便培养**检出**痢疾**杆菌。

阿卜杜拉：血常规白细胞总数升高,中性粒细胞也增高了。

王　　莉：阿卜杜拉,你说说这是什么病?

阿卜杜拉：病人说发病前去过一个小饭馆吃饭,他们怀疑是食物中毒。

王　　莉：从检查结果来看,不是一般的食物中毒。

阿卜杜拉：粪便培养检出痢疾杆菌,这应该是痢疾吧?

王　　莉：对,是急性细菌性痢疾。你的进步很大啊!

阿卜杜拉：哪里哪里,还差得远呢。

王　　莉：呵呵,还学会说中国人的**谦虚**话了。

阿卜杜拉：让您见笑了。王老师,这种病要用抗菌药治疗吗?

王　　莉：对,可以根据病人的情况选用**喹诺酮**类药物、**磺胺**类药物、**庆大霉素**和头孢菌素等。

阿卜杜拉：这是一种传染病,要不要对病人进行隔离治疗呢?

王　　莉：当然要,你去通知护士吧。

阿卜杜拉：好,我马上去。

3. 成段表达(阿卜杜拉对病人家属马芳琳说)

马阿姨,根据检查结果,您丈夫得的不是一般的食物中毒,是急性细菌性痢疾。这是一种传染病,主要是通过粪便、手和口传染的。

您丈夫发病前一天去过小饭馆吃饭,可能是在那里吃了被痢疾杆菌**污染**的食物感染上的。如果食物被带了痢疾杆菌的**苍蝇**吃过,我们吃这些食物前没有再加热**消毒**,就可能会感染上痢疾。细菌性痢疾的**潜伏期**是一两天。夏秋容易得菌痢。现在是夏天,很多人都喜欢吃凉拌菜、冰淇淋,如果不注意**卫生**就容易得痢疾。我们准备对您丈夫进行隔离治疗。现在请您把手放在这盆消毒水里,两分钟后再用清水冲洗干净。在您丈夫痊愈以前,您**接触**过他后都要这样洗手。今天回家后您也要把他用过的东西、穿过的衣服进行消毒。可以用消毒水擦,也可以把东西放在开水里**煮**30分钟。

三、注 释

1. 食物中毒

食物中毒分为化学性食物中毒和细菌性食物中毒。化学性食物中毒指摄入含有化学物品的食物引起的中毒。细菌性食物中毒又分为两种,即食物带毒和食品被细菌污染。

Food poisoning can be categorized into two types, chemical food poisoning and bacterial food poisoning. Chemical food poisoning is caused by eating chemicals containing food. Bacterial food poisoning is caused by eating poisonous food or eating bacteria-contaminated food.

2. 巨噬细胞

巨噬细胞是一种体内广泛存在的体积较大、吞噬能力很强的吞噬细胞。它形态多样,随功能状态而发生变化。它具有吞噬和清除异物及衰老伤亡的细胞、分泌多种生物活性物质以及参与和调节机体免疫应答等功能。在不同的器官组织中,巨噬细胞又有不同的名称,如在肺里称"肺巨噬细胞",在骨里则称"破骨细胞"。

Macrophage is a kind of phagocyte that exists widely in human bodies, and has relatively large volume and strong phagocytosis. It has various shapes, which changes according to the function of macrophage. Macrophage can engulf, digest and clear the aging and dying cells, secrete several bioactive substances, and modulate the immune reaction. Macrophage has different names when they are in different organs, for example, in the lung they are called alveolar macrophages, in bones they are called osteoclasts.

3. 粪便培养

粪便培养是粪便检查的一种,即让粪便里的细菌繁殖,检查是否有除正常大肠杆菌外的其他细菌存在,如痢疾杆菌等。

Stool culture is a kind of stool checking, which means to let the bacteria in the stools to duplicate, and then check whether there are other bacteria, such as shigella dysenteriae, in the stool except the normal E. coli.

4. 痢疾/急性细菌性痢疾

痢疾是由痢疾杆菌或溶组织阿米巴引起的肠道传染病的总称。有细菌性痢疾(简称菌痢)和阿米巴痢疾两类。细菌性痢疾较常见,临床主要以腹痛、腹泻、便中带脓血、发热为特征。主要的传染途径是粪便、手和口。潜伏期为数小时到七天左右。

Dysentery is the general name of enteric infections caused by shigella dysenteriae or entamoeba histolytica. It can be divided into two kinds, bacillary dysentery and amoebic dysentery. The bacillary dysentery is more common, whose clinical symptoms are stomache, diarrhea, pus and blood in stool, and fever. It is mainly transmitted through stools, hands and mouths. Its incubation period is around 7 days.

急性细菌性痢疾是痢疾杆菌引起的急性肠道传染病。主要表现为全身中毒和肠道症状两方面。临床上可分为普通型、轻型、重型和中毒型。

The acuti bacillary dysentery is an acute enteric infection caused by shigella dysenteriae. It is mainly expressed in toxemic symptoms and intestinal symptoms. It can be categorized clinically into moderate type, mild type, severe type and toxic bacillary dysentery.

菌痢虽然也常常通过进食被痢疾杆菌污染的食物引起,但它还会通过污染的水源及接触患者后不注意消毒等途径感染,被感染者具有传染性,所以一般不把菌痢归入食物中毒,而归入肠道传染病。

Although bacillary dysentery is also caused by eating foods which are infected with dysentery bacillus, yet it can be infected through infected water or lack of disinfection after contacting with the patients, thus the infected is infectious, that's

why it is classified among Enteric Infection in stead of food poisoning.

5. 隔离治疗

这是对传染病患者进行治疗的特殊方法。即将传染病患者、可疑患者与别的病人分隔开来,使他们互不接触,防止传染病传播。隔离的方式有住院隔离、临时隔离、家庭隔离或集体隔离。隔离的时间根据各传染病的传染期来定。

Isolation is a special treating method towards the infectious patients. It separates the infectious or suspected infectious patients with other people, makes it impossible for them to contact each other, and thus prevents the infectious disease from spreading. There are four ways to perform isolation, isolation in hospital, temporary isolation, isolation at home, and collective isolation. The time of isolation depends on the infectious period of the disease.

6. 潜伏期

传染性和非传染性疾病都有潜伏期。传染病的潜伏期是指从病原体侵入机体到出现临床症状的一段时间。各种传染病的潜伏期长短不一,同一种传染病的不同病例,其潜伏期也不尽相同,但总在一定范围内变动。因此,人们可以根据传染病的潜伏期判断病人受感染的时间,并探索传染源和传播途径,以最长潜伏期来确定对接触者的检疫期限。非传染病的潜伏期是指机体自暴露于致病因子时候起至疾病被诊断的时间。

Both the infectious and non-infectious disease have incubation period. The incubation period of infectious diseases starts from the pathogens invades the host till the clinical symptoms appear. The incubation period of different infectious diseases varies. The incubation periods of the same infectious disease in different cases are not the same, but fluctuating within a certain range. Therefore, people could determine the time the patient got infected based on the incubation period, and then study the infection source as well as the transmitting pathway of the disease. The quarantine period is decided according to the longest incubation period. The incubation period of non-infectious diseases starts from the host's exposure to pathogens till the disease is confirmed.

四、练 习

1. 听与读

抗菌药	传染	粪便	黏液
抗生素	污染	小便	脓血
磺胺	感染	大便	
庆大霉素	传染病	水样便	
喹诺酮	被细菌污染的食物	稀便	
头孢菌素	伤口感染	排便	
		拉肚子	
痢疾	中毒	拉稀	
痢疾杆菌	食物中毒		
急性细菌性痢疾	药物中毒		
菌痢	化学中毒		

2. 替换与扩展

(1) 他<u>拉肚子</u>拉了两天了,今天<u>大便</u>里还有<u>脓血</u>。

咳嗽咳	嗓子还有点儿哑
流鼻涕流	还有点儿发烧
长疹子长	还不肯吃饭
照蓝光照	皮肤已经没有那么黄了

(2) 他一开始是<u>稀便</u>,后来<u>大便</u>里有<u>脓血和黏液</u>一样的东西。

胸口有点儿疼	疼得喘不过气来
腹部隐痛	是针扎那样的痛
尿急、尿频	尿道有明显的灼热感
右耳反复疼痛	出现了流脓症状

(3) <u>粪便</u>检查见<u>大量红细胞和白细胞</u>,还有少量巨噬细胞。

血液	血清胆红素升高	贫血
产前	宫颈条件不良	胎动异常
X线	右心增大	肺动脉段明显突出
尿常规	红细胞	较多的脓细胞

(4) 可以根据病人的情况选用喹诺酮类药物、磺胺类药物、庆大霉素和头孢菌素等。

> 青霉素、甲硝唑和头孢菌素
> 介入化疗、伽玛刀和质子刀
> 化疗、放疗和综合疗法
> 经腹部切除术和腹腔镜微创手术

(5) 细菌性痢疾的潜伏期是一两天。

百日咳	1—3 周
手足口病	3—7 天
非典型性肺炎	4—20 天
甲型 H1N1 流感	1—7 天

3. 看汉字写拼音

抗菌药 _____　　　痢疾 _____

粘液 _____　　　粪便 _____

喹诺酮 _____　　　庆大霉素 _____

巨噬细胞 _____

4. 看拼音写汉字

shǎoliàng _____　　chuánrǎn _____　　gǎnjūn _____

xiāodú _____　　　wūrǎn _____　　　qiánfúqī _____

wèishēng _____　　jiēchù _____　　　qiānxū _____

péiyǎng _____

5. 两人一组完成下列对话并进行相互问答

(1) 阿卜杜拉：高先生，您好！

　　高　　华：你好！医生，我拉肚子拉得很厉害，_____也没有了。

　　阿卜杜拉：拉了多长时间了？

　　高　　华：_____。

　　阿卜杜拉：大便里有_____和_____吗？

　　高　　华：有啊。

　　阿卜杜拉：今天_____？

　　高　　华：十几次了。

(2) 王　　莉：3 床的粪便检查结果是什么？

阿卜杜拉：_____。
王　　莉：粪便培养有没有检出_____？
阿卜杜拉：有_____
王　　莉：血常规检查的结果呢？
阿卜杜拉：_____。
王　　莉：嗯，从这些检查结果来看，你说他得的是什么病？
阿卜杜拉：_____吧？
王　　莉：对。你的进步挺快的嘛。

6. 选择合适的词语填空（每个词语只能用一次）

（传染　抗菌药　接触　少量　痢疾杆菌　消毒　污染　潜伏期　卫生　谦虚）

(1) 手足口病是会_____的，所以最近你不要带孩子去人多和空气不好的地方。

(2) 如果粪便培养检出_____，就可以确诊病人得的是痢疾了。

(3) 我觉得莎娜最近汉语进步很快，可是她总是很_____。

(4) 痢疾病人穿过的衣服一定要进行_____。

(5) 甲型 H1N1 流感的_____一般是 1—7 天，所以跟确诊患者_____过的人要隔离 7 天观察。

(6) 医生，今天早上我发现大便里有_____脓血。

(7) 这饭馆到处是苍蝇，真_____，我们还是去别的地方吃吧。

(8) 这里以前环境非常好，自从建了这家化学工厂后，周围的环境都被_____了。

(9) 昨天早上开始我头疼、发烧，就自己去药店买了一些_____吃。

7. 根据课文判断正误

（　　）(1) 高华一点儿力气也没有了，是因为他的脚受伤了。
（　　）(2) 高华拉肚子，可能是吃了不卫生的凉拌菜。
（　　）(3) 高华除了拉肚子外，还头痛、没食欲。
（　　）(4) 王医生怀疑高华是食物中毒。
（　　）(5) 急性细菌性痢疾不是传染病，不需要隔离治疗。
（　　）(6) 细菌性痢疾的潜伏期是一两天。
（　　）(7) 秋冬是容易得菌痢的季节。
（　　）(8) 确诊是急性细菌性痢疾后，可以根据病人的情况选用喹诺酮类药物、磺胺类药物、庆大霉素和头孢菌素等。

8. 参考使用下列词语,看图说话

场景提示:图1:天气比较热,许多人在小餐馆里喝冰冻啤酒,吃凉拌菜、海鲜等。

图2:几个病人捂着肚子和头在医院诊室里,医生和实习生在问他们发病的情况,给他们开化验单。

图3:病人把化验结果拿给医生。实习生告诉病人诊断结果、治疗方法等,还给病人讲解有关食物卫生的常识。

(凉拌菜 苍蝇 污染 拉肚子 消毒 接触 卫生 检查结果
急性细菌性痢疾 抗菌药 隔离)

附录:
1. 常用专业术语

青霉素	qīngméisù	benzylpenicillin/penicillin
阿莫西林	āmòxīlín	amoxicillin
头孢氨苄	tóubāo ānbiàn	cefalexin
头孢拉定	tóubāo lādìng	cefradine
乙酰螺旋霉素	yǐxiān luóxuán méisù	acetylspiramycin
罗红霉素	luóhóngméisù	roxithromycin
诺氟沙星	nuòfúshāxīng	norfloxacin
磺胺嘧啶	huáng'ān mìdìng	sulfadiazine
林可霉素	línkě méisù	lincomycin

2. 粪便检验单(模拟)

样本号:0001

姓名:　　　　性别:　　　　年龄:　　　　病人编号:　　　　标本类型:粪便

科室:　　　　病区:　　　　床号:　　　　诊断:　　　　备注:

	项目	结果	参考值
粪便常规	性状		成形、柱状、软便
	粘液		少量不易见
	上皮细胞		少量
	红细胞 RBC		无
	白细胞 WBC		不见或偶见
	巨噬细胞		无
	细菌		涂片可见正常菌群菌
	寄生虫卵 FSOF		阴性
	隐血试验 OBT		阴性
	胆红素		无
	……		

送检医生:　　　送检日期:　　　报告日期:　　　报告人:

第六课 这些都是慢性肝炎的症状

一、生词语

1. 表面抗原	biǎomiàn kàngyuán		HBsAg (Hepatitis B surface antigen)
2. 表面抗体	biǎomiàn kàngtǐ		HBsAb (Hepatitis B surface antibody)
3. 核心抗体	héxīn kàngtǐ		HBcAb (Hepatitis B core antibody)
4. 两对半	liǎngduìbàn		Test for HBsAg, HBsAb, HBeAg, HBeAb and HBcAb
5. 大三阳	dàsānyáng	(名)	"great three positive"; HBsAg, HBeAg and HBcAb positive
6. 中度	zhōngdù	(名)	moderate
7. 综合	zōnghé	(形)	compositive
8. 机体	jītǐ	(名)	the body; host
9. -化	huà	(后缀)	changing; being
10. 心态	xīntài	(名)	emotion; attitude
11. 小三阳	xiǎosānyáng	(名)	"small three positive"; HBsAg, HBeAb and HBcAb positive
12. 特殊	tèshū	(形)	special
13. 指标	zhǐbiāo	(名)	indicator
14. 逐步	zhúbù	(副)	gradually
15. 清除	qīngchú	(动)	to eliminate
16. 加工	jiāgōng	(动)	to process
17. 修复	xiūfù	(动)	to repair
18. 千万	qiānwàn	(副)	make sure
19. 脂肪肝	zhīfánggān	(名)	fatty liver
20. 禁酒	jìn jiǔ		ban for drinking
21. 酒精	jiǔjīng	(名)	alcohol
22. 损害	sǔnhài	(动)	to harm; to damage

二、课　文

指导医生——张琴
实习生——白瑞蒂、莎娜
传染科病人——李程(男,28岁)
家属——王晖(病人的妻子)

1. 会话

白瑞蒂、莎娜：张老师,早上好!

张　琴：你们好!

白瑞蒂：张老师,14床今天转来一位乙肝病人,这是他的病历。

张　琴：好,我们一起来看看。莎娜,你读一下病历。

莎　娜：乙肝**表面抗原**阳性,**表面抗体**阴性,e 抗原阳性,e 抗体阴性,**核心抗体**阳性。总胆红素 20.6,ALT 317,AST 118。

白瑞蒂：从**两对半**的检查结果来看,这是一位**大三阳**患者吧?

张　琴：是,患者 ALT、AST 明显升高,肝功能已经出现异常,属于**中度**慢性肝炎,需要立即治疗。

莎　娜：这种病是不是比较难治?

张　琴：嗯,是不太好治。一般要采用**综合性**的治疗方法。

白瑞蒂：就是说不能只用一种治疗方法吗?

张　琴：对。既要改善和恢复患者的肝功能,提高**机体**免疫力,又要进行抗病毒、抗纤维**化**等治疗。

莎　娜：病人需要怎么配合呢?

张　琴：需要注意饮食,多休息,还要保持乐观的**心态**。

2. 会话

莎　娜、白瑞蒂：李先生，您好。
李　　程：你们好，两位大夫，我真的得了乙肝吗？
莎　　娜：是，您得了乙型肝炎，需要住院治疗。
李　　程：是大三阳还是小三阳？
白　瑞　蒂：是大三阳。
李　　程：啊，那怎么办？我是饭店的厨师，我不能继续工作了。
莎　　娜：这种病有传染性，所以在您完全康复之前不能当厨师了。
白　瑞　蒂：您这段时间感觉身体有什么不舒服吗？
李　　程：也没有什么**特殊**的感觉，就是有时会感到乏力、头晕，食欲不是很强，肝这里有些隐隐的疼痛。
莎　　娜：这些都是慢性肝炎的症状，您应该早点儿到医院来检查的。
李　　程：唉，我以为这些感觉是因为工作太劳累了，哪里知道是得了乙肝啊？
白　瑞　蒂：您先别着急，保持乐观的情绪和良好的心态对治疗这种病非常重要。
莎　　娜：是啊，只要您积极配合治疗，还是可以控制病情，比较快恢复健康的。
李　　程：好，大夫，我一定配合！

3. 成段表达（白瑞蒂对病人家属王晖说）

李太太，经过这一段时间的治疗，您丈夫的病情现在已经得到控制，肝功能和其他各项**指标**都在**逐步**恢复正常，明天就可以出院了。但是他身体里面的病毒还没有被完全**清除**，现在还不能像以前一样到饭店当厨师，也不能做其他跟食品**加工**、饮食服务有关的工作。回去以后您除了要提醒他按时吃药之外，还要让他多休息，注意不要劳累。可以让他适当吃一些高蛋白、高维生素和易消化的食物，比如牛奶、鸡蛋、鱼、瘦肉、豆制品等，这些食物有利于肝脏的**修复**。但**千万别吃太油腻的食物**，油腻的食物容易引起**脂肪肝**。另外一定**要禁酒**，含**酒精**的饮料也不要喝。如果生病要吃药，最好把他的情况告诉医生，吃药前还要注意看清楚说明书，不能吃**损害**肝脏的药物。治疗肝炎要花比较长的时间，您要多鼓励他，让他对治疗有耐心和信心，良好的心态对肝炎患者的恢复是非常重要的。

三、注　释

1."抗原"和"抗体"

抗原是指能刺激机体产生抗体，并能与之发生反应的物质。抗体是存在于体液和淋巴细胞表面上的、能与抗原特异性结合的免疫球蛋白。

Antigen is the material which stimulates the body to produce antibodies, and can react with the antibodies. Antibodies exist in the body fluid and the surface of lymphocytes, it is an immunoglobulin which can combine with the antigens specifically.

2. ALT、AST

ALT 汉语称为"丙氨酸转氨酶"，AST 汉语称为"天门冬氨酸转氨酶"。ALT 主要存在于肝脏，其次是骨骼肌、肾脏、心肌等；AST 主要存在于心肌，其次是肝脏、骨骼肌和肾脏等。当肝细胞受损时，血清中的 ALT 和 AST 会明显升高。两者的正常值上限都是 40U/L。当中度肝细胞损伤时，血清中 ALT 升高的幅度大于 AST；如果 AST 升高的幅度等于或大于 ALT，常说明肝细胞损伤比较严重。

The Chinese of ALT is "丙氨酸转氨酶", the Chinese of AST is "天门冬氨酸转氨酶". ALT mostly exist in liver, it also exist in skeletal muscles, kidney, cardiac muscle, and so on. AST mostly exist in cardiac muscle, it also exist in liver, skeletal muscle, kidney, and so on. When the liver cells get damaged, the ALT and AST in the serum would increase obviously. The normal upper bounds of both of them are 40U/L. In the case of medium liver cell damage, the scale of increase of ALT in the serum would be greater than AST. When the scale of

increase of AST in the serum is equal or larger than that of ALT, it means the damage of liver cells is relatively severe.

3. 两对半、大三阳、小三阳

乙型肝炎病毒免疫学标记一共有三对，即表面抗原和表面抗体、e抗原和e抗体、核心抗原和核心抗体。乙肝"两对半"又称"乙肝五项"，是目前国内最常用的乙肝病毒感染检测血清标志物，指上述三对六项中除核心抗原外的五项，故称两对半。两对半检查可以判断是否感染乙肝病毒及粗略估计感染的具体情况。

There are 3 pairs of labeling in the immunology of hepatitis B, which are HBsAg and HBsAb, HBeAg and HBeAb, HBcAg and HBcAb. The hepatitis B "two-and-a half pair" is also called "hepatitis B five items" (which is the test for HBsAg, HBsAb, HBeAg, HBeAb and HBcAb), it is the most commonly used serum labeling material in the detection of hepatitis B virus domestically. By this test, we are able to assess whether a person is infected by the hepatitis B virus, and can also estimate the details of the infection.

"大三阳"指两对半检查中，表面抗原、e抗体和核心抗体检测均是阳性。"小三阳"则是指表面抗原、e抗原和核心抗体三者为阳性。

"大三阳" means in the test for HBsAg, HBsAb, HBeAg, HBeAb and HBcAb, the HBsAg, HBeAb and HBcAb are all positive. "小三阳" means the HBsAg, HBeAg and HBcAb are positive.

4. N./Adj.+化→V.

"-化"作为后缀，可以加在名词或形容词后面构成动词，表示转变成某种性质或状态。如：

"化" can be added after a noun or an adjective as a suffix to form a verb, which means to transfer to a certain condition. For example:

纤维~/电气~/标准~/国际~/美~/绿~/软~/硬~/丑~。

5. 脂肪肝

肪肝脂是肝组织的脂肪含量超过正常值的病理现象。多因肥胖或营养不良、长期饮酒、病毒性肝炎、糖尿病、药物中毒等引起。正常人的肝内总脂肪量，约占肝重的5%，脂肪量超过5%为轻度脂肪肝，超过10%为中度脂肪肝，超过25%为重度脂肪肝。脂肪肝可分为肥胖性脂肪肝、酒精性脂肪肝、营养不良性脂肪肝、糖尿病脂肪肝、妊娠脂肪肝、药物性脂肪肝等。

Fatty liver is a pathological phenomenon of which the amount of fat in liver tissue exceeds the normal value. It is often caused by obesity or malnutrition, long time drinking, viral hepatitis, diabetes, medicine poisoning and so on. The total amount of fat in a normal person's liver is about 5% of the weight of the liver, in the case of slightly fatty liver, the fat exceeds 5% of the liver weight, in the case of medium fatty liver, the fat exceeds 10% of liver weight, and in the case of severe fatty liver, the fat exceeds 25% of liver weight. Fatty liver could be categorized into obesity fatty liver, alcoholic fatty liver, malnutrition fatty liver, diabetic fatty liver, acte fatty liver of pregnancy, drug-induced fatty liver, and so on.

四、练 习

1. 听与读

抗原	两对半	肝炎	脂肪
抗体	大三阳	慢性肝炎	脂肪肝
表面抗原	小三阳	急性肝炎	脂肪含量
表面抗体	肝功能异常	病毒性肝炎	脂肪组织
核心抗体		乙型肝炎	
e抗原阳性		乙肝	
e抗体阴性			
抗菌	心态	酒精	
抗病毒	积极的心态	酒精浓度	
抗纤维化	乐观的心态	酒精中毒	
抗癌	悲观的心态	酒精过敏	
	良好的心态		

2. 替换与扩展

(1) 从<u>两对半</u>的检查结果来看,这是一位<u>大三阳</u>患者吧?

(2) 肝功能正在逐步恢复正常。

血压	好转
血糖	改善
甘油三酯	下降
总胆红素	得到控制

(3) 他需要吃高蛋白的食物。

不能	高维生素
很想	易消化
不想	高脂肪
每天	营养丰富

(4) 这些食物有利于肝脏的修复。

| 这些中药 |
| 戒酒 |
| 心情愉快 |
| 适当活动 |

(5) 油腻的食物容易引起脂肪肝。

高糖	糖尿病
被痢疾杆菌污染过	急性菌痢
含草酸高	尿结石
含碘高	甲亢复发

3. 看汉字，写拼音

综合 _____   抗原 _____   指标 _____

逐步 _____   抗体 _____   核心 _____

清除 _____   酒精 _____   特殊 _____

加工 _____   修复 _____   脂肪肝 _____

4. 看拼音，写汉字

liǎngduìbàn _____   dàsānyáng _____   jītǐ _____

sǔnhài _____   qiānwàn _____   zhōngdú _____

第六课　这些都是慢性肝炎的症状

5. 两人一组,根据课文内容写出合适的应答句后进行互相问答

(1) 指导医生：今天转来的 14 床病人患有什么病？

实习生：_____

(2) 指导医生：这种病需要怎样治疗？

实习生：_____

(3) 指导医生：病人需要怎么配合呢？

实习生：_____

(4) 指导医生：这位病人感觉身体有什么不舒服吗？

实习生：_____

6. 两人一组,根据应答句写出合适的问句后进行互相问答

(1) 病人：_____？

医生：是的,你得了乙型肝炎。

(2) 病人：_____？

医生：这种病有传染性,所以在你完全康复之前不能当厨师了。

(3) 病人：_____？

医生：是,还是大三阳呢。

(4) 病人：_____？

医生：需要注意饮食、多休息,还要保持乐观的心态。

7. 选择合适的词语填空(每个词语能用一次)

(机体　综合　心态　指标　千万　清除　提醒　特殊　损害　逐步)

(1) 检查结果显示,这位病人的白细胞、中性粒细胞等项_____都比正常值高。

(2) 只用一种治疗方法是很难_____病人体内的乙肝病毒的。

(3) 经过这段时间的饮食调理,她的体力正在_____恢复。

(4) 经常锻炼身体才能提高_____的免疫力。

(5) 乐观的_____是治疗许多疾病的良药。

(6) 白瑞蒂,昨晚 14 床有没有出现什么_____的情况？

(7) 张老师说,治疗乙肝这样的慢性病最好采用_____性的治疗方法。

(8) 李太太,出院后您要记住_____您丈夫按时吃药和复查。

(9) 患了乙肝_____别太劳累,一定要注意休息。

(10) 酒精会_____肝脏,所以患了肝炎的病人一定要禁酒。

8. 交际性练习(参见附录三)

三人一组,角色 A 看附录三的 9,角色 B 看附录三的 2,角色 C 看附录三的 16。看完附录后三人进行会话。

附录:

1. 常用专业术语

总胆红素	zǒngdǎnhóngsù	total bilirubin(TBIL/STB)
甘油三酯	gānyóu sānzhǐ	triglyceride(TG)
胆碱酯酶	dǎnjiǎn zhǐméi	cholinesterase
干扰素	gānrǎosù	interferon(IFN)
聚合酶链反应	jùhéméiliàn fǎnyìng	polymerase chain reaction(PCR)
肝硬化	gānyìnghuà	liver cirrhosis
原发性肝癌	yuánfāxìng gān'ái	primary carcinoma

2. 乙肝两对半检验单(模拟)

姓名:　　性别:　　年龄:　　标本种类:血清　　标本号:
住院号:　　床号:　　科室:　　诊断:
检查项目:乙肝两对半　　送检医生:　　送检日期:　　备注:

检验项目	结果	参考值
乙肝表面抗原 HBsAg		阴性(-)
乙肝表面抗体 HBsAb		阴性/阳性
乙肝 e 抗原 HBeAg		阴性(-)
乙肝 e 抗体 HBeAb		阴性(-)
乙肝核心抗体 HBcAb		阴性(-)

报告者:　　报告日期:

第七课　肺结核能治好吗？

一、生词语

1. 肺结核	fèijiéhé	（名）	tuberculosis
2. 盗汗	dàohàn	（名）	night sweat
3. 加重	jiāzhòng	（动）	become more serious
4. 膈胸膜	géxiōngmó	（名）	diaphragm
5. 结核菌	jiéhéjūn	（名）	tubercle bacillus
6. 痨病	láobìng	（名）	consumptive disease; tuberculosis
7. 口罩	kǒuzhào	（名）	mouth mask; surgical mask
8. 随地	suídì	（副）	anywhere; everywhere
9. 痰盂	tányú	（名）	spittoon; spit box
10. 特效	tèxiào	（名）	especially effective
11. 规定	guīdìng	（动）	to stipulate; to fix
12. 飞沫	fēimò	（名）	respiratory droplet
13. 距离	jùlí	（名）	distance
14. 被褥	bèirù	（名）	bedding; bedclothes
15. 暴晒	bàoshài	（动）	insolation
16. 沸	fèi	（动）	to boil
17. 虚弱	xūruò	（形）	weak; in poor health
18. 防寒	fánghán	（动）	winter protection
19. 体质	tǐzhì	（名）	physique
20. 抵抗力	dǐkànglì	（名）	immunity; resistance

二、课　文

指导医生——钱豪
实习生——阿卜杜拉、白瑞蒂
传染科病人——苗红(女,21岁)
病人家属——苗大刚(病人的父亲)

人物
rénwù

1. 会话

阿卜杜拉：钱老师,6床昨天转来一位病人,门诊怀疑是肺结核。

钱　　豪：哦,你们先念念她的病历。

阿卜杜拉：苗红,女,21岁。持续咳嗽一个多月,有少量咯血,并伴有发烧、**盗汗**等症状。

白　瑞　蒂：病人胸部有针刺样疼痛,咳嗽时疼痛**加重**。肩部和上腹部也有疼痛。

钱　　豪：胸部疼痛是炎症引起的,肩部和上腹部的疼痛是由于**膈胸膜**受到了刺激。胸部X光片出来了没有?

阿卜杜拉：出来了。胸片显示肺部浸润性改变。

钱　　豪：有没有做痰涂片检查?

白　瑞　蒂：做了。痰涂片检查的结果是阳性。

阿卜杜拉：还要不要做痰**结核菌**培养?

钱　　豪：痰结核菌培养要6到8周,暂时先不做。病人有没有头痛或者神志改变的情况?

白　瑞　蒂：没有。钱老师,门诊的诊断是肺结核,对吗?

钱　　豪：嗯,门诊的诊断是对的。

阿卜杜拉：这种病是不是会传染的?

钱　　豪：对。你们现在先去把要注意的事告诉病人和家属,以免家属被传染。

白瑞蒂、阿卜杜拉:好。

2. 会话

白瑞蒂:苗小姐,您好。

苗　红:大夫,您好。急死我了,我得的是什么病啊?

白瑞蒂:您得了急性肺结核。

苗　红:啊?肺结核啊。是不是就是**痨病**?

白瑞蒂:是,以前是这么叫的。

苗　红:那怎么办?听说这个病会传染,是真的吗?

白瑞蒂:对。所以我们要把您安排到楼上的隔离病房,平时您尽量不要出去。

苗　红:哦。那我爸爸妈妈能不能来看我?

白瑞蒂:可以,不过你们都要戴上**口罩**。

苗　红:我们还要注意什么呢?

白瑞蒂:您不要**随地**吐痰,痰可以吐在面巾纸上或者是**痰盂**里。

苗　红:好,我会注意的。这个病难治吗?

白瑞蒂:以前是比较难治的,现在只要坚持正规的治疗,一般都能治好。

苗　红:哦,那我就放心了。

白瑞蒂:不过治好出院以后,也要长期吃药,还要定期来检查。到时候我们会详细告诉您的。

苗　红:好,谢谢医生。

3. 成段表达(白瑞蒂对病人家属说)

苗叔叔,您女儿得的是急性肺结核,我们马上把她转到楼上的隔离病房。您不必太紧张,现在肺结核已经有**特效**药物治疗,不再像过去那么难治了。只要病人情绪乐观,积极配合医生治疗,坚持按时按量服药,完成**规定**的疗程,一般都可以比较快治好的。肺结核是一种传染病,主要通过**飞沫**传染。所以,你们家属看病人时要注意戴口罩,跟病人说话时**距离**不要太近,尽量不要面对面地和病人说话,以免被传染。回家后要把病人在家里用过的**被褥**、衣服等洗干净并拿到阳光下**暴晒**,病人用过的碗筷也要放在水中煮**沸**五分钟以上消毒。您女儿得这个病后身体比较**虚弱**,在饮食方面要注意加强营养,乳类、蛋类、鱼类、肉类、豆类都可以吃,还可以多吃新鲜的蔬菜和水果。病人出院以后,要注意根据天气的变化及时增减衣服,**防寒**保暖;还要进行适量的运动,比如打打太极拳等,增强**体质**和身体的**抵抗力**。

三、注 释

1. 肺结核 / 痨病(tuberculosis/consumptive disease)

肺结核,也叫痨病或肺痨,是由结核杆菌引起的肺部传染病。肺结核早期无明显症状,病变继续发展,患者有咳嗽、胸痛、咯血、潮热、盗汗、倦怠、消瘦等症状。肺结核临床上多呈慢性过程,少数可急起发病。抗结核药可彻底治愈。增强体质、卡介苗接种、早期发现和治疗并隔离消毒可以预防。

Pulmonary tuberculosis (TB),also called Feilao in traditional Chinese medcine,is a kind of lung infection caused by Mycobacterium tuberculosis. There are no obvious symptoms in early TB,and the lesions will continue to develop with symptoms of cough,thoracic pain,hemoptysis,tidal fever,night sweating,accidie and emaciation. In most case,the development of TB,clinically,is a chronic process,and acute occasionally.The patients can be cured with antitubercular agent, and the way to prevent TB include strengthening one's physique, Bacillus Calmette-Guerin Vaccination, early detection and treatment with disinfection and isolation.

2. 盗汗

盗汗是中医的一个病症名,是以入睡后汗出异常、醒后汗泄即止为特征的一种病征。

"盗汗" is a symptom name of Chinese traditional medical science, whose characteristic is patient's abnormal sweating after sleep, and stop sweating after waking up.

3. 膈胸膜 (Thoracic diaphragm)

贴附在膈(diaphragm)上面的胸膜。膈胸膜与膈紧密相连,不易剥离。

The pleura which is attached to the diaphragm, from which it's hard to strip, because they are so strongly connected with each other.

4. 痰结核菌培养

是结核菌检查的一种方法,也是诊断肺结核病的依据之一。肺结核病患者痰液可呈间歇排菌,所以应该连续多次查痰。痰结核菌培养检查比痰涂片检查准确性更高,但所需时间比较长。当病人痰涂片检查阴性需要进一步鉴别诊断时,如果痰结核菌培养阳性,也可确诊为肺结核病人。痰结核菌培养除能了解结核菌有无生长繁殖能力外,还可以作为药物敏感试验与菌型鉴定。一些病人经抗结核药物治疗失败需要进行结核菌的菌型鉴定和药敏性试验时必须进行痰培养。

It's not only a method for tubercle bacillus test, but also one of the bases in diagnosing TB. The sputum of patients with tuberculosis may replicate intermittently, so continuous sputum examination is necessary. Sputum culture examination for tubercle bacillus has higher accuracy than sputum smear examination for tubercle bacillus, but longer time is required. When the test of sputum smear examination for tubercle bacillus is negative and need further diagnosis, the patient can also be diagnosed as tuberculosis patients if the test of sputum culture examination for tubercle bacillus is positive. Through sputum cluture examination for tubercle bacillus, we can find out the growth and reproduction capacity of tubercle bacillus. Additionally, the examination can also be used in drug susceptibility testing and tubercle bacillus identification. If patient who has received anti-tuberculosis therapy failed, he must receive sputum culture examination for tubercle bacillus when drug susceptibility testing and tubercle bacillus identification is carried on.

四、练 习

1. 听与读

肺结核	咳嗽	痰	查痰
急性肺结核	咯血	痰液	痰涂片
结核菌	发烧	吐痰	痰结核菌
结核杆菌	盗汗	痰盂	痰结核菌培养

特效	传染	增强体质	规定	针刺样疼痛
效果	飞沫传染	增强抵抗力	常规	针扎样疼痛
有效	空气传染	增强免疫力	正规	刀割样疼痛
疗效	接触传染	增强疗效		

2. 看汉字,写拼音

结核菌 _____　　膈胸膜 _____　　盗汗 _____

口罩 _____　　被褥 _____　　暴晒 _____

痰盂 _____　　飞沫 _____　　防寒 _____

3. 看汉字,写拼音

tǐzhì _____　　xūruò _____　　guīdìng _____

jiāzhòng _____　　dǐkànglì _____　　tèxiào _____

4. 替换与扩展

(1) 病人持续咳嗽一个多月,有少量咯血,并伴有发烧、盗汗等症状。

咳喘	大量痰液	呼吸困难
下腹痛	大量便血	消瘦、乏力
右上腹痛	恶心呕吐	右肩背部疼痛

(2) 胸片显示肺部浸润性改变。

两对半检查	乙肝表面抗原阳性
粪便培养	有痢疾杆菌
痰检查	有百日咳杆菌

(3) 病人有没有头痛或者神志改变的情况？

腹泻、呕吐	手脚冰凉、颜色发紫
流涕、烦躁	流口水、食欲差
皮肤变成青紫色	抽筋、呼吸暂停

(4) 尽量不要面对面地和病人说话，以免被传染。

过度饮酒	肝损伤
让老人单独出门	发生意外
情绪太激动	心脏病复发

(5) 要注意根据天气的变化及时增减衣服，防寒保暖，还要进行适量的运动。

每天观察血压变化	按时按量服药
补钙，增强骨质	多喝水
锻炼身体，增强抵抗力	少骑自行车，减少对前列腺的摩擦

5. 词语搭配

(1)
1) 持续　　A. 检查
2) 长期　　B. 服药
3) 定期　　C. 打针
4) 按时　　D. 咳嗽

(2)
1) 增强　　A. 炎症
2) 引起　　B. 口罩
3) 受到　　C. 被褥
4) 戴　　　D. 抵抗力
5) 暴晒　　E. 结核菌
6) 培养　　F. 刺激

6. 词语填空(每个词语只能用一次)

(肺结核　特效　加重　规定　距离　防寒　煮沸　随地　抵抗力　虚弱　飞沫　体质)

(1) 你不要太着急，要做完_____的疗程才能出院。

(2) 常打太极拳能增强身体的_____。

(3) 医生怀疑我得的是急性_____。

(4) 过去很多难治的病现在都有_____药了。

(5) _____差的人冬天更要注意_____保暖。

(6) 肺结核主要是通过_____传染的。

(7) 肺结核病人用过的碗筷要放在水里_____消毒。

(8) 他刚做完手术,身体还比较_____。

(9) 病人昨天不小心淋了雨,病情_____了。

(10) 跟传染病人说话的时候_____不能太近。

(11) _____吐痰的习惯非常不好,你一定要改过来。

7. 根据课文内容完成对话

医生:_____?

病人:我_____很长时间了,一直不好。上星期开始发烧。

医生:_____疼吗?

病人:很疼,腹部和两肋也很疼,咳嗽的时候疼痛_____。

医生:咳嗽时有_____吗?

病人:有,但不多。

医生:你得先去做一个_____检查。

　　　(20分钟后)

医生:检查_____出来了,你_____肺结核。

病人:啊!我该怎么办呢?

医生:不用紧张,肺结核并不_____,只要_____正规治疗,一般都能治好。

病人:听说肺结核是_____病,我要被_____吗?

医生:我们得把你安排在传染科住院,你_____不要外出。

病人:我的朋友可以来_____吗?

医生:可以,但最好戴_____,_____传染。

8. 根据课文内容口头描述苗红的病情,尽量使用以下词语

持续　咳嗽　咳血　发烧　盗汗　针刺样疼痛　肩部　腹部　加重　胸片
浸润性改变　痰涂片　阳性　肺结核

9. 交际性练习(参见附录三)

两人一组,角色 A 看附录三的 5,角色 B 看附录三的 13。

参考使用下列词语:

(急性肺结核　隔离病房　特效药物　规定的疗程　飞沫　距离　口罩　被褥　曝洒　虚弱　防寒保暖　体质　抵抗力)

附录:
1. 常用专业术语

结核杆菌	jiéhé gǎnjūn	tubercle bacillus
粟粒性肺结核	sùlìxìng fèijiéhé	military tuberculosis
干酪性肺结核	gānlàoxìng fèijiéhé	caseous pneumonia
原发性肺结核	yuánfāxìng fèijiéhé	primary tuberculosis
继发性肺结核	jìfāxìng fèijiéhé	secondary pulmonary tuberculosis
结核性胸膜炎	jiéhéxìng xiōngmóyán	tuberculosis pleuritis

2. X-RAY 影像诊断报告书(模拟)

姓名:	性别:	年龄:
送诊科室:	送诊医师:	床号:
检查日期:	住院号:	X-RAY 号:

检查部位:胸肺

检查报告:

　　肺部有浸润性改变。

报告者:　　　　审核:　　　　日期:

第八课 鼻咽癌在癌症中的治愈率是最高的

一、生词语

1.	鼻咽癌	bíyān'ái	（名）	nasopharyngeal carcinoma
2.	治愈	zhìyù	（动）	recovery from heal; to cure
3.	家族史	jiāzúshǐ	（名）	family history
4.	高发	gāofā	（形）	high frequency
5.	直系	zhíxì	（形）	lineal
6.	亲属	qīnshǔ	（名）	relatives
7.	淋巴结	línbājié	（名）	lymph node
8.	偏头痛	piāntóutòng	（名）	migraine
9.	丝	sī	（名/量）	silk; thread
10.	鼻塞	bísāi	（名）	snuffle
11.	耳鸣	ěrmíng	（名）	tingle; tinnitus
12.	视力	shìlì	（名）	vision; sight
13.	三长两短	sāncháng-liǎngduǎn		death
14.	嗜	shì	（动）	indulge in
15.	咽喉	yānhóu	（名）	throat
16.	口腔	kǒuqiāng	（名）	oral cavity; mouth cavity
17.	忍受	rěnshòu	（动）	to endure; to stand
18.	咸鱼	xiányú	（名）	salted fish
19.	腌肉	yānròu	（名）	bacon
20.	腌制食品	yānzhì shípǐn		brawn foodstuff
21.	致癌物质	zhì'ái wùzhì		carcinogen
22.	滴	dī	（量/动）	drop, gutta

二、课　文

> 指导医生——许贤
> 实习生——卡奇、莎娜、白瑞蒂
> 耳鼻喉科2床病人——田江（男，35岁）
> 病人家属——李本（田江的妻子，35岁）

1. 会话（在医生办公室）

卡　　奇：许老师，2床的检查报告出来了，跟您的初步诊断一样，是鼻咽癌。

莎　　娜：他说他的爸爸是得鼻咽癌死的，现在他也得了鼻咽癌，非常害怕。

白瑞蒂：许老师，鼻咽癌有没有**家族史**？

许　　贤：在广东这样的鼻咽癌**高发**地区，10%的鼻咽癌患者有癌症家族史，其中又有大概一半是鼻咽癌，而且大多数是**直系亲属**。

莎　　娜：许老师，鼻咽癌的治愈率高不高？

许　　贤：鼻咽癌在癌症中的治愈率是最高的，早期的话预后比较好。对了，你们说说鼻咽癌早期都有哪些症状吧。

白瑞蒂：患者一般会有**淋巴结肿大**、**偏头痛**、鼻涕中有血丝、**鼻塞**、**耳鸣**、**视力**下降等症状。

卡　　奇：有些病人会出现面部麻木的症状，少数女性患者会停止来月经。

许　　贤：说得很好。我再补充一下儿：有些患者没有明显的症状，所以容易误诊。

莎　　娜：好在2床的症状比较明显，能够早期发现。

2. 会话（在病房）

田　　江：哎哟，哎哟！我的头很痛啊！

李　　本：医生，您看，他又流鼻涕了，鼻涕里面还有血丝呢，怎么办啊？

卡　　奇：别担心，血丝不多，他的病不太严重。

李　　本：以前他爸爸得鼻咽癌走了，现在他是不是也得了鼻咽癌？

许　　贤：你们别着急，田先生虽然确诊得了鼻咽癌，不过还是早期，治好的希望比较大。

白瑞蒂：是啊，鼻咽癌在癌症中的治愈率是最高的。

李　　本：那太好了！医生，你们一定要救救他啊！要是他有个**三长两短**，我和孩子可怎么办啊！

许　　贤：您放心，我们一定会好好儿治疗的。明天就安排放疗。

李　　本：我们听医生的。

莎　　娜：放疗的时候身体会有一些不良反应，比如乏力、头晕、恶心、呕吐、口中无味或变味、食欲差、失眠或嗜睡。

白瑞蒂：还会有咽喉痛、口干、口腔溃疡等症状。

许　　贤：每个患者放疗反应的程度不同，但一般都能忍受。

李　　本：我们一定积极配合治疗。

3. 成段表达（田江接受了8周的放疗之后，白瑞蒂对李本、田江说）

　　田先生、田太太，经过两个疗程的放疗，田先生体内的癌细胞得到了有效的控制，很快就可以出院了。以前我们说过，鼻咽癌在癌症中的治愈率是最高的，你们看，田先生的病不是快治好了吗？所以你们一定要乐观，要有信心。出院后要记住定期回医院继续接受放疗，巩固疗效。田太太，您要照顾好田先生的饮食。他平时要少吃或不吃

咸鱼、腌肉等**腌制食品**,因为腌制食品含**致癌物质**;要多吃蔬菜、水果等含维生素多的食物和瘦肉、鸡蛋、鱼等高蛋白食物。田先生,您要戒烟戒酒了。另外,还要坚持每天**滴鼻**2—3次,保持鼻腔清洁;不要用力挖鼻子,防止出血。尽可能少去空气不好的地方,家里要注意保持空气新鲜。每天坚持做把口张到最大的运动100次。要多休息少干活,特别是不能干重活,不能劳累。最重要的还是要保持愉快的心情,乐观的情绪,每天都要高高兴兴地起床、高高兴兴地睡觉、高高兴兴地做每一件事。

三、注释

1. 家族史

　　一般是指家族疾病经历,尤其是可以通过基因传给后代的疾病经历。

Generally it refers to the family diseases history, especially the diseases which could be passed down through gene.

2. 直系亲属

　　从医学的角度而言,直系亲属是指彼此之间有直接血缘联系的亲属,即血亲。直系亲属可以分为两种:一种是生育己身的各代血亲,如父母、祖父母、外祖父母等;另一种是己身生育的后代,如子女、孙子女、外孙子女等。

From the medical opinion of view, lineally relatives refer to the lineal relatives by blood. It may be divided into two categories: one is every generation of blood who gives birth to oneself, for example, parents, grandparents, grandparent-in-law. The other is the descendants, for instance, children, grandchildren, grandchildren-in-law, etc.

3. 偏头痛

　　偏头痛是一种以反复发作性头痛为主要症状,可有先兆和伴随症状的综合征。常有家族史。该病发作前患者常有闪光、视物模糊、肢体麻木等先兆,约数分钟至1小时左右出现一侧头部一跳一跳的疼痛,并逐渐加剧,直到出现恶心、呕吐后,感觉才会有所好转。在头痛发生前或发作时可伴有神经、精神功能障碍。同时,它是一种可逐步恶化的疾病,发病频率通常越来越高。

Migraine is characterized by symptoms such as repeat relapse of headache, with foreboding and accompanied symptom. Normally it has family history. The patients often suffered from blink, blur, limb numbness etc. minutes or even one hour before it outbreaks. It appears as pulsative headache and gradually aggravate. The patient would not feel better until the nausea and vomiting. Before or during the headache occur it may be accompanied with dysfunctional psycho. Meanwhile it gets progressively worse with higher and higher incidence of frequency.

4. 腌制食品

腌制食品是指把鱼、肉、蛋、蔬菜、水果等加上盐、糖、酱、酒等加工而成的食品。腌制食品一般含有大量的盐,腌制中就会产生亚硝酸盐,而亚硝酸盐进入人体后又会形成亚硝胺。亚硝胺是一种致癌物质,故常食腌制食品容易致癌。蔬菜、水果腌制后,其所含的维生素流失较多,维生素 C 几乎全部流失。

Preserved foods refers to fish, meat, eggs, vegetables, fruits etc, which are processed by adding salt, sugar, soy sauce and wine. Normally they contain plenty of salt, during the processing it produces nitrite, which would form nitrosamine in the body. It is a kind of carcinogen. If you often eat pickled food, you'll easily get carcinoma. Meanwhile, the vitamines especially vitamin C in the fruits and vegetables are almost gone during the processing.

5. 致癌物质

指来源于自然和人为环境、在一定条件下能诱发人类和动物癌症的物质。包括:①物理性致癌物质。如 X 射线、放射性核素、氡及日光中的紫外线等;②生物性致癌物质。有生物合成产物如真菌毒素、生物砷、甙、水和土壤微生物、低级和高级植物合成多环芳烃化合物、动物和人类激素等;③化学致癌物质。其种类最多,分布极广。

Carcinogen refers to the material could induce cancer of human being and animals under certain circumstances, it might come from natural or artificial circumstances. It includes: 1) physical carcinogen, such as X rays, radionuclide, niton and ultraviolet radiation in the daylight. 2) biological carcinogen, which includes biosynthesis production such as mycotoxin, alkaloid, aloin, water and soil microbe, polycyclic aromatic hydrocarbons which are combined by lower and advanced plants, hormone which animal and human produces etc; 3) chemical carcinogen, which has most variety and extensive distribution.

四、练 习

1. 听与读

比如	鼻咽癌	腌制食品	病史	治愈
例如	肺癌	腌肉	家族史	治愈率
比方	腺癌	致癌物质	遗传史	痊愈
	肝癌	健康食品		愈合
				治疗
				根治

咽喉	鼻塞	
口腔	耳鸣	头晕
鼻腔	视力下降	恶心
滴鼻	偏头痛	呕吐
保持鼻腔清洁	淋巴结肿大	失眠
防止鼻腔出血	面部麻木	嗜睡
咽喉痛		
口腔溃疡		

2. 替换与扩展

(1) 2床的检查报告出来了,是<u>鼻咽癌</u>。

> 肺癌
> 卵巢癌
> 胃癌

(2) 许老师,鼻咽癌有没有<u>家族史</u>?

> 遗传史
> 癌前病变史
> 治愈的可能

(3) 鼻咽癌在癌症中的<u>治愈率</u>是最高的。

> 生存率
> 带瘤生存率
> 发病率

(4) 每个患者放疗反应的程度不同,但一般都能忍受。

> 对药物　　反应　　都能适应
> 手术后　　效果　　都会逐渐康复
> 症状　　　表现　　差别不太大

(5) 田先生体内的癌细胞得到了有效的控制,很快就可以出院了。

> 肺部的炎症
> 身体里面的病毒
> 的糖尿病已经

3. 看汉字,写拼音

鼻咽癌 _____　　鼻塞 _____　　耳鸣 _____

口腔 _____　　滴鼻 _____　　偏头痛 _____

致癌物质 _____　　治愈 _____　　淋巴结 _____

咽喉 _____

4. 看拼音,写汉字

qīnshǔ _____　　jiāzúshǐ _____　　gāofā _____

xuèsī _____　　línbājié _____　　bǐrú _____

shìlì _____　　rěnshòu _____　　sāncháng-liǎngduǎn _____

5. 选择合适的词填空

(丝　三长两短　比如　忍受　治愈率　致癌物质　家族史　高发　直系亲属　嗜睡)

(1) 放疗的时候身体会有一些不良反应,_____乏力、头晕、恶心、呕吐、口中无味或变味、食欲差、失眠或_____。

(2) 放疗的时候身体会有一些不良反应,但一般都能_____。

(3) 医生,我丈夫的病能治好吗?要是他有个_____,我和孩子可怎么办啊!

(4) 许老师,鼻咽癌有没有_____?

(5) 鼻咽癌在癌症中的_____是最高的。

(6) 在广东这样的鼻咽癌_____地区,10%的鼻咽癌患者有癌症家族史,其中又有大概一半是鼻咽癌,而且大多数是_____。

(7) 最近他的鼻涕中有血_____,问题严重吗?

(8) 咸鱼、腌肉等腌制食品含有_____,平时要尽量少吃。

6. 两人一组完成下列对话，并进行相互问答

实 习 生：田太太,您丈夫的检查报告出来了。

病人妻子：啊！是＿＿＿＿＿＿＿＿＿＿＿＿＿＿＿吗？

实 习 生：是的。许医生让我来告诉你。

病人妻子：他爸爸也是＿＿＿＿＿＿＿＿＿＿＿＿,现在他也得这种病了,医生，

　　　　　我丈夫会＿＿＿＿＿＿＿＿＿＿＿＿吗？

实 习 生：您别这么担心。＿＿＿＿＿＿＿＿＿＿＿＿＿＿是最高的,您丈夫的症状

　　　　　比较明显,发现得早,＿＿＿＿＿＿＿＿＿＿＿＿。

病人妻子：哦。这我就放心了。那现在＿＿＿＿＿＿＿＿＿＿＿＿？

实 习 生：许医生说明天就安排＿＿＿＿＿＿＿＿＿＿＿＿。

病人妻子：我听别人说做放疗会很难受,真的吗？

实 习 生：＿＿＿＿＿＿＿＿＿＿＿＿＿＿＿＿＿＿＿＿。

病人妻子：谢谢你。我们一定＿＿＿＿＿＿＿＿＿＿＿＿。

7. 根据课文回答问题

(1) 请说说早期鼻咽癌都有哪些症状。

(2) 癌症放疗的时候身体会有哪些不良反应？

(3) 鼻咽癌患者接受治疗后生活中需要注意什么？

8. 三人一组,参考使用下面的词语,看图说话

场景提示：在病房,一位中年男病人接受完放疗后,躺在病床上休息,他的妻子坐在病床旁边的椅子上,一位实习生站在床边。三个人在谈这次放疗结束出院后要注意的事情。

(疗程　鼻咽癌　治愈率　巩固疗效　咸鱼
腌肉　腌制食品　致癌物质　维生素　高蛋白
戒烟戒酒　滴鼻　乐观)

附录：常用专业术语

细胞癌变	xìbāo ái'biàn	cellular canceration
癌细胞增殖	ái'xìbāo zēngzhí	cancer cell proliferation
鼻咽黏膜	bíyān niánmó	nasopharyngeal mucosa
间接鼻咽镜检查	jiànjiē bíyānjìng jiǎnchá	indirect nasopharyngoscope examination
纤维鼻咽镜检查	xiānwéi bíyānjìng jiǎnchá	fibre nasopharyngoscope examination
姑息性放疗	gūxīxìng fàngliáo	palliative radiotherapy
根治性放疗	gēnzhìxìng fàngliáo	radical actinotherapy

第九课　她属于典型的双眼老年性白内障

一、生词语

1.	白内障	báinèizhàng	（名）	cataract
2.	瞎	xiā	（动）	to blind
3.	老人家	lǎorénjiā	（名）	elder
4.	老花	lǎohuā	（形）	presbyopia
5.	管	guǎn	（动）	to care
6.	安慰	ānwèi	（动）	to comfort
7.	成熟期	chéngshúqī	（名）	mature stage
8.	光定位	guāngdìngwèi	（名）	photolocalization
9.	色盲	sèmáng		achromatopsia
10.	裂隙灯检查	lièxìdēng jiǎnchá		slit-lamp examination
11.	晶体	jīngtǐ	（名）	lens
12.	混浊	hùnzhuó	（形）	turbid
13.	核	hé	（名）	nucleus
14.	黑褐色	hēihèsè	（名）	pitchy
15.	眼底	yǎndǐ	（名）	eyeground
16.	囊外摘除术	nángwài zhāichúshù		extracapsular cataract extraction (ECCE)
17.	人工晶体植入术	réngōng jīngtǐ zhírùshù		intraocular lens implantation (IOL)
18.	佩戴	pèidài	（名）	wear
19.	眼罩	yǎnzhào	（名）	eye shield
20.	误伤	wùshāng	（动）	hurt accidentally
21.	禁忌	jìnjì		restriction
22.	医嘱	yīzhǔ	（名）	doctor's advice
23.	点	diǎn	（动）	to drip

二、课 文

指导医生——汪成
实习生——卡奇
眼科6床病人——刘英梅(女,72岁)
病人家属——李江(刘英梅的儿子)

1. 会话(在病房)

李　江：医生,您好！我妈妈的检查结果出来了吗?

卡　奇：还没有全部出来。

刘英梅：医生,我的眼睛到底怎么了? 会不会**瞎**啊?

卡　奇：**老人家**,您别着急,我们会为您好好儿治疗的。

李　江：唉,我妈妈现在几乎什么都看不见了。

卡　奇：视力是从什么时候开始下降的?

刘英梅：大概二三十年前吧。刚开始只是感觉看东西没以前清楚,我想**老花**可能就是这样,就没**管**它。

李　江：就是,那时候我还**安慰**妈妈说谁都会老花,叫她别担心呢。没想到越来越差,现在都快瞎了。

卡　奇：眼睛痛吗?

刘英梅：不痛。

卡　奇：怕不怕光?

刘英梅：不怕。

卡　奇：平时会不会流眼泪?

刘英梅：也没有啊。只是觉得眼睛越来越看不清东西了。

李　江：要是她平时感觉不舒服,我早就带她来医院看了。

卡　奇：嗯。等检查结果全部出来了,我们再决定治疗方法吧。

2. 会话(在医生办公室)

卡　奇：汪老师,我了解过6床病人的情况,觉得她属于典型的双眼老年性白内障,而且是**成熟期**了。

汪　成：你的诊断根据是什么?

卡　奇：病人主诉双眼视力逐渐下降大概二三十年,不痛、不怕光,也没有流泪症状,可是视力越来越差,现在几乎什么都看不见了。

汪　成：检查结果出来了吗?

卡　奇：出来了。视力检查双眼视力只能看见在眼前的手动影,**光定位**正常,没有红绿**色盲**。

汪　成：做了**裂隙灯检查**没有?

卡　奇：做了,检查发现双眼**晶体**全**混浊**,晶体**核黑褐色**,为极硬核,看不见**眼底**。

汪　成：眼部B超的结果呢?

卡　奇：也诊断为白内障。

汪　成：全身检查有没有发现其他特殊情况?

卡　奇：没有,都挺正常的。

汪　成：嗯。你的诊断是对的。你觉得这种情况应该怎么治疗?

卡　奇：我认为手术治疗最合适。

汪　成：说得对。病人虽然年纪比较大,但身体状况还不错,可以手术治疗。你去跟病人和家属商量做手术的事情吧。

卡　奇：好。

3. 成段表达(卡奇对刘英梅和李江说)

　　刘奶奶、李伯伯,根据你们说的症状和检查结果,汪医生诊断刘奶奶患了老年性白内障,白内障已经到了成熟期。对这种情况最有效的治疗方法是做手术。我们打算先给刘奶奶做右眼**囊外摘除术**和**人工晶体植入术**,等右眼视力恢复后再选择合适的机会做左眼囊外摘除术和人工晶体植入术。刘奶奶的身体很健康,身体检查没有发现高血压、高血糖、高血脂等老年人的常见病,做这个手术没问题。一次手术大概七八分钟。手术后不要长期平卧休息,半卧位比较好。手术后的前几天要**佩戴眼罩**,可以适当下床活动,活动时注意保护好眼睛,跟小孙子不要玩儿得太厉害,以免**误伤**眼球。饮食方面没有特别的**禁忌**,可以多吃水果和蔬菜,保持大便通畅。另外,要按照**医嘱**服药和**点**眼药水,定期回眼科门诊复查。一般来说手术后视力很快就能改善。如果有视力突然降低、眼睛疼痛或者眼睛受到意外伤害等情况发生,就要马上来医院检查和治疗。

三、注　释

1. 白内障

人眼中有一个组织叫做晶状体,正常情况下它是透明的。若晶状体混浊,则会阻挡光线进入眼睛,导致患者视物模糊、畏光,所看到的物体变暗、变形,甚至失明,这就是白内障。白内障分老年性白内障、先天性白内障和外伤性白内障等类型,最常见的是老年性白内障,80%左右的70岁以上老人都患有此病。老年性白内障一般会经历初发期、未成熟期(或称膨胀期)、成熟期和过熟期四个阶段,是致盲率很高的一种疾病。

Lens is the tissue of the human eyes which is normally hyaline. If it gets turbid, light will be shielded from going through the eye, leading to blurred vision, photophobia, dusky sight, dysmorphopsia, and ablepsia at worst. This is called cataract. Cataract is classified into senile cataract, congenital cataract, traumatic cataract and so on. Senile cataract is the most common one. 80% of the over-70-year-old people suffer from it. There are four stages of senile cataract: incipient stage, immature stage (or intumescent stage), mature stage, hypermature stage. It is a disease with high blindness rates.

2. 白内障成熟期(maturity stage)

白内障成熟期的特征是,眼中晶状体的混浊扩展到整个晶体,皮质水肿减退,晶体呈灰白色或乳白色,视力降至眼前指数或手动以下。成熟期是白内障手术最理想的时期。

The cataract maturity stage is the whole lens gets turbid and is hoar or ivory, cortex edema declines. The patient's visual acuity falls to finger-count before eye or even worse than hand-move. It is the optimal stage to perform an operation.

3. 光定位

光定位,即光源定位能力。当受检者不能正确判断手动时,则查光感,同时要检查光源定位能力。受检眼向前方注视不动,将光源放在受检眼前1米处上、下、左、右、左上、左下、右上、右下及正中间九个方位,检测受检眼能否正确判定光源方向,记录各方位光定位能力是否存在。

Photolocalization, is the ability to locate light. If the patient cannot judge hand-movement correctly, we should check his light perception and photolocalization. The patient's testing eye stares frontward, with the source of light 1 meter in front of it. Check with the light up, down, left, right, left-up, left-down, right-up, right-down and middle by turns to see whether the testing eye can judge light orientation correctly. Record if the ability to locate light exists or not.

4. 裂隙灯检查

裂隙灯全称"裂隙灯显微镜",是眼科使用最频繁的一种光学设备。通过裂隙灯显微镜可以清楚地观察眼睑、结膜、巩膜、角膜、前房、虹膜、瞳孔、晶状体及玻璃体前1/3。因此,裂隙灯检查可以确定眼睛病变的位置、性质、大小及其深度,在眼科临床工作中占有重要的地位,应用很广泛。

Slit-lamp is the short call of "slit-lamp microscope". It is the most frequently used optical equipment in ophthalmology department. We can observe eye lids, conjunctiva, sclera, cornea, anterior chamber, iris, pupil, lens and the former part of vitreous body clearly by it. Therefore, by doing slit-lamp examination, we can confirm the location, property, size and depth of eye diseases. It plays an important role in clinical working of ophthalmology and is widely used.

5. 眼底

眼底就是指眼睛的底部,也就是眼睛最里面的组织。它包括视网膜、视神经乳头和视网膜中央血管。

Eyeground means the bottom ground of the eye. It is the strata internum of the eye. It includes retina, papillary, and retinal central vessels.

6. 囊外摘除术和人工晶体植入术

白内障囊外摘除术是一种划破晶状体前囊,将晶状体核和皮质摘除,保留后囊的手术方式。目前国际上白内障摘除术多采用此种方式。这种方式比较安全,远期效果好,且便于人工晶体的植入。

Extracapsular cataract extraction is one type of cataract operation performed as follows: scarify the anterior lens capsule, take off the nucleus and cortex, and keep the posterior lens capsule. It is used worldwide. It is relatively safe, with satisfactory long-term effect, and easy for implanting intraocular lens.

人工晶体植入术指在白内障摘除后,在眼内植入一个人工晶状体,用来矫正摘出晶状体造成的高度远视。如果度数计算精确,术后不必戴远视眼镜。

IOL (intraocular lens implants) refers to the implantation of intraocular lens after the cataract extraction, for the purpose of correcting the high hyperopia caused by the removed crystalline lens. With the accurate degrees of refraction, presbyopia lenses shall not necessarily be required after the operation.

7. 医嘱

医嘱指医生根据病情和治疗的需要对病人在饮食、用药、化验等方面的指示。医嘱内容应当准确、清楚,每项医嘱应当只包含一个内容,并注明下达时间,应当具体到分钟。医嘱写出后不得涂改,需要取消时,应当用红墨水标注"取消"字样并签名。一般情况下,医师不得下达口头医嘱。因抢救危重患者需要下达口头医嘱时,护士应当复读一遍。抢救结束后,医师应当立即据实补记医嘱。

Doctor's advice is an instruction given by a doctor base on the state of illness of the patient and the need of treatment, it instructs the patient's diet, medicine, tests, and other aspects. It should be accurate, clear, with only one certain content and the exact execution time-precisely to minute. It cannot be altered. If cancellation is needed, one should write "cancel" in red and sign. Usually, it cannot be commanded orally. When an oral doctor's advice is commanded because of an emergency, nurses should repeat it. After the emergency treatment, doctors should write it down immediately.

四、练 习

1. 听与读

白内障	老人	近视	混浊
老年性白内障	老年人	远视	清晰
双眼老年性白内障	中老年人	老花	模糊
	老人家	瞎	
		盲	眼罩
成熟期		色盲	口罩
青春期			
绝经期	晶状体	核	囊外摘除术
生存期	人工晶体	晶体核	囊肿
预产期	人工晶体植入术	硬核	胆囊
过期		极硬核	囊腔
潜伏期		细胞核	囊液
禁忌	误伤	黑褐色	
禁酒	误诊	青紫色	
禁烟			

2. 替换与扩展

(1) 视力是从什么时候开始下降的？

血压	升高
胆固醇	降低
鼻涕里	有血丝
胸部的疼痛	加重

(2) 做了裂隙灯检查没有？

> 光定位
> 视力
> 眼底镜
> 痰涂片

(3) 检查发现双眼晶体全混浊，晶体核黑褐色，为极硬核，看不见眼底。

> 乙肝表面抗原阳性，表面抗体阴性，e 抗原阳性，e 抗体阴性，核心抗体阳性肺部浸润性改变
> 女婴的血型是 A 型，血清胆红素是 202μ mol/L，白细胞总数比较高

(4) 我们打算给刘奶奶做右眼囊外摘除术和人工晶体植入术。

> 钛合金小夹板坚固内固定术
> 骨髓移植手术
> 腹腔镜胆囊切除术
> 脑脓肿切除术

(5) 出院后要按照医嘱服药和点眼药水，定期回医院复查。

> 坚持每天滴鼻 2—3 次
> 定时给孩子喷口腔喷剂
> 少吃含草酸高的食物
> 多吃含点碘高的海产品

3. 看汉字，写拼音

白内障 _____   成熟期 _____   色盲 _____

裂隙灯检查 _____   晶状体 _____   眼底 _____

囊外摘除术 _____   眼罩 _____   医嘱 _____

4. 看拼音，写汉字

wùshāng _____   jìnjì _____   tèshū _____   xiā _____

hùnzhuó _____   ānwèi _____   lǎohuā _____

5. 词语搭配

(1) 滴　　　　　　　A. 眼睛
(2) 按照　　　　　　B. 复查
(3) 佩戴　　　　　　C. 青光眼
(4) 流　　　　　　　D. 眼罩
(5) 定期　　　　　　E. 病人
(6) 诊断为　　　　　F. 眼泪
(7) 保护　　　　　　G. 眼药水
(8) 安慰　　　　　　H. 医嘱

6. 选择合适的词语填空

(佩戴 禁忌 特殊 点 白内障 老花 医嘱 管 瞎 安慰)

(1) 成熟期的_____比较适合做手术治疗。
(2) 医生,我的眼睛几乎什么都看不见了,是不是已经_____了?
(3) 年纪大了,眼睛一般都会_____的,你不用担心。
(4) 我刚开始发现视力下降的时候,以为老年人都这样,就没_____它。
(5) 那位老人家患了老年性白内障,情绪很不好,你们要多_____她。
(6) 做裂隙灯检查的时候有没有发现什么_____情况?
(7) 做完眼睛手术的前几天,要注意_____眼罩,防止光线对眼睛的刺激。
(8) 眼睛感到不舒服的时候,要及时_____眼药水。
(9) 出院后要注意饮食_____,戒烟戒酒,不吃油腻的食物。
(10) _____上说要注意防寒保暖。

7. 交际性练习(参见附录三)

两人一组,一人是角色 A,看附录三的 14;另一人是角色 B,看附录三的 8。然后两人进行会话。尽量使用下面的词语:

(老年性白内障　成熟期　瞎　囊外摘除术　人工晶体植入术　佩戴眼罩　禁忌　误伤　医嘱　点眼药水)

8. 写作练习

女病人李江红今年 67 岁,来医院眼科看病。她告诉医生:近两年来她觉得双眼视力逐渐下降,看东西不清楚,影响了日常生活,家人要走到很近她才能认出来,看电视和报纸越来越困难了。眼科医生给她做了检查,右眼视力 0.03,左眼视力 0.04,瞳孔正常,双侧眼睛晶状体混浊,眼底检查正常。其他身体情况良好。

请写出一份完整的病史。

附录：
1. 常用专业术语

眼压	yǎnyā	intra ocular pressure
复视	fùshì	diplopia
屈光	qūguāng	refraction
近视	jìnshì	myopia
远视	yuǎnshì	hyperopia
黄斑功能检查	huángbān gōngnéng jiǎnchá	macular function examination

2. 眼球结构

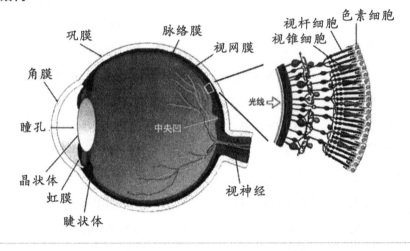

第十课　青光眼对视力的损害是不可逆的

一、生词语

1.	青光眼	qīngguāngyǎn	（名）	glaucoma
2.	可逆	kěnì	（动）	be reversible
3.	激光	jīguāng	（名）	laser
4.	眼压	yǎnyā	（名）	intra-ocular pressure(IOP)
5.	彻底	chèdǐ	（形）	completely
6.	失明	shīmíng	（动）	be blind
7.	开角型青光眼	kāijiǎoxíng qīngguāngyǎn		angle-open glaucoma
8.	缓慢	huǎnmàn	（形）	slow
9.	理想	lǐxiǎng	（形）	ideal
10.	可怕	kěpà	（形）	horrible
11.	可能性	kěnéngxìng	（名）	possibility
12.	否则	fǒuzé	（连）	otherwise
13.	肌注	jīzhù	（动）	intramuscular injection
14.	包扎	bāozā	（动）	bandage
15.	卧床	wòchuáng	（动）	lie in bed
16.	牵拉	qiānlā	（动）	to tear
17.	充足	chōngzú	（形）	enough
18.	光线	guāngxiàn	（名）	light
19.	柔和	róuhé	（形）	soft
20.	暗	àn	（形）	dark
21.	按摩	ànmó	（动）	to massage
22.	复诊	fùzhěn	（动）	further consultation with a doctor

二、课　文

指导医生——李冬云(女,40岁)
实习生——卡奇
眼科6床病人——田青(男,45岁)
病人家属——谢英(田青的妻子)

1 会话(在医生办公室)

李冬云：卡奇,6床**激光**治疗的效果怎么样?

卡　奇：我刚才去看过他了,效果不好,还是不能控制**眼压**。

李冬云：药物和激光治疗都不能控制病情,看来就只能考虑手术治疗了。

卡　奇：做了手术是不是就可以**彻底**治愈了?

李冬云：青光眼对视力的损害是不可逆的,所以手术也不能彻底治愈,但可以控制病情。

卡　奇：那位患者好像很怕做手术呢。

李冬云：像他现在这样的情况,如果不及时手术的话,会导致**失明**的。你等一会儿去跟他解释清楚吧。

卡　奇：好。李老师,6床属于哪种类型的青光眼?

李冬云：**是开角型青光眼**。

卡　奇：啊,我记得您说过这种类型的青光眼患者病情发展**缓慢**,早期患者没有什么症状,等到患者有症状的时候,一般都已经是晚期了。

李冬云：不错。看来你实习的时候挺用心的。

卡　奇：以后我想当个好大夫,不用心不行啊。

2. 会话(在病房)

谢　英：医生,我先生的眼睛怎么做了激光还是没好呢?
卡　奇：青光眼发展到晚期,药物治疗和激光治疗不一定有用。李医生说您先生的左眼需要做手术,而且是越早越好。
田　青：啊?一定要做手术吗?
卡　奇：因为药物和激光治疗的效果都不**理想**,不尽快做手术的话可能会失明。
谢　英：啊?失明?那做手术一定能治好吗?
卡　奇：青光眼不容易治愈,但手术可以控制病情的发展。
田　青：在眼睛上做手术太**可怕**了!
卡　奇：您不用担心,手术前我们会给您做局部麻醉,做手术的时候眼睛不会疼的。如果不做手术导致失明,那不是更可怕吗?
谢　英：那是,那是。你还是听医生的话吧。
田　青：听说一只眼睛患了青光眼,另一只眼睛也容易患的,是吗?
卡　奇：对,另一只眼睛在五年内发作的**可能性**大概是70%。
田　青：啊?那有办法预防吗?
卡　奇：有。等您的左眼恢复以后,建议您的右眼也接受预防性手术。
谢　英：哦,有办法预防就好。

3. 成段表达(卡奇对田青和谢英说)

　　田先生,您的手术很成功。不过,手术后眼睛必须加强护理,**否则**可能导致病情反复。你们要注意观察手术后疼痛的情况。手术后24小时内伤口疼痛属于正常现象,可以口服或者**肌注**一般止痛剂。如果用了止痛剂后还是很疼或者手术后两三天又出现剧烈的疼痛,要及时向医生报告。手术后前两天需要**包扎**双眼,**卧床休息**,这段时间要减少活动,特别是要避免头部过多活动。如果有咳嗽、咳痰也要及时告诉医生,因为咳嗽或者剧烈活动会**牵拉**伤口,导致伤口出血,影响愈合。饮食方面,要吃清淡、营养丰富、容易消化的食物,保持大便通畅。不能吃刺激性食物,也不能吸烟、喝酒、喝咖啡和浓茶等。出院以后要注意保持**充足**的睡眠,不能太劳累,要少看书、电视、电脑,多让眼睛休息。喝水要少量多次,千万不要一次喝太多,以免对眼压产生不良影响。室内的**光线要柔和**,不能太强,也不能太**暗**。平时要坚持从眼球下面向上轻轻地**按摩**眼球,每次1至3分钟,每天三四次。还要按医嘱定时滴眼药水,定期到门诊复查。如果出现眼痛、眼胀,要及时来医院**复诊**。

三、注 释

1. 青光眼、开角型青光眼

青光眼是一种常见的致盲眼病。该病由病理性高眼压引起,患者视盘凹陷、视神经萎缩和视野缺损,因患者瞳孔带有或多或少的青绿色,故称为"青光眼"。青光眼的种类包括先天性青光眼、原发性青光眼、继发性青光眼和混合型青光眼。

Glaucoma is a common eye disease which would lead to blindness. It is caused by pathological intraocular hypertension. The patient has optic disc introcession, optic nerve atrophy and visual field defect. It is called "glaucoma" because the pupil is more or less light green. There are four primary kinds of glaucoma: congenital glaucoma, primary glaucoma, secondary glaucoma and mixed glaucoma.

开角型青光眼是原发性青光眼的一种。该病患者早期几乎没有症状,因此不易早期发现。在病变发展到一定程度时,患者才有视力模糊、眼胀和头疼等感觉。晚期患者双眼视野缩小,可出现夜盲和行动不便等现象,但个别患者甚至到失明也没有不适感。

Angle-open glaucoma is one kind of primary glaucoma. Most of the patients have no obvious symptoms in the early stage, so it cannot be easily diagnosed early. When it develops to a certain extent, symptoms of sight deteriorating,

headache, eye distension come. In the late stage, visual field of both eyes minify, some patients suffer from nyctalopia and are home-bound, but others may get blind without even any discomfort.

2. 可逆/不可逆

"可"+动词"逆",意思是可以逆转,即可以向相反的方向转变。其否定结构是"不可逆",意思是不能向相反的方向转变。在实际表达中,常用"不可逆"来强调事物发展的不可改变性。如：

"可"+ the verb "逆" mean possible to reverse, able to change towards the opposite direction. Its negative form is "不可逆", meaning impossible to reverse. In practice, "不可逆" is commonly used to emphasize the irreversibility of the development of things. For example:

(1) 这种绝育手术是可逆的,以后如果你想要孩子,再来医院做个恢复手术就行。

(2) 时间是不可逆的,过去了就再也找不回来了。

(3) 青光眼对视力的损害是不可逆的,所以手术也只能控制病情,不能彻底治愈。

3. 眼压

眼压是指房水、晶状体和玻璃体三种眼球内容物作用于眼球内壁的压力。正常人的眼压稳定在一定范围内,过高或过低都会影响眼球功能。对眼压影响最大的是房水。若房水的量增加,可导致眼压升高;反之,则使眼压过低。眼压升高是某些疾病(如青光眼等)的重要诊断依据。

Intra-ocular pressure (IOP) is the pressure which aqueous humor, lens and vitreous put on the inner wall of eyeball. Normal IOP of human beings lies in a certain range, either too high or too low will affect the function of eyeball. The aqueous humor has the greatest influence on IOP. When the amount of aqueous humor increases, IOP increases, and vice versa. The increase of IOP is an important diagnostic criteria of some diseases (such as glaucoma).

4. 否则

连词,意思相当于"如果不……"。用在复句的后一小句,表示对前一小句做出否定性假设并指出结果或结论。如：

It is a conjunctive, means "if not...". The sentence after this conjunctive is to make a negative hypothesis of the previous sentence and point out the result and conclusion. For example:

(1) 手术后眼睛必须加强护理，~可能导致病情反复。

(2) 学外语一定要多听多说多看，~是学不好的。

5. 肌注(肌肉注射)

肌注即肌肉注射。医学上用注射器把液体药剂输送到机体内的方法叫注射。注射可分为皮注(皮内注射和皮下注射)、肌注、静脉注射和静脉输液几大类。把药液注入肌肉组织的方法叫肌注，它适用于多种药物的注射，如抗生素。肌肉组织血管比较丰富，因此肌注时药物吸收迅速，很快到达全身。

"i.m." is short for intramuscular injection. Injection is a way to convey liquid medicine into the body by an injector. It can be classified into endermic injection, hypodermic injection, intramuscular injection, intravenous injection and intravenous infusion. Injecting liquid medicine into muscle tissue is called intramuscular injection. It is suitable for many kinds of medicine, such as antibiotics. The muscle tissue is full of vessels, so medicine can be systemically absorbed quickly by i.m..

四、练 习

1. 听与读

复诊	治疗	瞎	可能性	
复查	激光治疗	失明	预防性	
复发	手术治疗		病理性	
康复	药物治疗	慢	生理性	
恢复	治疗方案	缓慢	原发性	
		慢性	先天性	
		慢性病	代谢性	
			闭合性	
眼压	肌注	卧床		
血压	滴注	平卧	青光眼	可逆
降压	静脉注射	卧床休息	开角型青光眼	不可逆

2. 替换与扩展

(1) 青光眼如果不及时手术的话,会导致失明的。

前列腺炎	及早治疗	影响以后的生活质量
脂肪肝	进行正规治疗	导致肝硬化
腹泻和呕吐	尽时补液	导致脱水

(2) 6 床属于开角型青光眼。

2 型糖尿病
伸直型骨折
ANLL-M$_2$ 型骨髓象

(4) 手术后眼睛必须加强护理,否则可能导致病情反复。

家属看传染病人要注意戴口罩	容易被传染
乙肝患者千万别吃太油腻的食物	会引起脂肪肝
夏天吃凉拌菜一定要注意卫生	容易得痢疾

(3) 手术后 24 小时内伤口疼痛属于正常现象。

肾结石术后 1—2 天出现血尿
脑外科手术后一周内面部出现水肿
放疗的时候身体有一些不良反应

3. 看汉字,写拼音

眼压 _____ 彻底 _____ 肌注 _____
复诊 _____ 激光 _____ 可逆 _____
包扎 _____ 按摩 _____ 医嘱 _____
缓慢 _____

4. 看拼音,写汉字

qīngguāngyǎn _____   shīmíng _____   fǒuzé _____
kāijiǎoxíng _____   chōngzú _____   kěpà _____
guāngxiàn _____   àn _____   lǐxiǎng _____

5. 两人一组,根据问句写出合适的应答句后进行互相问答

(1) 病人:做了手术是不是就可以彻底治好青光眼了?

实习生：_____

(2) 病人：有办法预防另一只眼睛患青光眼吗？

　　实习生：_____

(3) 病人：我觉得眼睛不舒服就来看了，为什么患青光眼已经这么严重了？

　　实习生：_____

(4) 病人：为什么手术后不能一次喝太多的水？

　　实习生：_____

6. 选择合适的词语填空(每个词语只能用一次)

（彻底　可怕　否则　不可逆　理想　复诊　充足　卧床）

(1) 请您按医嘱定时用药，定期_____。

(2) 手术后应_____休息三天。

(3) 平时看书学习的时候，房间的光线要_____。

(4) 药物治疗已经一周了，效果不_____，看来要进行手术治疗了。

(5) 有些疾病对身体的损害是_____的，但积极治疗能够控制病情。

(6) 只要能早期发现早期治疗，鼻咽癌是可以_____治愈的。

(7) 医生说常吃腌制食品容易得肿瘤，太_____了！以后我尽量不吃这种不健康的食品了。

(8) 饭前便后一定要好好儿洗手，_____容易得各种传染病。

7. 连词成句(可添加标点符号)

(1) 牵拉　咳嗽　伤口　或者　剧烈　会　活动

(2) 激光　控制　药物　和　能　治疗　都　眼压　没

(3) 损害　是　视力　不可逆　的　的　对　青光眼

(4) 患者　开角型青光眼　发展　的　比较　病情　慢　得

(5) 休息　以后　要　睡眠　保持　出院　的　多　让　眼睛　注意　充足

(6) 要　复诊　眼痛　出现　及时　来　眼胀　医院　如果

(7) 可以　或者　口服　如果　止痛剂　伤口　肌注　疼痛

(8) 按摩　三四次　你　眼球　每天　每次　最好　1—3分钟

8. 根据课文内容判断对错

(　　) (1) 手术治疗一般都可以治好青光眼。

(　　) (2) 一只眼睛患了青光眼，另一只眼睛也容易患。

(　　) (3) 青光眼引起的视力损害是可逆的。

(   )(4)青光眼术后要按时点眼药水,还要定期去复诊。

(   )(5)青光眼术后要注意不要用眼过度,不要长时间看电视,看报纸。

9. 参考使用下列词语,看图对话

场景提示:在眼科病房,病人做了青光眼手术后,感觉伤口有些疼,他和家属都很担心,向实习生问手术后要注意的事项。

(口服　肌注　卧床　牵拉　按摩　医嘱　光线　复诊)

附录:
1. 常用专业术语

霰粒肿	sǎnlìzhǒng	chalazion
泪囊炎	lèinángyán	dacrocystitis
视网膜病变	shìwǎngmó bìngbiàn	retinopathy
沙眼	shāyǎn	trachoma
红眼病	hóngyǎnbìng	red eye
玻璃体病	bōlítǐbìng	vitreous disease
弱视	ruòshì	amblyopia
巩膜炎	gǒngmóyán	scleritis

2. 房水循环

房水循环

正常房水循环

房水在后房产生,经过瞳孔进入前房,然后通过外引流通道出眼。

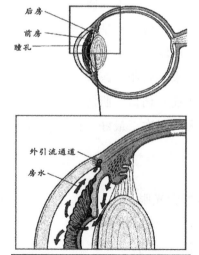

第十一课　唯一的办法就是进行角膜移植手术

一、生词语

1. 唯一	wéiyī	（形）		only
2. 角膜	jiǎomó	（名）		cornea
3. 结膜	jiémó	（名）		conjunctiva
4. 大意	dàyì	（名）		carelessness
5. 捐赠	juānzèng	（动）		to donate
6. 拆线	chāi xiàn			to remove the stitches
7. 器官	qìguān	（名）		organ
8. 排斥	páichì	（动）		to reject
9. 严格	yángé	（形）		strict
10. 随意	suíyì	（形）		as one likes
11. 揉	róu	（动）		to knead
12. 防护	fánghù	（动）		to protect
13. 保证	bǎozhèng	（动）		to guarantee
14. 自我	zìwǒ	（代）		self
15. 保健	bǎojiàn	（动）		to health care
16. 失败	shībài	（动）		to fail
17. 皮质类固醇	pízhì lèigùchún			corticosteroid
18. 环孢霉素 A	huánbāo méisù A			CsA
19. 糖皮质激素	táng pízhì jīsù	（名）		glucocorticoid
20. 个别	gèbié	（形）		a couple of
21. 折磨	zhémó	（动）		to suffer
22. 划不来	huábulái			unworthy
23. 事项	shìxiàng	（名）		item

二、课 文

指导医生——李冬云(女,40岁)
实习生——卡奇、白瑞蒂
眼科3床病人——王海平(男,36岁)
病人家属——李梅(王海平的妻子)

1. **会话**(在医生办公室)

卡　奇：李老师,3床已经失明了,他还这么年轻,真是太遗憾了!

李冬云：是啊!眼睛是很容易受到伤害的,所以有不适的症状一定要及时治疗。特别是眼角膜,如果受到损伤,就可能导致失明。

卡　奇：3床当初**结膜**感染的时候,如果及时到医院治疗就不会有这么严重的后果吧?

李冬云：对。他太**大意**了,怎么能因为工作忙就一直拖着不到医院来治疗呢?

卡　奇：像他这种情况,还有办法恢复视力吗?

李冬云：眼角膜受损导致的失明,要想恢复视力,唯一的办法就是进行角膜移植手术。

卡　奇：不过,医院现在没有可以进行移植的角膜了,怎么办?

李冬云：只能等了。你去跟病人和家属讲清楚这种情况,让他们先回家等待。

卡　奇：是不是还要告诉他们一接到我们有角膜的通知就要马上来医院做手术?

李冬云：对。因为角膜移植手术必须在**捐赠**者死后12个小时内进行。

卡　奇：嗯，好，我这就去告诉他们。

2. 会话（一个月后，王海平做了角膜移植手术，在病房）

李　梅：卡奇医生，我先生什么时候可以出院啊？

卡　奇：一两周后吧。要看他的恢复情况。

李　梅：那什么时候**拆线**？

卡　奇：现在还不好说。出院后每周复查一次，一个月后每个月复查一次，医生会根据复查的情况告诉你们拆线的时间。

李　梅：拆线后还要复查吗？

卡　奇：是，拆线后每三个月复查一次。

李　梅：听说有的人做了**器官**移植后会有**排斥**反应，是不是真的？

卡　奇：嗯。手术后几个月甚至几年内都有可能发生排斥反应。

李　梅：啊？那怎么知道是不是排斥反应啊？

卡　奇：如果病人眼红、眼痛、视力突然下降，要立即到医院检查。

李　梅：哦。出院以后还要吃药、点眼药水吗？

卡　奇：要。用药的时间、方法和剂量一定要**严格**按照医嘱，不能**随意**加减或者停药。

李　梅：哦。我记住了。生活上还要注意什么？

卡　奇：要预防感冒。多休息，不要太劳累。不要用手**揉**眼睛，也不要去游泳。外出要戴**防护**眼镜。

李　梅：你的态度真好，谢谢你！

卡　奇：不客气，这是我应该做的。

3. 成段表达(卡奇对白瑞蒂说)

白瑞蒂,上个月我跟你说过的那位病人,今天终于等到了角膜,做了角膜移植手术了。李老师说手术做得非常成功,看到病人和家属那么高兴,我也为他们高兴啊!不过李老师说,手术成功还不能**保证**移植成功,因为术后的处理和**自我保健**对角膜移植的成功也非常重要。免疫排斥反应问题是导致术后**失败**的主要原因。一般来说,手术后病人还需要用**皮质类固醇**眼药水或者**环孢霉素A**三个月,用**糖皮质激素**等免疫抑制药物一个月。这些药的副作用比较多,所以病人一定要严格按照医嘱来用药。以前有**个别**病人,术后不按照医嘱用药,随意减药停药,最后导致移植失败,又要重新等角膜来移植。多花了钱还要多受病痛的**折磨**,真是**划不来**啊!所以这次我特别提醒病人和家属,一定要按照医嘱来用药。我还跟他们说明了出院后复查的时间、生活中要注意的**事项**,希望病人能成功恢复视力。病人能康复就是我们当医生最大的快乐。

三、注 释

1. 角膜和结膜

角膜指黑眼珠表面的一层透明的薄膜,它向前凸出,没有血管分布,有很多神经纤维,感觉非常灵敏,周缘与巩膜相连。

Cornea is the hyaline membrane on the surface of the black eyeball. It projects forward and has no vessels but a lot of nerve fibers. It is exquisite sensitive and is joined with the sclera.

结膜是指从上下眼睑内面到角膜边缘的透明薄膜,富含血管,可分泌黏液和泪液。

Conjunctive is the hyaline membrane from the inside part of the eyelids to the edge of the cornea, with a lot of vessels. It secretes mucus and tears.

2. 免疫排斥反应

免疫排斥反应发生在器官移植手术后。由于机体对内外的各种致病因子有着非常完善的防御机制,因此对外来物如细菌、病毒、异物等异己成分会进行攻击、破坏和清除。移植器官作为一种异物被机体识别后,机体的免疫系统便发起针对移植物的攻击、破坏和清除,这就是排斥反应。一旦发生排斥反应,移植器官将会受到损伤,严重时会导致移植器官功能的丧失,甚至危及患者的生命。

Immunological injection occurs after transplant operations. The organism has a perfect defense mechanism against the disease-causing agents inside and outside the body. Therefore, it will attack, destroy and clear the bacteria, virus, and other foreign agents from the outside. When the transplanted organ is recognized as a foreigner, the immune system will try to attack, destroy and clear it. This is called immunological injection. Once it happens, the transplant will be damaged. In some severe cases, the transplant will lose its function, and even the life of the patient may be threatened.

3. 皮质类固醇 (corticosteroids)

肾上腺皮质可分泌多种激素。从化学结构上看,这些激素都是胆固醇的衍生物,故合称皮质类固醇。

The adrenal cortex secretes many kinds of hormones. Chemically, they are derivates of cholesterol - called corticosteroids.

4. 环孢霉素 A

环孢霉素 A 是从真菌中提取的一种特效的免疫抑制剂,为目前公认的抗器官移植排斥反应最为有效的药物,被称之为"器官移植的环孢霉素"。环孢霉素 A 为脂溶性药物,因此服用时用果汁、牛奶、巧克力饮料等与药液混合后服用,一旦选用其中一种后,尽可能不要更改,以免影响血药浓度。

Cyclosporin A (CsA) is a specific immunosuppressive drug extracted from fungus. It is recognized as the most effective drug against organ transplant rejection reaction and is called the cyclosporine for transplantation. CsA is a fat-soluble drug, so it should be taken with fruit juice, milk or chocolate drink. Once you have chosen one of them, try not to change to other ones in case it affect the blood concentration.

5. 糖皮质激素(glucocorticoid)

糖皮质激素是肾上腺皮质激素的一种,由肾上腺束状带合成和分泌,具有调节糖、脂肪和蛋白质的生物合成和代谢的作用。超生理量的糖皮质激素还具有抑制免疫应答、抗炎、抗毒、抗休克等多种作用,临床应用非常广泛。

Glucocorticoid is a kind of adrenal cortex hormones, synthesised and secreted by the fascicular zone of the adrenal, capable of regulating sugar, fat, and protein biosynthesis and metabolic. The amount of super-physiological glucocorticoid can also inhibit the immune response, or be used as anti-inflammatory, anti-drug and anti-shock, it has been widely used in clinical application.

6. 划不来

口语,"划得来"的否定式。意思是多花了人力物力财力而收效较小,不值得。在句子中常做谓语。可套进"真是……啊"、"太……了"等格式中。如:

It is used in oral language. It is the negative form of "划得来(worthy)". It means the gain is less than the effort spent, not worthy. It often serves as the predicate in a sentence. It can be fill in the format of "真是……啊"、"太……了", and so on. For example:

(1) 老是去饭馆儿吃饭太~了,我们还是自己做吧。

(2) 他手术后没按照医嘱吃药,现在又要住院了,多花了钱还要多受病痛的折磨,真是~啊!

四、练 习

1. 听与读

角膜	捐赠	随意	防护	自我
结膜	捐赠器官	随意用药	专护	自我保健
角膜炎	捐赠者	随意服药	监护	自我护理
结膜炎	器官捐赠者	随意减药	监护室	
角膜移植	捐赠角膜	随意加药	护工	后果
	角膜捐赠者	随意停药	护理	结果
严格			护士	效果
严格按照医嘱用药				

第十一课　唯一的办法就是进行角膜移植手术

划得来	个别	保证	排斥
划不来	个别病人	保证移植成功	排斥反应
	个别家属	保证角膜移植成功	免疫排斥反应
环孢霉素A	个别病例	保证病人的生活质量	
皮质类固醇	个别医生		

2. 替换与扩展

(1) 3床当初结膜感染的时候,如果及时到医院治疗就不会有这么严重的后果吧?

　　　视力下降
　　　眼睛受到意外伤害
　　　发现淋巴结肿大

(2) 像他这种情况,还有办法恢复视力吗?

　　　控制住眼压
　　　彻底治愈
　　　控制免疫排斥反应

(3) 医生会根据复查的情况告诉你们拆线的时间。

　　　裂隙灯检查的情况　　　要不要植入人工晶体
　　　痰结核菌培养的结果　　下一步的治疗方案
　　　肝功能和各项指标的情况　他的病到底有没有治愈

(4) 这些药的副作用比较多,所以病人一定要严格按照医嘱来用药。

　　　糖尿病在饮食方面的禁忌　　安排饮食
　　　腌制食品的致癌物质　　　　少吃或不吃咸鱼、腌肉等食品
　　　这类肿瘤属于恶性的　　　　尽快进行活检

(5) A:生活上还要注意什么?
　　 B:外出要戴防护眼镜。

　　　手术后前几天要佩戴眼罩
　　　要保持充足的睡眠
　　　室内的光线要柔和

3. 看汉字,写拼音

结膜 _____   拆线 _____   膜 _____

器官 _____   排斥 _____   环孢霉素 _____

事项 _____   保健 _____   皮质类固醇 _____

4. 看拼音,写汉字

gèbié _____   hòuguǒ _____   dàyì _____   bǎozhèng _____

yángé _____   fánghù _____   wéiyī _____   huábulái _____

5. 词语搭配(每个词只能用一次)

(1) 点　　　　A. 红霉素

(2) 揉　　　　B. 线

(3) 吃　　　　C. 防护眼镜

(4) 戴　　　　D. 眼睛

(5) 拆　　　　E. 视力

(6) 移植　　　F. 排斥反应

(7) 恢复　　　G. 眼药水

(8) 发生　　　H. 角膜

6. 根据课文内容判断正误

(　)(1) 3床病人到医院的时候已经失明了。

(　)(2) 3床病人觉得眼睛不适的时候没及时去医院检查。

(　)(3) 眼角膜受损导致的失明有很多种办法恢复视力。

(　)(4) 因为3床病人失明了,所以医院马上给他做了角膜移植手术。

(　)(5) 如果捐赠角膜的人死后12个小时还没进行角膜移植手术,这个角膜就没有用了。

(　)(6) 做完角膜移植手术一两周后就可以拆线了。

(　)(7) 角膜移植手术拆线后就不用担心发生免疫排斥反应了。

(　)(8) 术后不按照医嘱用药,容易出现免疫排斥反应。

(　)(9) 做了角膜移植手术,拆线后还要注意避免眼睛受到强光的刺激。

(　)(10) 手术后的自我保健对角膜移植的成功非常重要。

7. 两人一组完成下列对话并进行互相问答

病　　人：医生，我的眼睛怎么样了？

实习生：你的眼角膜_____，所以导致_____。

病　　人：有办法_____吗？

实习生：目前唯一的办法是_____。

病　　人：我现在可以做吗？

实习生：医院现在没有_____，所以你们可以先回家等待，医院一有_____，我就会_____。

病　　人：嗯，好吧，只能等了。

实习生：如果当初你_____的时候，及时来医院_____的话，就不会有_____。

病　　人：唉，是我自己太_____了。

实习生：下次你一接到_____，就要马上来医院_____。因为角膜移植手术必须在_____进行。

病　　人：嗯，知道了，谢谢医生！

8. 参考下列词语，看图对话

场景提示：医生和病人家属的对话。病人刚刚做完角膜移植手术，病人家属在询问病人手术的情况，医生在告知病人家属术后的处理和需要注意的事项。

（拆线　复查　免疫排斥反应　皮质类固醇　环胞霉素A　副作用）

9. 你是一名医生，现在请你跟病人说说角膜移植手术后需要注意的事项

附录：

1. 常用专业术语

穿透性角膜移植术	chuāntòuxìng jiǎomó yízhíshù	penetrating keratoplasty
治疗性板层角膜移植术	zhìliáoxìng bǎncéng jiǎomó yízhíshù	therapeutic lamellar keratoplasty
蚕蚀性角膜溃疡	cánshíxìng jiǎomó kuìyáng	rodent corneal ulcer
角巩膜肉芽肿溃疡	jiǎogǒngmó ròuyázhǒng kuìyáng	corneosclera wegener ulcer
角膜皮样囊肿	jiǎomó píyàng nángzhǒng	corneal dermoid cyst
角膜鳞状上皮癌	jiǎomó línzhuàng shàngpí'ái	corneal squamous-cell epithelioma
眼前节重建术	yǎnqiánjié chóngjiànshù	reconstruction of anterior segment of eyes

2. 角膜

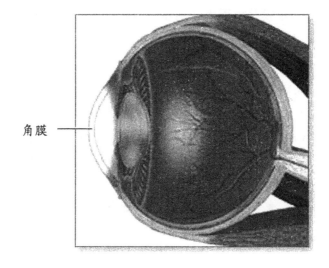

角膜

第十二课 我觉得这可能是下颌髁状突颈部骨折

一、生词语

1.	髁状突	kēzhuàngtū	（名）	mandibular Condyle
2.	颈部	jǐngbù	（名）	neck
3.	张口	zhāngkǒu	（动）	to gape
4.	咬合	yǎohé	（名）	occlusion
5.	错乱	cuòluàn	（形）	disorder
6.	扪诊	ménzhěn	（名）	palpation
7.	台阶	táijiē	（名）	step
8.	闭口	bìkǒu	（动）	closing the mouth
9.	单纯性	dānchúnxìng	（名）	simple
10.	开放性骨折	kāifàngxìng gǔzhé		open fracture
11.	夹板	jiābǎn	（名）	splint
12.	钛合金小夹板坚固内固定术	tàihéjīn xiǎojiābǎn jiāngù nèigùdìngshù		titanium miniplate rigid fixation
13.	良好	liánghǎo	（形）	well
14.	生物相容性	shēngwù xiāngróngxìng		biocompatibility
15.	毒性	dúxìng	（名）	toxicity
16.	度	dù	（名）	degree
17.	少吃多餐	shǎochī duōcān		liquid more meals and eat less each time
18.	通风	tōngfēng	（动）	be well ventilated
19.	气味	qìwèi	（名）	ventilation

二、课 文

人物 rénwù

指导医生——潘海明(男,45岁)
实习生——莎娜、阿卜杜拉
口腔科10床病人——关金富(男,68岁)
病人家属——关晓芒(40岁,病人的女儿)

1. 会话

阿卜杜拉：莎娜,听说10床的关爷爷因为摔了一跤,碰伤了下颌,疼得不能说话了,是吗?

莎　　娜：对,刚才我跟潘老师去看他的时候,是她女儿跟我们说话的。

阿卜杜拉：那关爷爷的情况怎么样?

莎　　娜：他面部肿胀、畸形、**张口**困难、上下齿**咬合错乱**。

阿卜杜拉：哦。你们给他做了什么检查?

莎　　娜：潘老师先给他做了**扪诊**,然后也让我做扪诊。

阿卜杜拉：你做扪诊的时候有什么发现?

莎　　娜：我摸到双侧髁状突颈部的骨头像**台阶**一样有高有低。

阿卜杜拉：那他张**闭口**时髁状突的运动正常吗?

莎　　娜：张闭口时髁状突的运动消失了,局部的压痛非常明显。

阿卜杜拉：我觉得这可能是下颌髁状突颈部骨折。

莎　　娜：你真厉害! 跟潘老师的诊断一样。

阿卜杜拉：哪里哪里,我还差得远呢。

莎　　娜：潘老师还让他做了X线检查和CT检查。

阿卜杜拉：我真想知道潘老师是怎么根据检查结果来给关爷爷治疗的。

2. 会话(在办公室)

莎　娜：潘老师,这是10床的X线检查和CT检查结果。

潘海明：哦,你看,双侧髁状突颈部都骨折了,这里是骨折段的移位。

莎　娜：从这个结果看,其他部位好像没有受伤,是**单纯性开放性骨折**吧?

潘海明：嗯,这种情况的治疗主要是复位和固定。走,我们去给他治疗吧。

(在病房)

莎　娜：关阿姨,根据各项检查的结果,关爷爷是下颌骨骨折。

关晓芒：啊!那怎么办?能治好吗?

潘海明：你放心,能治好的。我们准备给关叔叔做骨折的复位和固定。

莎　娜：这是个小手术,请您在这里签字吧。

关晓芒：哦,要做手术?我爸爸年纪比较大了,不做手术不行吗?

潘海明：口腔里面的骨折跟一般的手脚骨折不一样,复位和固定都比较复杂。

莎　娜：是啊,您想想,手脚的骨折可以在外面用**夹板**固定。可是下颌骨骨折,要在口腔里面固定,不做手术不行啊。

关晓芒：哦。那好,我相信医生,我签字。

3. 成段表达(莎娜对病人家属说)

关阿姨,关爷爷的骨折复位和固定已经做好了。我们给他用的是**钛合金小夹板坚固内固定术**,这种方法创伤小,术后愈合快,有利于功能的恢复。钛合金小夹板还有**良好**的**生物相容性**,对机体没有

毒性反应,所以一般情况下可以长期留在体内,骨折愈合后不用再做手术把小夹板取出,关爷爷不用再受手术的痛苦了。现在关爷爷的上下牙咬合关系已经正常,不过张口还是比较困难。一两周后等肿胀和疼痛消退,就可以开始进行张口功能锻炼,张口**度**会慢慢增大的。为了让骨折处能很好地愈合,手术后一周关爷爷不能像以前那样吃东西,只能吃全流质食物。手术后两周可以吃半流质食物,而且三个月内都应该以软食为主,不能吃太硬的食物。三个月后可以正常饮食。最近这一周,因为手术部位的疼痛和张口困难等原因,病人可能不愿意吃东西。关阿姨,您要多鼓励他克服疼痛,**少吃多餐**,保持营养,这样才有利于身体的恢复。另外,要注意病房的**通风**,保持空气清新。不要带有刺激性**气味**的东西进来,以免引起病人咳嗽。

三、注 释

1. 上下齿咬合错乱

当上、下颌闭合时,上牙齿和下牙齿因牙齿排列不整齐或移位而出现不能紧密接触的情况。

When on the upper and lower jaw closed, the upper teeth and lower teeth can not be fit because they arranged irregular or displacement.

2. 扪诊

即触诊。

It's palpation.

3. 髁状突(髁突)、髁状突颈部(髁颈)

髁状突位于颞下颌关节凹内,包括膨大的髁头、向下很快变细的髁颈以及增大的基部。髁突位置较深,遭受直接暴力的机会较少,但髁颈细长,是下颌骨最脆弱的地方,下颌骨一旦遭受暴力,最易折断的部位就是髁颈。有时在直接受力点未造成骨折,却在远离着力点的髁颈部造成骨折。

Condyle is in the temporomandibular joint concave, including the enlargement of the condylar head, the neck which becomes thin very quickly downwards and the enlargement base. The position of condyle is very deep and has fewer opportunities to suffer direct violence, but the condylar neck is slender, it is the most vulnerable parts of the mandible. The most vulnerable

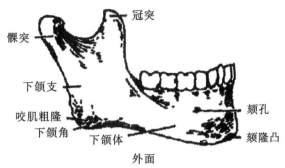

broken part is the condyle neck if the mandible once subjected to violence. Sometimes it is not causing a fracture at the point directly affected by force, but far away from the focal point of the condylar neck.

4. 单纯性骨折、开放性骨折

单纯性骨折指没有合并内脏、血管、神经及其他组织损伤的骨折。

Simple fracture is the fracture without the injury of viscera, blood vessels, nerves and other tissues.

开放性骨折指骨折时骨折附近皮肤及皮下组织破裂，骨折断端与外界相通的骨折。

Open fracture means the fracture with the skin and subcutaneous tissue rupture near the fracture position, and the fracture part interlinked with the outside world.

5. 钛合金小夹板坚固内固定术

骨折的处理方法一般分外固定和内固定。外固定是指从皮外打石膏或做固定支架等，有多种形式。内固定指切开皮肤从皮内进行固定。传统的内固定在骨折愈合后需要取出。采用钛合金小夹板坚固内固定术则不需再取出内固定，因为钛是生物相容性好、耐腐蚀性高、质轻的生物材料，对机体无毒性反应。用这种方法做髁突骨折的固定，术后愈合比较快，患者能及早进行开口训练。但费用比较高。

Treatment of fractures includes external and internal fixation in general. External fixation is doing plaster or to do a fixed bracket outside the skin and so on with many forms. Internal fixation refers to cutting the skin and the fixation inside the skin, commonly known as internal fixation. Traditional internal fixation on fracture needs to be removed after healing. Using titanium miniplate rigid fixation is not necessary to be removed, because titanium has well biocompatibility,

high corrosion resistance, and light weight biological material, without toxicity to the body. In this way, Mandibular Condyle fracture fixation heals faster postoperative and the patient is earlier to open mouth training. But the cost is relatively higher.

6. 生物相容性

生物相容性是指材料与生物体之间相互作用后产生的各种生物、物理、化学反应以及生物体对这些反应的忍受程度。若材料植入生物体后引起的反应轻微,患者可耐受的,这种材料就属于具有生物相容性的材料。

Biocompatibility refers to interactions between materials and organisms resulting from the various biological, physical, chemical reactions and the degree of reactions of these organisms to endure. If the reactions caused by the material implanted are mild, the patient can be tolerated.This kind of material belongs to a biocompatible material.

四、练 习

1. 听与读

张口	骨折	髁状突
闭口	单纯性骨折	髁状突颈部
张闭口	开放性骨折	髁状突颈部骨折
张口度	闭合性骨折	下颌髁状突颈部骨折
张口功能	单纯性开放性骨折	双侧髁状突颈部骨折
	单纯性闭合性骨折	

骨折段移位	错乱	度
骨折复位	咬合错乱	轻度
骨折固定	上下齿咬合错乱	中度
夹板固定	精神错乱	重度
钛合金小夹板坚固内固定		过度
		浓度
		密度
		张口度

第十二课　我觉得这可能是下颌髁状突颈部骨折

毒性	少吃多餐
中毒	暴饮暴食
消毒	
病毒	

2. 替换与扩展

(1) 我<u>摸</u>到双侧髁状突颈部的<u>骨头像台阶一样有高有低</u>。

触	16床的腹股沟区有肿块
听	病人双肺有湿啰音
看	关爷爷面部肿胀、畸形、上下齿咬合错乱
注意	她呼吸急促、额部冒汗、唇指紫绀

(2) 他张闭口时<u>髁状突的运动正常</u>吗？

叩诊时有腹膜刺激征象
发作时白细胞计数升高
用药后血糖正常
住院治疗后病情好转了

(3) 你看，双侧髁状突颈部都骨折了，这里是<u>骨折段</u>的<u>移位</u>。

胰腺肿大,胰腺周围边缘模糊	病变的部位
肺部有小片状模糊阴影	病灶的位置
患者胆囊里有结石	结石的位置
CT检查确诊为脑出血	血肿的位置

(4) 从<u>这个结果</u>看，是<u>单纯性开放性骨折</u>吧？

各项检查的结果	下颌骨骨折
穿刺活检的结果	乳腺纤维瘤
他的症状和检查结果看	肾病综合征
病人的主诉和上腹触诊的反应	脾破裂

(5) 等<u>肿胀和疼痛消退</u>，就<u>可以开始进行张口功能锻炼</u>了。

胸廓固定好	会觉得没那么疼
拔除导尿管后	能够下床进行适量活动
肿瘤直径缩小到8厘米以下	可以考虑手术切除
胸部穿刺和CT检查结果出来	可以下结论

3. 看汉字，写拼音

下颌 _____ 髁状突 _____ 错乱 _____

颈部 _____ 流质 _____ 钛合金 _____

夹板 _____ 单纯性 _____ 扣诊 _____

生物相容性 _____ 坚固内固定术 _____

4. 看拼音，写汉字

zhāngkǒu _____ yǎohé _____ bìkǒu _____

kāifàngxìng _____ gǔzhé _____ dúxìng _____

liánghǎo _____ tōngfēng _____ qìwèi _____

5. 选择合适的词语填空（每个词语只能用一次）

（张口 气味 良好 错乱 通风 毒性 夹板 下颌骨 少吃多餐 颈部）

(1) 为了能恢复_____的视力，你要按医嘱定时滴眼药水。

(2) 术后一周内病人不能正常饮食，只能吃流质食物，而且要_____。

(3) 这种药水有很强的刺激性_____，很难喝。

(4) 最近得手足口病的孩子比较多，家长们不要带孩子去人多的地方，孩子的房间要注意_____，常常打扫。

(5) _____骨折如果没有合并内脏、血管、神经和其他组织损伤，治疗方法主要是固定和复位。

(6) 发生颌骨骨折后，一般会出现上下齿咬合_____。

(7) 孩子得了重感冒，鼻塞，睡觉的时候只能_____呼吸。

(8) 我刚才给他做扣诊，发现他的_____淋巴结肿大。

(9) 你的右腿骨折已经愈合，可以拆掉_____了。

(10) 被细菌污染的食物_____很大，吃了会引起食物中毒。

6. 词语搭配（可以多选）

(1) 1) 面部　　A. 移位　　　(2) 1) 骨折的　　A. 痛苦

　　2) 髁颈　　B. 消退　　　　　2) 功能的　　B. 运动

　　3) 骨折段　C. 愈合　　　　　3) 病房的　　C. 恢复

　　4) 张口　　D. 骨折　　　　　4) 手术的　　D. 通风

　　5) 张口度　E. 增大　　　　　5) 髁状突的　E. 复位和固定

　　6) 肿胀　　F. 畸形

　　7) 骨折处　G. 困难

第十二课　我觉得这可能是下颌髁状突颈部骨折

7. 两人一组完成下列对话并进行互相问答

(1) 指导医生：听说 10 床因为摔了一跤，碰伤了下颌，现在他情况怎么样？

实习生：他面部_____、张口_____、上下齿_____，不能_____。

指导医生：_____？

实习生：我给他做了扣诊。

指导医生：你做扣诊时有什么发现？

实习生：我摸到_____的骨头像_____。

指导医生：那他张闭口时髁状突的运动正常吗？

实习生：张闭口时_____消失了，_____非常明显。

指导医生：_____？

实习生：我觉得这可能是下颌髁状突颈部骨折。

指导医生：_____？

实习生：还要做 X 线检查和 CT 检查。

(2) 病人家属：大夫，我爸爸的情况怎么样？

实习生：根据各项检查结果，关爷爷_____。

病人家属：啊！那该怎么办呢？

实习生：您别着急，能治好的。我们准备给他_____。这是_____，请您在这里签字吧。

病人家属：我爸爸年纪大了，不做手术不行吗？

实习生：_____跟_____不一样，_____都比较复杂。手脚的骨折可以_____，可是下颌骨骨折，要_____，不做手术不行啊。

病人家属：好吧。我相信医生，我_____。

8. 参考使用下列词语，看图对话

场景提示：实习生跟病人家属对话。

图1：一位下颌骨骨折的孩子(9岁)刚被转来外科病房，实习生问孩子的父亲(35岁)关于病人的情况，并对孩子进行检查。

图2：手术前实习生将诊断和治疗方案通知家属，并取得病人家属的同意，让他在手术单上签字。

(张口　骨折　X线　CT检查　咬合　髁状突　单纯性　开放性
钛合金小夹板坚固内固定术　创伤　毒性　下颌骨　复位)

附录：

1. 常用专业术语

喙突	huìtū	coracoid process
颏孔	kēkǒng	chin hole
下颌角	xiàhéjiǎo	lower mandibular angle
下颌体	xiàhétǐ	mandibular body
下颌支	xiàhézhī	mandibular branch
结扎固定	jiézhā gùdìng	ligation and fixation
颌间牵引固定	héjiān qiānyǐn gùdìng	fixation between mandibulars
颅颌固定	lúhé gùdìng	fixation between Craniomandibular
骨间固定	gǔjiān gùdìng	fixation between bones

2. 上颌骨解剖图

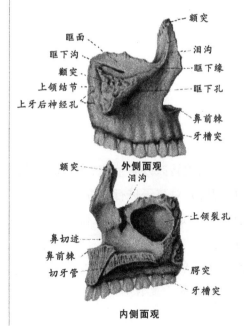

3. 下颌骨解剖图

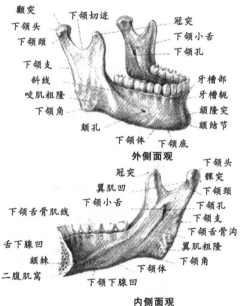

第十三课 他得的不是一般的银屑病

一、生词语

1. 银屑病	yínxièbìng	（名）	psoriasis
2. 红皮病型银屑病	hóngpíbìngxíng yínxièbìng		erythrodermic psoriasis
3. 寻常型银屑病	xúnchángxíng yínxièbìng		psoriasis vulgaris
4. 不当	búdàng	（形）	inappropriate
5. 广告	guǎnggào	（名）	advertisements
6. 其实	qíshí	（副）	actually
7. 瘙痒	sàoyǎng	（名）	pruritus
8. 潮红	cháohóng	（形）	blushing
9. 脱屑	tuōxiè	（名）	desquamation
10. 畏寒	wèihán	（动）	fear of cold
11. 嗜酸性粒细胞	shìsuānxìng lìxìbāo		eosinophil, E
12. 毛细血管	máoxì xuèguǎn	（名）	capillary
13. 充血	chōngxuè	（名）	hyperemia
14. 真菌	zhēnjūn	（名）	fungus
15. 扁桃体	biǎntáotǐ	（名）	tonsil
16. 弄	nòng	（动）	to do; to make
17. 缓解	huǎnjiě	（动）	lysis; remission
18. 盲目	mángmù	（形）	blindly
19. 追求	zhuīqiú	（动）	to pursue; to seek
20. 焦虑	jiāolǜ	（名）	anxiety
21. 抓挠	zhuānáo	（动）	to scratch
22. 豆制品	dòuzhìpǐn	（名）	beans products

二、课文

指导医生——程翔
实习生——白瑞蒂
皮肤科 18 床病人——廖明(男,65 岁)
病人家属——廖冰(廖明的女儿)

1. 会话

白瑞蒂:程老师,18 床病人得的不是一般的银屑病吧?

程　翔:他得的是**红皮病型银屑病**。但是他已经有 30 年的**寻常型银屑病**病史了。

白瑞蒂:哦,寻常型怎么会突然变成红皮病型呢?

程　翔:很多时候是由于治疗**不当**引起的,特别是使用糖皮质激素后突然停药或者减量。

白瑞蒂:听说他最近特别难受,也非常着急。上个月在网上看到了**一个广告**,说可以根治,就急忙去看病了。

程　翔:是啊,**其实**那里给他开的都是激素,看起来好像有效,但是一停药病情就变得很严重了。

白瑞蒂:难怪他现在全身**瘙痒**、浮肿、乏力,80%的皮肤**潮红**,严重**脱屑**,还伴有**畏寒**发热,淋巴结肿大。

程　翔:他的检查结果出来了吗?

白瑞蒂:出来了。血常规检查发现**嗜酸性粒细胞**增高,血清总蛋白量减少,白蛋白降低,丙种球蛋白增高,尿常规尿蛋白阳性,肝、肾功能正常。

程　翔:嗯,我们现在去看看他吧。

2. 会话

白瑞蒂：廖伯伯,程医生来看您了。

廖　明：程医生好。

廖　冰：程医生,您好。我爸爸怎么老是觉得冷啊?

程　翔：因为这种病会使全身皮肤的**毛细血管**扩张**充血**,人体失去大量的热量,就会出现畏寒发热的症状了。

白瑞蒂：这几天他的体温都在38℃左右。

程　翔：现在病人脱屑的情况比较严重,皮肤很容易受感染,要特别注意护理,防止**真菌**感染。

白瑞蒂：等一会儿我去跟护士说说。

程　翔：廖伯伯,您还要注意不要着凉感冒,以防**扁桃体**发炎。

廖　冰：我们一定会注意的。

廖　明：程医生,我现在真的很后悔,要是早点儿来正规的医院,就不会**弄**成现在这样了。

程　翔：别再难受了,现在您要放松心情,这样对治疗有帮助。

白瑞蒂：是啊,心情不好会影响治疗效果的。

廖　明：好,我一定听医生的话,积极配合治疗。

廖　冰：谢谢程医生、白医生。我一定配合你们,照顾好爸爸,让他尽快治好这个病。

3. 成段表达（白瑞蒂对廖明说）

　　廖伯伯,经过这段时间的住院治疗,您的病情已经得到了控制,皮肤看上去已经跟正常的差不多了,过几天您就可以出院。不过,银屑病的发病原因非常复杂,到现在还没有根治的方法,只能控制和**缓解**症状,好了一段时间后可能还会复发。您千万不要**盲目**听信那些可以根治的广告,随便用药,**追求**根治,那样花了钱又没治好病,反而会引起**焦虑**的情绪,使病情更加恶化。出院后您要特别注意皮肤的护理,如果感觉皮肤瘙痒,不要**抓挠**,以防皮肤外伤;也不要用很热的水去洗皮肤,那样会刺激皮肤,加重皮肤的损伤。同时还要多休息,避免过度紧张劳累。饮食方面,可以多吃新鲜的蔬菜、水果和含有丰富蛋白质的瘦肉、鸡蛋和**豆制品**,不要吃海鲜等刺激性大的食物,避免烟酒、浓茶、咖啡等可能加重病情的东西。另外,还要适当运动,增强体质。这样就可以更好地控制病情,防止复发。如果出现复发的症状,要及时到正规医院治疗。

三、注 释

1. 银屑病、寻常型银屑病、红皮病型银屑病(psoriasis, psoriasis vulgaris, erythrodermic psoriasis)

    银屑病俗称牛皮癣,是一种常见的复发性炎症性皮肤病。其特点是皮肤出现大小不等、境界清楚的红斑鳞屑性斑块,上覆大量干燥的银白色鳞屑。这种病病程长,可达数十年,多难于治愈,消退后易再发,有的甚至终生不愈。

    Psoriasis, which is also known as oxhide Tinea, is a common recurrent inflammatory skin disease. It is characterized by the boundary clear erythema squamous plaques on skin which vary in size, overlying with plenty of dry silver-white scales. The disease's course can be as long as several decades, most of them are difficult to cure and easy to recurrence after fadeaway, it may even remain unhealed throughout a lifetime.

    寻常型银屑病是银屑病中最多见、一般也是病情最轻的一种类型。

    Psoriasis vulgaris is the most common and comparatively milder than any other types of the illness.

    红皮病型银屑病是累及全身大部分皮肤的一种特殊类型银屑病。该病能破坏机体的电解质平衡,导致大量蛋白质和水分流失而使病情加重,所以患者需要接受住院治疗。该病多因寻常型患者急性期外用刺激性药物或长期服用皮质类固醇激素突然停药而引起。

    Erythrodermic psoriasis is a special type of skin psoriasis involving most skin of the whole body. The disease can damage the balance of the body's electrolyte, leading to loss of significant amounts of protein and moisture, thus worsened the illness. Therefore, patients need hospitalization. The disease is usually caused by using external irritant drugs in acute stage or sudden withdrawaling from long-term use of corticosteroids.

2. 其实

副词,实际上。用在复句后一个分句的句首,引出和上一个分句相反的意思,表示下文说的情况才是真实的。如:

Adverb, in fact, often appears at the beginning of the latter sentence in a complex sentence, to elicit the contrary meaning and indicate that the situation is true in the following text. For example:

(1) 大家都说我的汉语说得好,~我的声调还有很多问题。
(2) 他看起来很开心,~心里很难受。

3. 潮红

脸颊或其他皮肤泛起的红色。

Skin appears red, especially the cheek.

4. 嗜酸性粒细胞

嗜酸性粒细胞(eosinophil,E)是白细胞的一种,胞质内充满粗大、均匀、略带折光性的橘红色嗜酸性颗粒。这种细胞具有抗过敏和抗寄生虫的作用,过敏性疾病、寄生虫病、皮肤病(如银屑病、湿疹等)、血液病、肿瘤和某些药物是引起嗜酸性粒细胞增多的常见原因。

Eosinophils (eosinophil, E) is a kind of white blood cells, cytoplasm was filled with thick, uniform, slightly orange-red refractive of eosinophilic granules. Such cells have anti-allergic and anti-parasitic effect. Allergic diseases, parasitic diseases, skin diseases (such as psoriasis, eczema, etc.), blood diseases, cancer and certain drugs are common causes of the increase of eosinophils.

5. 毛细血管

毛细血管是生物体内管径最小、管壁最薄、分布最广的血管。它们分支并互相连接成网状。毛细血管管壁通透性大,是血液与周围组织内细胞进行物质交换的主要部位。

Capillary is the most widely distributed blood vessel in biological body, with the smallest diameter of the caliber and the thinnest of the vessel wall. They branch and interconnect into a mesh. The permeability of the capillary wall is good, it is the major part where the blood and tissue cells exchange material.

四、练 习

1. 听与读

银屑病	激素	扁桃体	真菌感染
寻常型银屑病	皮质激素	扁桃体肿大	细菌感染
红皮病型银屑病	肾上腺皮质激素	扁桃体发炎	病毒感染
	糖皮质激素	扁桃体化脓	
细胞	盐皮质激素	扁桃腺	
粒细胞			
嗜酸性粒细胞	不当	毛细血管	
嗜碱性粒细胞	治疗不当	毛细血管扩张	
中性粒细胞	处理不当	毛细血管扩张充血	
	用药不当		

2. 替换与扩展

(1) 他已经有 5 年的<u>寻常型银屑病</u>病史了。

> 支气管扩张
> 2 型糖尿病
> 甲状腺机能亢进
> 乳腺纤维瘤

(2) 他的<u>红皮病型银屑病</u>是由于<u>治疗不当</u>引起的。

> 急性胰腺炎　　暴饮暴食
> 肾病综合征　　肾小球肾炎
> 房间隔缺损　　柯萨奇病毒
> 胃溃疡　　　　长期焦虑

(3) <u>血常规</u>检查发现病人的<u>嗜酸性粒细胞增高</u>。

> 两对半　　　乙肝表面抗原阳性
> 心电图　　　心律失常
> X 光片　　　肺部有小片状阴影
> CT　　　　　小脑有低密度病灶

第十三课　他得的不是一般的银屑病

(4) 这种病会使<u>全身毛细血管扩张充血</u>,出现<u>畏寒发热</u>的症状。

> 支气管持续收缩
> 心肌缺血
> 血红蛋白水平降低
> 胰腺组织出血、坏死

> 咳嗽和气喘
> 心前区疼痛
> 头晕、乏力
> 上腹剧烈疼痛

(5) 您还要注意<u>不要着凉感冒</u>,以防<u>扁桃体发炎</u>。

> 不要过度劳累
> 避免情绪激动
> 防止摔跤
> 定期服降压药

> 胆囊炎复发
> 心绞痛发作
> 发生骨折
> 血压再次上升

3. 看汉字,写拼音

银屑病 _____　　瘙痒 _____　　潮红 _____　　畏寒 _____

脱屑 _____　　缓解 _____　　盲目 _____　　毛细血管 _____

粒细胞 _____　　真菌 _____　　抓挠 _____　　真菌 _____

4. 看拼音,写汉字

tíngyào _____　　chōngxuè _____　　búdàng _____　　línbājié _____

qíshí _____　　zhuīqiú _____　　biǎntáotǐ _____

5. 两人一组完成下列对话并进行相互问答

(1) 白瑞蒂:程老师,18床病人得的是哪种银屑病?

　　程医生:他得的是_____。但是他已经有30年的_____病史了。

　　白瑞蒂:为什么会转变成这种银屑病呢?

　　程医生:多数是由于_____引起的,特别是使用_____后突然停药或者减量。

　　白瑞蒂:难怪他全身_____,80%的皮肤_____,还伴有_____。

　　程医生:他的_____出来了吗?

　　白瑞蒂:_____。血常规和尿常规都有异常,_____正常。

(2) 程医生:白瑞蒂,这几天廖伯伯的体温怎么样?

　　白瑞蒂:这几天他的体温都在_____。

程医生：要_____，防止_____。
白瑞蒂：好。等一会儿去跟护士说说。
程医生：廖伯伯，您还要注意_____。
病　人：我一定会注意的。

6. 根据课文，写出合适的答句

(1) 寻常型银屑病怎么会突然变成红皮病型呢？
答：_____。

(2) 18床病人现在有哪些主要症状？
答：_____。

(3) 红皮病型银屑病病人的血常规检查可能会出现什么结果？
答：_____。

(4) 红皮病型银屑病人为什么会出现畏寒症状？
答：_____。

(5) 患有银屑病的病人一般要注意哪些问题？
答：_____。

7. 交际性练习（参见附录三）

两人一组，角色A看附录三的11，角色B看附录三的4。参考使用下列词语，复述18床病人的病情。

（寻常型银屑病　红皮病型银屑病　糖皮质激素　激素　停药　减量　瘙痒　浮肿　乏力　潮红　脱屑　畏寒发热　根治　抓挠）

8. 选择合适的词语填空（每个词语只能用一次）

（畏寒　豆制品　真菌　充血　缓解　焦虑　淋巴结　不当　糖皮质激素　瘙痒）

(1) 经过治疗，病人的症状已经大大_____。
(2) 你的情绪不能太_____，否则不利于病情的恢复。
(3) 抗生素使用_____会导致严重的后果。
(4) 病人_____、发热，血常规显示白细胞增高。
(5) 患者全身皮肤_____，可能是_____感染。
(6) 触诊发现病人的腹股沟_____肿大。
(7) 全身毛细血管扩张_____会引起血压下降。
(8) 寻常型银屑病患者如果突然停用_____，可能会转变为红皮病型银屑病。
(9) _____含有丰富的蛋白质，适合银屑病患者食用。

9. 根据课文内容判断正误

( ) (1) 寻常型银屑病转变为红皮病型是使用糖皮质激素引起的。

( ) (2) 病人听信了广告,治好了银屑病。

( ) (3) 糖皮质激素可以用来治疗银屑病。

( ) (4) 18床病人血液中的丙种球蛋白水平增高。

( ) (5) 病人现在皮肤瘙痒,全身皮肤苍白。

附录:常用专业术语

银屑病/牛皮癣	yínxièbìng/niúpíxuǎn	psoriasis
副银屑病	fù-yínxièbìng	parapsoriasis
红皮病	hóngpíbìng	erythroderma
掌跖脓疱型银屑病	zhǎngzhí nóngpàoxíng yínxièbìng	palmar and plantar pustula psoriasis
泛发性脓疱型银屑病	fànfāxìng nóngpàoxíng yínxièbìng	generalized pustular psoriasis(Zumbusch)
皮炎	píyán	dermatitis
毛囊炎	máonángyán	folliculitis
狼疮	lángchuāng	lupus
湿疹	shīzhěn	eczema

第十四课　带状疱疹早期容易被误诊

一、生词语

1.	带状疱疹	dàizhuàng pàozhěn		herpes zoster
2.	丘疹	qiūzhěn	（名）	papule
3.	烧	shāo	（动）	to burn
4.	根部	gēnbù	（名）	root
5.	对症下药	duìzhèng xiàyào		to suit the remedy to the case
6.	萎缩	wěisuō	（动）	to shrink
7.	结痂	jiéjiā	（动）	to form crust
8.	米粒	mǐlì	（名）	rice grains
9.	皮疹	pízhěn	（名）	rash; eruption; erythra; quat
10.	原来	yuánlái	（副）	turn out to be
11.	不然	bùrán	（连）	otherwise
12.	见效	jiànxiào	（动）	to take effect
13.	后遗	hòuyí	（名）	postherpetic
14.	总是	zǒngshì	（副）	always
15.	煎炸	jiānzhá	（动）	to fry or deep-fry
16.	适中	shìzhōng	（形）	moderate
17.	剪	jiǎn	（动）	to cut
18.	指甲	zhǐjia	（名）	fingernail
19.	造成	zàochéng	（动）	to bring about; to cause
20.	床单	chuángdān	（名）	sheet
21.	清洁	qīngjié	（形）	clean
22.	宽松	kuānsōng	（形）	(of clothes) loose
23.	脱落	tuōluò	（动）	to drop; fall off

二、课　文

指导医生——魏宁
实习生——莎娜、卡奇
皮肤科 6 床病人——萧妍(女,45 岁)
病人家属——吴岩(萧妍的丈夫)

1. 会话(在病房)

吴　岩：魏医生,我正想找您。麻烦您帮我爱人看看,今天她腰部的**丘疹**都变成水泡了,她说特别疼。

魏　宁：别急,我来看看。莎娜,你看,原来的丘疹都已经变成水泡了,泡壁很紧张。

莎　娜：萧阿姨,您感觉是什么样的疼呢?

萧　妍：就像火**烧**一样。

莎　娜：魏老师,今天萧阿姨的体温还是 37.8℃。

魏　宁：先检查一下淋巴结有没有肿大。

莎　娜：好。右腿**根部**淋巴结肿大。魏老师,现在治疗主要是不是抗病毒和消炎止痛呢?

魏　宁：对,还要注意防止细菌继发感染。

吴　岩：医生,她的病是不是很严重?

魏　宁：不用太紧张,现在确诊了就可以**对症下药**了。尽量不要弄破水泡,继续用药,水泡过些天就会**萎缩结痂**的,放心吧。

吴　岩：她这样子需要住院多久啊?

魏　宁：一般 2—4 周就可以出院,但还要看她恢复的情况。

莎　娜：萧阿姨,您要尽量放松心情,好好儿配合治疗,这样会好得快些。

萧　妍：好，我会的。

2. 会话

莎　娜：今天我们科来了一位病人，又是带状疱疹被误诊的。

卡　奇：是吗？怎么回事呢？

莎　娜：她感冒后突然出现右上腹疼痛，就马上去了内科，内科给她做了腹部B超、X光片、血常规等检查，都没发现异常。

卡　奇：那内科的诊断是什么？

莎　娜：由于病人有慢性胆囊炎病史，内科初步诊断为慢性胆囊炎急性发作。

卡　奇：哦，用药后病情好转了吗？

莎　娜：内科用抗生素治疗，没什么效果。前天患者发现右背部和腰部出现**米粒**大小的红色丘疹，所以到皮肤科来了。

卡　奇：为什么带状疱疹这么容易被误诊呢？

莎　娜：我问了魏老师，他说带状疱疹的典型症状是神经痛和**皮疹**。患病早期如果皮疹症状没出现，就很容易被误诊了。

卡　奇：**原来**是这样！现在病人怎么样了？

莎　娜：我们刚刚去看过她了，现在症状很明显，右侧腰背部都是带状的水泡，病人说像火烧一样疼呢。

卡　奇：好在现在确诊了，就可以对症治疗，**不然**病人会更痛苦。

3. 成段表达（莎娜对吴岩说）

吴叔叔，这两天的治疗开始**见效**了。为了减轻症状，避免**后遗**神经痛的发生，医生建议，在服抗病毒药的同时，服用一些中草药。不过我看萧阿姨好像没什么食欲，带状疱疹**总是**在身体抵抗力下降的时候发病，如果食欲差就会引起营养不良，使皮肤坏死，愈合后容易留下疤痕。所以您要鼓励萧阿姨多吃些，最好是吃清淡、易消化、营养丰富的食物，比如粥、面条、牛奶、鸡蛋、鱼肉、豆制品和新鲜蔬菜、水果等，多喝水，不要吃煎炸的东西，也不要吃辣椒。要保持房间空气新鲜，温度**适中**。及时帮她**剪指甲**，避免瘙痒时抓伤，**造成**皮肤感染，加重病情。要保持**床单清洁**，穿**宽松**的衣服，尽量减少摩擦。另外，轻松的心情对病情的恢复有好处，您可以让萧阿姨听听音乐，您自己也不要太着急。等水泡结痂**脱落**、疼痛不明显的时候，就可以出院了。出院后只要注意清洁，不要太劳累，预防感冒，一般都不会复发的。

三、注 释

1. 疱疹、带状疱疹

疱疹是由疱疹病毒感染所致的病毒性皮肤病。疱疹分为生殖器疱疹、单纯疱疹、带状疱疹。疱疹的治疗以抗病毒、消炎、止痛止痒为主。

Herpes is a viral dermatosis caused by herpes virus. It could be categorized into genital herpes, herpes simplex and herpes zoster. Antivirus, antiinflammation and analgesic therapies are the main treatments of these diseases.

带状疱疹是由水痘——带状疱疹病毒引起的急性炎症性皮肤病。儿童感染该病毒会产生水痘，成人感染该病毒产生带状疱疹。临床表现为沿一个或多个神经节分布，呈带状、群集的水痘，自觉疼痛。

Herpes zoster is an acute inflammatory dermatosis caused by the varicella zoster virus. It manifests varicella in children and herpes zoster in adults. A unilateral, painful eruption of grouped vesicles along one or several dermatome is the typical manifestation.

2. 丘疹 (papules)

丘疹是由于表皮或真皮浅层局限性的炎细胞浸润或代谢产物沉积所致。表现为高出皮肤表面的突起皮疹。小如针头，大如黄豆，触之较硬，直径一般在1cm以内。

Papules are caused by infiltration of inflammation cells or deposition of metabolic products in the epithelium or superficial layer of the dermis. They are solid elevations varying in size from a pinhead to a bean with a diameter less than 1 cm.

3. 米粒大小(N.+大小)

汉语常常用"N.+大小"表示东西的尺寸跟"N."一样大。"米粒大小"意思就是"像米粒那么大"。如:

"N.+大小" is a frequent expression in Chinese, meaning the size of an item is as big as "N.". "米粒大小" mean the size of an item is as big as a rice grain. For example:

鸡蛋~ / 苹果~ / 黄豆~。

4. 原来

副词,表示发现以前不知道的情况,有时候有"忽然明白了是怎么回事"的意思。如:

Adverb, it is used when someone discovers something that he didn't know before. Sometimes it has the meaning of "suddenly be clear about what is going on". For example:

(1) ~是你啊!我还以为是王老师呢。
(2) 难怪你这么高兴,~有女朋友了。

5. 不然

连词,用在后一小句句首,表示如果不是上文所说的情况,就会发生或可能发生下文所说的情况。如:

It is a conjunction, used at the beginning of a short sentence after a previous one. It means if the situation is not the same as the one stated in the previous sentence, the situation stated in the latter sentence will happen. For example:

(1) 快走吧!~就要迟到了。(如果不快走,就可能会迟到)
(2) 好在现在确诊了,就可以对症治疗,~病人会更痛苦。(如果没确诊,不对症治疗,病人就会更痛苦)

6. 后遗神经痛(postherpetic neuralgia, PHN)

急性带状疱疹临床治愈后持续疼痛超过一个月者定义为后遗神经痛。后遗神经痛的持续时间短的1—2年,长的甚至超过10年,一般病史均长达3—5年。

Postherpetic neuralgia means the persistent pain lasts over 1 month after the eruption of herpes zoster is cured. It may lasts from one or two years to 10 years, but the common cases are 3—5 years.

7. 总是

　　副词。情况、状态持续不变或没有变化。如：

　　It is an adverb, meaning the situation or condition has not changed. For example:

　　(1) 老师讲课的时候~站着。

　　(2) 带状疱疹~在身体抵抗力下降的时候发病。

四、练 习

1. 听与读

疱疹	米粒大小	抗病毒	萎缩
带状疱疹	鸡蛋大小	抗感染	肌肉萎缩
风疹	苹果大小	抗感冒	水泡萎缩
疹子			肾萎缩
丘疹	就像火烧一样		脑萎缩
皮疹	就像针扎一样		视神经萎缩
结痂	造成	脱落	适中
伤口结痂	造成皮肤感染	头发脱落	温度适中
水泡结痂	造成骨折	角膜脱落	难度适中
疱疹结痂	造成失明	牙齿脱落	地点适中

2. 替换与扩展

(1) 患者发现右背部和腰部出现<u>米粒大小</u>的<u>红色丘疹</u>。

他的面部有一块	鸡蛋	疤痕
患者胆囊里有一块	黄豆	结石
患者下腹部有一个	乒乓球	肿块
这小孩的左腿上有一个	手表	硬块

(2) 原来是<u>这样</u>！

| 怀孕了 |
| 被误诊了 |
| 皮肤抓伤造成的感染 |
| 带状疱疹，我还以为是慢性胆囊炎急性发作呢 |

(3) 现在可以对症治疗了,不然病人更痛苦。

以后要注意休息	病情还会复发
要及时补充碳水化合物	会出现低血糖昏迷
病人需要马上手术	会有危险
最好不要喝牛奶	你的过敏会更严重

(4) 带状疱疹总是在身体抵抗力下降的时候发病。

患者最近	失眠、多梦
肩背部	有放射痛
他这几年	吃高蛋白、高脂肪的食物
这个孩子的心率	在 110 次 / 分以上

3. 看汉字,写拼音

萎缩 _____   带状疱疹 _____   后遗 _____

丘疹 _____   结痂 _____   脱落 _____

对症下药 _____

4. 看拼音,写汉字

pízhěn _____   shìzhōng _____   yuánlái _____

zàochéng _____   bùrán _____   jiànxiào _____

qīngjié _____   kuānsōng _____   zǒngshì _____

5. 两人一组,根据问句写出合适的应答句,然后进行问答

(1) 指导医生:患者腰部的丘疹现在怎么样了?
    实习生:_____

(2) 指导医生:患者感觉是什么样的疼痛?
    实习生:_____

(3) 指导医生:患者的淋巴结情况怎么样?
    实习生:_____

(4) 指导医生:现在的治疗除了抗病毒和消炎止痛以外还要注意什么?
    实习生:_____

(5) 指导医生:带状疱疹总是在什么时候发病?
    实习生:_____

(6) 指导医生:为什么要及时帮患带状疱疹的病人剪指甲?
    实习生:_____

6. 两人一组完成对话并进行互相问答

萨娜：今天又有一位带状疱疹病人被误诊了，开始被送到了_____。

卡奇：内科的诊断是什么？

萨娜：初步诊断为_____。

卡奇：用药以后病情好转了吗？

萨娜：没有。前天患者发现右背部和腰部出现_____，所以到皮肤科来了。

卡奇：为什么带状疱疹这么容易被误诊呢？

萨娜：魏老师说带状疱疹的典型症状是_____，如果_____，就很容易被误诊了。

卡奇：好在现在确诊了，就可以_____，不然_____。

7. 参考使用下列词语，看图对话

场景提示：一位40多岁的女病人刚从内科转到皮肤科。皮肤科的指导医生带着两位实习生询问病人病情、查看病人身体，最后指导医生做出了诊断。

(感冒　腹痛　慢性胆囊炎　丘疹　淋巴结
带状疱疹　水泡　误诊)

8. 把会话2改成对医生的报告，介绍一个带状疱疹被误诊的病例

9. 向大家介绍一下如何护理患有带状疱疹的病人以及如何避免这种病复发

附录：常用专业术语

生殖器疱疹	shēngzhíqì pàozhěn	genital herpes (GH)
单纯性疱疹	dānchúnxìng pàozhěn	herpes simplex
妊娠疱疹	rènshēn pàozhěn	herpes gestationis
丘疱疹	qiūpàozhěn	papulovesicle
疱疹样皮炎	pàozhěnyàng píyán	dermatitis herpetiformis
萎缩性疤痕	wěisuōxìng bāhén	atrophic scar
表皮萎缩	biǎopí wěisuō	atrophy of epidermis
冷冻疗法	lěngdòng liáofǎ	cryotherapy

第十五课 她和家人根本没往精神疾病这个方面想

一、生词语

1. 根本	gēnběn	（副）	at all
2. 隐匿	yǐnnì	（动）	to mask
3. 抑郁症	yìyùzhèng	（名）	depression; melancholia
4. 集中	jízhōng	（动/形）	to concentrate; concectrative
5. 性格	xìnggé	（名）	character; personality
6. 开朗	kāilǎng	（形）	optimistic
7. 精力	jīnglì	（名）	energy
8. 心理	xīnlǐ	（名）	psychology
9. 咨询	zīxún	（动）	to consult
10. 悲观	bēiguān	（形）	pessimistic
11. 颈椎	jǐngzhuī	（名）	cervical vertebra; cervical spine
12. 包括	bāokuò	（动）	to include
13. 偏方	piānfāng	（名）	folk prescription; folk remedy
14. 掩盖	yǎngài	（动）	to conceal
15. 自杀	zìshā	（动）	to suicide
16. 倾向	qīngxiàng	（名）	tendency
17. 遗书	yíshū	（名）	last words
18. 决心	juéxīn	（名）	determination
19. 病程	bìngchéng	（名）	course/duration of the disease
20. 以…为…	yǐ...wéi...		(take)...as
21. 辅	fǔ	（形）	assistant
22. 适应	shìyìng	（动）	to adapt
23. 喉咙	hóulóng	（名）	throat
24. 口干舌燥	kǒugān-shézào		thirsty; parched
25. 思想	sīxiǎng	（名）	thought

第十五课　她和家人根本没往精神疾病这个方面想

二、课　文

> 指导医生——张希
> 实习生——莎娜、白瑞蒂、卡奇、阿卜杜拉
> 精神科25床病人——陈晨(女,44岁)
> 病人家属——吴伟(陈晨的丈夫)

1. 会话(在医生办公室)

莎　　娜：张老师,我看过25床的病历记录,刚才去跟她聊了一会儿,我觉得她可能属于重度**隐匿性抑郁症**。

张　　希：嗯,我们先讨论一下儿病历记录吧。

白　瑞　蒂：病人主诉四年前开始突然失去了对生活的兴趣,食欲差,体重下降,经常失眠,容易烦躁,注意力很难**集中**。

卡　　奇：她原先是个**性格开朗**、**精力**旺盛的人。四年前突然像换了一个人似的,家人、朋友都很难理解。

阿卜杜拉：后来朋友介绍她去做过几次**心理咨询**,刚开始她觉得心里舒服多了,可是后来感觉效果不明显,反而越来越**悲观**。

张　　希：这一点儿也不奇怪。当患者出现兴趣减少、悲观、烦躁等情况的时候,很多人甚至包括医生都只是往心理疾病方面去想。

莎　　娜：一年多后她开始出现头疼、头晕、恶心、呕吐等症状。去看过神经内科、消化内科,吃了药也不见效。

卡　　奇：她又怀疑是**颈椎**病,去一家颈椎病医院看了几次,也没什么效果。

白瑞蒂：她甚至怀疑怀孕了,看过妇科。后来又跑到耳鼻喉科看,还是不行。

阿卜杜拉：大半年里,她跑了很多医院,看了很多种专科,**包括**各种**偏方**,吃了差不多四十种药,都没用。那时候她和家人根本没往精神疾病这个方面想。

张　希：头疼、头晕等身体不适症状,常常**掩盖**了抑郁的情绪,就是医生也不容易看出是一种抑郁状态的。

莎　娜：几个月前她开始出现**自杀**的**倾向**,甚至连**遗书**都写好了。但是一想到丈夫、孩子,她又下不了**决心**。

阿卜杜拉：这时候她的丈夫才往抑郁症方面去想,才带她来精神科治疗。

张　希：根据这些症状和情况,莎娜说得对,她已经属于重度抑郁症了。因为症状不典型,所以这种类型属于隐匿性抑郁症。

卡　奇：那现在该怎么治疗呢?

张　希：现在应该药物治疗、物理治疗、心理治疗同时进行。

2. 成段表达(卡奇对吴伟说)

吴先生,我们已经确诊您太太得了比较严重的抑郁症。张医生说,很多人认为,抑郁症属于心病,只需要心理治疗,不用吃药。其实这是非常错误的。抑郁症特别是重度抑郁症患者应该接受药物治疗,否则病情更严重,**病程**也更长。现在的药物治疗对大多数患者是有效的,如果再加上心理治疗,那效果就更好了。根据您太太现在的情况,这段时间**以药物治疗为**主,心理治疗为**辅**。等到她的病情稳定下来以后,再改为以心理治疗为主,药物治疗为辅。病人对药物的**适应**有一段时间,开始接受药物治疗的时候,吃完药可能会感觉**喉咙**里像火烧一样,**口干舌燥**,还会感到全身疲倦无力,对药物产生抵抗情绪,不愿意坚持吃药。这时候您要耐心地鼓励和安慰她,让她坚持吃药。药物起作用也有一段时间,开始几周药物的作用还不太明显,为了防止她再次自杀,您还要特别注意她的精神状态和情绪。抑郁症的治疗时间比较长,您太太可能需要住院几个月到半年。出院后最好能坚持吃药五年以上,您要做好长期治疗的**思想**准备。

三、注 释

1. 根本

   副词,意思是始终,完全。多用在否定句里。如:

   It is an adverb, meaning totally, completely. It is often used in negative statements. For example:

   (1) 他们~没往精神疾病这个方面想。

   (2) 一般的治疗方法对这种病~没作用。

2. 抑郁症、隐匿性抑郁症

   抑郁症是一种常见的精神疾病,由生理、心理、社会等因素引起。主要表现为抑郁心境、兴趣丧失、悲观、思维迟缓、注意力难集中、睡眠障碍、食欲改变、身体不适,严重者可出现自杀念头和行为。

   Depression is a common mental illness and is caused by physical, psychological and social factors. Its main symptoms are depressed mood, lost in interest, pessimism, retardation of thinking, difficulties in concentrating, dyssomnia, change in appetite, physical discomfort, and the tendency of suicide in some severe cases.

   隐匿性抑郁症是一种不典型的抑郁症,患者常以躯体不适为主要症状,临床上把这种类型的抑郁症称为隐匿性抑郁症。

   Latent depression is a not a typical kind of depression. The patients' main symptom is often physical discomfort. This kind of depression is categorized as latent depression clinically.

3. 以A为B

   固定结构,书面语。意思是"把A作为B"。如:

   It is a fixed structure used in written language. Its meaning is to treat A as B. For example:

   (1) 这段时间主要以药物治疗为主,心理治疗为辅。

   (2) 医生要以治病救人为根本。

四、练习

1. 听与读

适应	抑制	根本	心理	隐匿
适合	抑酸药	根部	生理	隐痛
合适	抑郁症	根治	病理	
适量	轻度抑郁症			颈椎
适中	重度隐匿性抑郁症		病程	胸椎
适当			疗程	腰椎
			过程	
集中	悲观		全程	
精神集中	乐观			
注意力集中				

2. 替换与扩展

(1) 朋友介绍她去做过几次心理咨询。

> 吃过几种偏方
> 用糖皮质激素
> 吃广告上说的特效药

(2) 一年多后她开始出现头疼、头晕、恶心、呕吐等症状。

> 几天前　　右腿根部淋巴结肿大的
> 停药后　　全身瘙痒、浮肿、乏力等
> 几个月前　皮肤潮红、严重脱屑、畏寒发热、淋巴结肿大

(3) 她又怀疑是颈椎病,去一家颈椎病医院看了几次。

> 鼻咽癌　　　　　　　　肿瘤
> 下颌髁状突颈部骨折　　骨科
> 青光眼　　　　　　　　眼科

第十五课　她和家人根本没往精神疾病这个方面想

(4) 那时候她和家人根本没往<u>精神疾病</u>这个方面想。

> 白内障
> 大三阳
> 肺结核

(5) 根据您太太现在的情况,这段时间以<u>药物治疗</u>为主,<u>心理治疗</u>为辅。

> 放疗　　　　中药治疗
> 增加营养　　适当锻炼
> 防止真菌感染　注意休息

3. 看汉字,写拼音

抑郁症 _____　　咨询 _____　　颈椎 _____

掩盖 _____　　倾向 _____　　病程 _____

喉咙 _____　　遗书 _____　　悲观 _____

4. 看拼音,写汉字

gēnběn _____　　jízhōng _____　　xìnggé _____

jīnglì _____　　xīnlǐ _____　　bāokuò _____

zìshā _____　　juéxīn _____　　shìyìng _____

sīxiǎng _____

5. 搭配词语

(1) 注意力　　　A. 明显

(2) 性格　　　　B. 烦躁

(3) 精力　　　　C. 开朗

(4) 心理　　　　D. 集中

(5) 效果　　　　E. 延长

(6) 食欲　　　　F. 咨询

(7) 心情　　　　G. 旺盛

(8) 病程　　　　H. 下降

6. 选择下面最合适的词语填空(每个词语只能用一次)

(自杀倾向　精力　抑郁症　悲观　为主　偏方　集中　病程　适应　咨询)

(1) 一般人认为_____属于心病,只需要心理治疗,不需要吃药。

(2) 这孩子上课时总是喜欢跟别人说话或者玩儿,注意力很难_____。

(3) 我最近突然失去了对生活的兴趣,情绪比较_____,需要找心理大夫_____吗?

(4) 他听信报纸上的广告,到处找_____,吃了不少药,可病情还是没有好转。

(5) 患重度抑郁症的病人常常有_____。

(6) 唉,我年纪大了,_____越来越没有以前旺盛了。

(7) 重度抑郁症患者的_____一般都比较长。

(8) 根据您现在的情况,这段时间应该以心理治疗_____,药物治疗为辅。

(9) 我吃了这些药以后感觉口干舌燥,是不是身体对这些药不_____啊?

7. 两人一组,完成下面的对话

医生:_____?

病人:我四年前开始突然失去了对生活的兴趣,_____差,_____下降,经常失眠,容易_____,_____很难集中。

医生:您有没有去做过_____?

病人:做过好几次了。刚开始_____,可是后来_____。一年多后我开始出现_____等症状。

医生:您去看过医生吗?

病人:我去看过_____,可是_____。

医生:您有没有什么想法?

病人:想过自杀,大概几个月前吧。我甚至连_____,可是想到丈夫和孩子,我又_____。

医生:根据你说的这些症状,您得的是_____。

病人:那我现在该怎么办呢?

医生:希望您好好儿配合治疗,对这种病,需要_____同时进行。

8. 根据课文回答问题

(1) 25床得抑郁症前是个什么样的人?

(2) 25床得抑郁症后在心理和身体等方面有些什么变化?

(3) 到精神科前25床去看过哪些科?治疗效果怎么样?

(4) 为什么25床患了抑郁症没有被及时发现?

(5) 对患重度抑郁症的患者,应该怎么治疗?

(6) 患重度抑郁症者如果不接受药物治疗,会有什么后果?

(7) 这段时间,医生打算对25床怎么治疗?等到她的病情稳定后,又怎么治疗?
(8) 患者对治疗抑郁症的药物会有哪些反应?
(9) 治疗抑郁症的药物在患者身上能马上发生作用吗?
(10) 治疗抑郁症的时间长不长?

9. 交际性练习(参见附录三)

两人一组,角色A看附录三的6,角色B看附录三的18。然后进行会话。参考使用下列词语:

(隐匿　抑郁症　悲观　自杀　心理　病程　性格　掩盖　适应　以……为主,(以)……为辅　思想准备)

10. 写作训练

写一份25床的病史。

附录:

1. 常用专业术语

反苯环丙胺	fǎnběnhuánbǐng'àn	transamine
丙咪嗪	bǐngmīqín	imipramine
阿米替林	āmǐtìlín	amitriptyline
多虑平	duōlǜpíng	doxepin
氯丙咪嗪	lǜbǐngmīqín	chlorimipramine
马普替林	mǎpǔtìlín	maprotiline

2. 抑郁证检查

表3:抑郁自评量表(SDS)项目

SDS采用4级评分,主要评定证状出现的频度,该4级的记分标准为:没有或很少时间(为1分);小部分时间(为2分);相当多时间(为3分);绝大部分或全部时间(为4分)。

	偶无	有时	经常	持续
1. 我觉得闷闷不乐,情绪低沉	1	2	3	4
*2. 我觉得一天之中早晨最好	4	3	2	1
3. 我一阵阵哭出来或想哭	1	2	3	4
4. 我晚上睡眠不好	1	2	3	4
5. 我吃得跟平常一样多	1	2	3	4
*6. 我与异性亲密接触时和以往一样感到愉快	4	3	2	1
7. 我发觉我的体重在下降	1	2	3	4
8. 我有便秘的苦恼	1	2	3	4
9. 我心跳比平时快	1	2	3	4
10. 我无缘无故地感到疲乏	1	2	3	4
*11. 我的头脑跟平常一样清楚	4	3	2	1
*12. 我觉得经常做的事情并没有困难	4	3	2	1
13. 我觉得不安而平静不下来	1	2	3	4
*14. 我对将来抱有希望	4	3	2	1
15. 我比平常容易生气激动	1	2	3	4
*16. 我觉得做出决定是容易的	4	3	2	1
*17. 我觉得自己是个有用的人,有人需要我	4	3	2	1
*18. 我的生活过得很有意思	4	3	2	1
19. 我认为如果我死了别人会生活得更好些	1	2	3	4
*20. 平常感兴趣的事我仍然照样感兴趣	4	3	2	1

第十六课　你要有充分的思想准备

一、生词语

1. 充分	chōngfèn	（形）	sufficient
2. 灵活	línghuó	（形）	agility
3. 梯子	tīzi	（名）	ladder
4. 碰	pèng	（动）	bump
5. 脑震荡	nǎozhèndàng	（名）	brain concussion
6. 糟糕	zāogāo	（形）	badly
7. 病危	bìngwēi	（形）	critical condition
8. 尽	jìn	（动）	try
9. 外界	wàijiè	（名）	external
10. 强直	qiángzhí	（形）	rigid
11. 视乳头	shìrǔtóu	（名）	optic papilla
12. 颅内压	lúnèiyā	（名）	intracranial pressure
13. 短暂	duǎnzàn	（形）	transient
14. 意识	yìshi	（名）	consciousness
15. 丧失	sàngshī	（动）	loss
16. 常识	chángshí	（名）	general knowledge
17. 不至于	búzhìyú	（动）	be unlikely to
18. 可惜	kěxī	（形）	it's a pity
19. 缺乏	quēfá	（形）	to lack
20. 挽回	wǎnhuí	（动）	retrieve
21. 遗嘱	yízhǔ	（名）	dying words

二、课　文

指导医生——林风(女,50岁)
实习生——阿卜杜拉、莎娜
急诊科病人——冯明明(男,45岁)
家属——杜朋(冯明明的妻子,40岁)

1 会话

阿卜杜拉：林老师,这是冯明明的妻子。
林　　风：你好,请坐。对了,阿卜杜拉,你先去拿冯明明的CT检查结果,拿到后马上回来。
阿卜杜拉：好。我这就去。
杜　　朋：医生,我丈夫醒过来了吗?
林　　风：还没有,他现在还是深昏迷。我们想知道他有没有高血压病史和遗传病。
杜　　朋：都没有。他平时身体挺好的,连感冒都很少有。
林　　风：他是什么时候发病的?
杜　　朋：今天下午五点钟左右,他突然说头痛,我想他可能是最近太累了,就叫他休息一下。
林　　风：休息以后好点儿了吗?
杜　　朋：没有。大概休息了半小时,他说头疼得很厉害。我看他很烦躁,而且右手右脚活动都不太**灵活**了,就马上送他来医院了。
林　　风：他有没有呕吐?
杜　　朋：有。
林　　风：这两天他有没有受什么外伤?特别是头部?
杜　　朋：没有啊。

林　　风：你再好好儿想想。

杜　　朋：哦，想起来了。今天早上他把一幅画挂到墙上去的时候，不小心从**梯子**上摔了下来，头**碰**了一下桌子。

林　　风：他当时有什么不舒服的感觉？

杜　　朋：他倒在地上没什么反应，把我吓坏了，不过后来很快就没事了。

林　　风：看情况，你丈夫可能是**脑震荡**引起脑出血。

杜　　朋：啊？

阿卜杜拉：林老师，CT检查结果出来了，是脑出血，您看。

林　　风：嗯。马上准备手术抢救。

杜　　朋：医生，我丈夫会有生命危险吗？

林　　风：他现在的情况比较**糟糕**，你要做好充分的思想准备，这是**病危**通知书。

杜　　朋：啊！医生，求求您，一定要救救他啊！他才40多岁，他要是有个三长两短，我怎么办？我们的孩子怎么办啊？

阿卜杜拉：我们会尽最大努力的。您还是让林医生赶快去抢救病人吧。

2. 成段表达（阿卜杜拉对莎娜说）

　　唉！莎娜，我刚送走了一位中年人，心里真难受啊！这位病人来的时候已经进入昏迷状态了。给他做检查时，他对**外界**刺激已经没有什么反应，颈**强直**，一侧瞳孔放大，眼底**视乳头**水肿，这说明他的**颅内压**增高。当时林教授判断病人是脑出血。林教授问这两天病人有没有受过脑外伤，开始他妻子说没有，后来才想起来今天早上她丈夫曾经从梯子上摔下来，有过**短暂**的**意识丧失**。本来这是脑震荡的典型表现，如果他们有医学**常识**，摔了以后马上到医院来做检查，就能及时发现问题，马上做手术，也**不至于**会发生那么严重的后果了。**可惜**他们都**缺乏**这方面的常识,以为那只是一般摔倒,没什么大问题。更糟糕的是,病人下午开始头痛的时候,家属也还没有马上送他到医院,以为他只是累了,需要休息。就这样,当家属发现他右侧肢体活动不灵活时,才把他送到医院。可是他已经失去了最好的治疗机会了。虽然我们尽最大努力去抢救,可惜一切都太晚了,最后还是没能**挽回**他的生命。他才45岁,连**遗嘱**都没来得及留下,真是太遗憾了!

三、注 释

1. 脑震荡

脑震荡属于轻型脑损伤,表现为头部遭受外力打击后短暂的脑功能障碍,但无明显的脑器质性改变。临床上有短暂性昏迷、忘记最近发生的事、头痛、恶心和呕吐等症状,意识障碍一般在半小时内恢复。

Brain concussion is a slight brain damage, characterized as a transient brain dysfunction after the head is struck by external force, with no significant changes in brain organic. Clinically, there are symptoms of a temporary coma, forgetting recent things, headache, nausea or vomiting, disturbance of consciousness is normally recovered within half an hour.

2. 强直

肌肉、关节等因为病变不能活动。

Muscles or joints which could hardly move because of the disease.

3. 视乳头

即视神经乳头,又称视神经盘或视盘,是视神经纤维聚合组成的视神经的起始端。位于视网膜颞侧约3mm处,直径约1.5mm,边界清晰,淡红色,圆盘状。它没有感光细胞,不能感光,在视野中是生理盲点。

Optic disk, also known as papilla nervi optici, it is the initiating terminal of the optic nerve fiber polymerization, located in about 3mm of the temporal retina, with a diameter of 1.5mm, with clear boundary, light red color, disc-shaped. It has no photosensory cell, no sensitization. It is the physiological blind spot in visual field.

4. 颅内压

颅腔为颅骨构成的半密闭体腔,其内容物包括脑组织、脑脊液和血液,这些内容物的总体积与颅脑容积相适应,使颅内保持稳定的压力,称为颅内压,又称脑压或脑脊液压力。颅内压一般以脑脊液的压力为代表,可通过侧卧位腰椎穿刺或脑室穿刺测定。生理情况下,颅内压可随血压、呼吸有小范围的波动,主要靠脑血流与脑脊液之间的平衡来调节。

The cranial cavity is a semi-closed body cavity formed by skull. Its contents include brain tissue, cerebrospinal fluid and blood. With the total volume which is adapt to the brain volume, to maintain stable intracranial pressure, which is also known as brain pressure or cerebrospinal fluid pressure. In generally, intracranial pressure is represented by cerebrospinal fluid pressure, which could be determined by lumbar puncture or ventricular puncture in a lateral position. Physiologically the intracranial pressure can fluctuate in a small range with the wave of blood pressure or breathing. It is mainly adjusted by the balance of cerebral blood flow and cerebrospinal fluid.

5. 意识丧失

意识丧失指患者无自发运动,对任何刺激都不产生反应。意识丧失由突然发生的暂时性、广泛性脑供血不足引起。

Loss of consciousness refers to the lacking of voluntary movement in patients, no respond to any stimulus. It is caused by a sudden, temporary extensive insufficiency of cerebral blood supply .

6. 不至于

动词,表示不会达到某种程度。如:

It is a verb which indicates it would not achieve a certain degree. For example:

(1) 他受过高等教育,~连这点儿道理都不懂吧?

(2) 他的病如果治疗及时,也~发展到晚期。

四、练 习

1. 听与读

强直	昏过去	瞳孔	水肿	大意
颈强直	醒过来	瞳孔放大	眼底水肿	在意
	晕过去	瞳孔扩散	眼底视乳头水肿	意义
	看情况			
脑炎	看起来	常识	颅内压	挽回
脑震荡	看上去	生活常识	血压	挽回生命
脑脓肿		医学常识	高血压	挽回感情
脑出血		缺乏医学常识	眼压	挽回爱情
脑中风				挽回影响
				挽回面子
	意识	病危通知书	遗嘱	
	意识丧失	手术协议书	遗书	
			遗憾	
			遗传	

2. 替换与扩展

(1) 他平时身体挺好的,连<u>感冒</u>都<u>很少有</u>。

咳嗽	很少有
医院	很少去
药	很少吃
针	没打过

(2) 你丈夫可能是<u>脑震荡</u>引起<u>脑出血</u>。

高血压	脑中风
脑炎	癫痫
暴饮暴食	急性胰腺炎
焦虑的情绪	病情恶化

(3) 你要做好<u>充分</u>的思想准备。

> 长期治疗
> 病情可能反复
> 病情可能恶化
> 进行剖腹产

(4) 我们会尽<u>最</u>大努力的。

> 力
> 全力
> 全部力量

(5) 她丈夫曾经有过<u>短暂</u>的意识丧失。

> 三十年寻常型银屑病病史
> 重度隐匿性抑郁症
> 下颌单纯性开放性骨折
> 胃溃疡病史

(6) 如果他们<u>及</u>时发现问题,也不至于会发生那么严重的后果了。

> 进行心理咨询
> 对症下药
> 不听信广告乱用激素
> 不随意停药

> 自杀
> 没有治疗效果
> 出现这么严重的脱屑症状
> 导致角膜移植失败

3. 看汉字,写拼音

脑震荡 _____　　强直 _____　　视乳头 _____

颅内压 _____　　意识 _____　　缺乏 _____

病危 _____　　挽回 _____　　短暂 _____

碰 _____　　遗嘱 _____

4. 看拼音,写汉字

chōngfèn _____　　chángshí _____　　wàijiè _____

yíqiè _____　　kěxī _____　　búzhìyú _____

sàngshī _____　　yìshi _____

第十六课 你要有充分的思想准备

5. 两人一组完成下列对话并进行互相问答

(1) 家属：医生，我丈夫＿＿＿＿＿＿？

医生：他现在还是深昏迷。我们想知道他有没有＿＿＿＿＿＿。

家属：都没有。他平时身体挺好的，＿＿＿＿＿＿。

医生：他＿＿＿＿＿＿？

家属：今天下午五点钟左右，他突然说头痛，休息大概半小时后，他＿＿＿＿＿＿活动都不灵活了，我就马上送他来医院了。

医生：他有没有＿＿＿＿＿＿？

家属：有。

医生：这两天他的头部有没有＿＿＿＿＿＿？

家属：今天早上他不小心＿＿＿＿＿＿，头＿＿＿＿＿＿。

医生：他当时有什么不舒服的感觉？

家属：他当时倒在地上＿＿＿＿＿＿，不过后来很快就没事了。

医生：看情况，你丈夫可能是＿＿＿＿＿＿。

(2) 实习生A：唉！我刚送走了一位中年人，心里真难受啊！

实习生B：中年人？＿＿＿＿＿＿？

实习生A：他送来医院的时候已经进入＿＿＿＿＿＿。

实习生B：你们林教授判断病人是什么问题呢？

实习生A：林教授认为是＿＿＿＿＿＿。

实习生B：中年人一般不会脑出血啊。病人有高血压吗？

实习生A：＿＿＿＿＿＿。不过病人今天早上曾经从梯子上摔下来，有过短暂的＿＿＿＿＿＿，但家属没马上＿＿＿＿＿＿。

实习生B：哦，是脑震荡引起的＿＿＿＿＿＿。是不是家属过了很久才送病人来医院？

实习生A：就是，到下午五六点钟家属发现病人＿＿＿＿＿＿时，才把他送到医院。我们马上给病人动手术都＿＿＿＿＿＿的生命。

实习生B：唉，失去了最好的＿＿＿＿＿＿，真是太＿＿＿＿＿＿！

6. 两人一组，根据课文内容回答下列问题：

(1) 这位病人是什么时候发病的？

(2) 这位病人是怎么发病的？

(3) 病人平时身体情况怎么样？

(4) 病人刚来时是什么状态？

(5) 检查的情况怎么样？
(6) 病人为什么送来晚了？
(7) 最后抢救的结果怎么样？

7. 选词填空

(意识丧失　过来　脑震荡　抢救　颅内压　缺乏　挽回　灵活　病危　反应　视乳头)

(1) 我丈夫醒_____了吗？
(2) 他的右手右脚都不太_____了。
(3) 你丈夫可能是_____引起脑出血。
(4) 你要做好思想准备，这是_____通知书。
(5) 你还是让林医生赶快去_____病人吧。
(6) 他对外界刺激已经没有什么_____了。
(7) 病人一侧瞳孔放大，眼底_____水肿，这说明他的_____增高。
(8) 可惜病人和家属都_____这方面的常识。
(9) 病人送来太晚了，最后还是没能_____他的生命。
(10) 今天早上她丈夫曾经从梯子上摔下来，有过短暂的_____。

8. 交际性练习(参见附录三)

两人一组，角色A看附录三的7，角色B看附录三的15。参考使用下列词语，讨论有关头部受到碰撞的病人应该注意的问题和生活、医学常识。

(碰　脑震荡　脑出血　外界刺激　意识丧失　强直　瞳孔　视乳头　颅内压　不至于　灵活　挽回　遗嘱)

9. 根据课文写一写病人冯明明的症状

附录：
1. 常用专业词语

创伤性脑外伤	chuāngshāngxìng nǎowàishāng	traumatic brain injury, TBI
植物人	zhíwùrén	human vegetable
脑外伤综合症	nǎowàishāng zōnghézhèng	combined external head injuries
精神分裂症	jīngshén fēnlièzhèng	dementia praecox
老年性痴呆症	lǎoniánxìng chīdāizhèng	alzheimer disease, AD

2. 脑 CT 诊断报告书（模拟）

报告日期：　　　　　　　　　　　　　　　　　　　CT 号：

姓名：　　　性别：　　　年龄：　　　送诊科室：　　　送诊医师：

检查部位：颅脑住　　　院号：　　　　　　　　　　　床号：

检查日期：

CT 图像所见
　　平扫显示：脑实质内未见异常密度灶，脑灰白质分界清楚，脑沟脑池及脑室系统无扩大，中线结构无移位。

CT 诊断意见
　　颅脑 CT 平扫未见异常。

报告者：　　　　　审核：　　　　　日期：

第十七课 怎么能那么准确地判断出她是宫外孕呢?

一、生词语

1.	宫外孕	gōngwàiyùn	(名)	ectopic pregnancy
2.	撕裂	sīliè	(动)	to tearing
3.	推迟	tuīchí	(动)	to delay
4.	人流	rénliú	(名)	artificial abortion
5.	痛经	tòngjīng	(动)	to dysmenorrhea
6.	在意	zàiyì	(动)	to care
7.	流产	liúchǎn	(动)	to abort
8.	自然	zìrán	(形)	nature
9.	输卵管	shūluǎnguǎn	(名)	fallopian tube
10.	晕厥	yūnjué	(动)	to syncope
11.	软性	ruǎnxìng	(名)	soft
12.	育龄	yùlíng	(名)	childbearing age
13.	妇女	fùnǚ	(名)	women
14.	生育	shēngyù	(动)	to bear
15.	停经	tíngjīng	(动)	to menopause
16.	红润	hóngrùn	(形)	red
17.	模范	mófàn	(形)	model
18.	受精卵	shòujīngluǎn	(名)	fertilized egg
19.	重新	chóngxīn	(副)	start again
20.	保守	bǎoshǒu	(形)	conservative
21.	终止	zhōngzhǐ	(动)	to terminate
22.	及早	jízǎo	(副)	early
23.	也许	yěxǔ	(副)	perhaps
24.	胚胎	pēitāi	(名)	embryo
25.	就诊	jiùzhěn	(动)	doctors' office visiting

第十七课 怎么能那么准确地判断出她是宫外孕呢?

二、课 文

人物 rénwù

指导医生——单良(男,40岁)
实习生——莎娜
急诊科2床病人——丁丽丽(女,28岁)
病人家属——吴军(丁丽丽的丈夫,27岁)

1. 会话

莎　　娜：丁小姐,你终于醒了。你现在感觉哪儿不舒服?
丁丽丽：我肚子疼死了!
莎　　娜：来,我看看。平躺,放松。这儿疼吗?
丁丽丽：不疼。
莎　　娜：这儿呢?
丁丽丽：哎哟,疼死了!
莎　　娜：什么时候开始肚子疼的?
丁丽丽：前天来月经的时候。一开始疼得不太厉害,可是今天下午突然疼得特别厉害,有一阵子疼得就像**撕裂**了一样。
莎　　娜：有没有感觉恶心、呕吐?
丁丽丽：有。后来我就什么都不知道了。
莎　　娜：这次月经正常吗?
丁丽丽：晚了差不多一个月。
莎　　娜：以前有过这种情况吗?
丁丽丽：有时候会**推迟**十来天。可这次量特别少,颜色比平时深多了,推迟的时间也比以前长。
莎　　娜：做过**人流**吗?
丁丽丽：做过两次。
莎　　娜：你前天肚子疼的时候就应该来医院啊!

丁丽丽：因为我平时也常常**痛经**，我以为这次也是，就没**在意**。
莎　娜：也许是**流产**了。我马上叫单主任来看看。

2. **会话**（单良给丁丽丽做完宫外孕手术出来，跟莎娜一起走）

莎　娜：单老师，听说宫外孕很容易被误诊为阑尾炎，或者是一般的**自然**流产。您今天怎么能那么准确地判断出这位病人是宫外孕呢？

单　良：你先回答我几个问题吧。宫外孕最常发生在哪个部位？

莎　娜：应该是**输卵管**吧。

单　良：对。病人来的时候你给她做过检查，那时候你发现有什么异常吗？

莎　娜：她进来的时候，面色苍白，额头冒冷汗，已经**晕厥**了。

单　良：触诊呢？

莎　娜：她的右下腹有**软性**肿块，还有明显的压痛和反跳痛。

单　良：这说明她不是一般的肠胃炎。对这样的**育龄妇女**，就要了解她的月经史和**生育**史了。

莎　娜：哦。她这次阴道流血跟正常的月经不一样，还有过两次人流史。

单　良：是啊。对没有孩子又患腹痛症的育龄妇女，要考虑宫外孕的可能。你还记得宫外孕的三大典型症状吗？

莎　娜：**停经**、腹痛、阴道出血。哦，这三大典型症状她都有呢！

单　良：再加上主诉腹痛的时间，像撕裂一样的疼痛，两次人流史等等，所以我判断她是输卵管宫外孕引起的破裂出血。

3. 成段表达(莎娜对丁丽丽和吴军说)

丁小姐今天的脸色很**红润**,真漂亮!做完手术才几天就恢复得这么好了,看来吴先生照顾得不错,是个**模范**丈夫啊!丁小姐,那天你到医院的时候,已经休克了,血压很低,手脚冰凉,要不是你丈夫及时把你送来,你可就危险了。前几天你问我为什么要给你做紧急手术,当时我没空儿跟你解释,今天就给你们解释一下儿吧。你月经一个月没有来,不是推迟,是怀孕了。不过**受精卵**没在子宫,是在你的输卵管里,这就是输卵管宫外孕。前两天你阴道出血,其实不是月经**重新**来了,是输卵管破裂出血了。对宫外孕,我们可以手术治疗,也可以**保守**治疗。保守治疗是用药物**终止**妊娠,不用做手术。我们选用治疗方法,除了看宫外孕发生的部位外,更重要的是看宫外孕发生的时间,特别是看有没有破裂。你如果停经不久就来医院检查,**及早**发现是输卵管宫外孕,**也许**可以在**胚胎**还没发育长大的时候终止妊娠。可是,因为你没有及时**就诊**,阴道出血后又过了两天才来急诊,这时出血量已经比较大了,只能马上做手术,不然就有生命危险了。

三、注 释

1. 宫外孕

受精卵形成胚泡后,植入在输卵管等子宫腔以外的部位称为宫外孕。宫外孕胚胎多因营养供应不足而早期死亡,少数在发育到较大后破裂引起大出血。

After the formation of the blastocyst, fertilized egg implanted in the fallopian tube and other parts where outside the uterine cavity, is called an ectopic pregnancy. Embryo in ectopic pregnancy died because of insufficient supply of fetal nutrition. Few rupture during the development and cause bleeding.

2. 流产/人流/自然流产

流产通常指妇女怀孕后,其胎儿没满28周就产出。流产一般分为人工流

产(简称"人流")和自然流产。妇女怀孕12周内用人工的方法终止妊娠的称为人流,有手术人流和药物人流两种。怀孕不到28周时胎儿自动流出母体的称为自然流产。

Abortion usually refers to the case when fetus comes out in less than 28 weeks. Abortion is generally divided into artificial abortion (the abbreviate name in Chinese called "人流") and spontaneous abortion. Artificial abortion refers to the case when pregnancy is terminated in less than 12 weeks by artificial means, including surgical abortion and drug abortion. If the fetus automatically comes out of the mother's body in less than 28 weeks of pregnancy, it is called spontaneous abortion.

3. 输卵管

输卵管是女子或雌性动物生殖器官的一部分,在子宫两侧,作用是把卵巢产生的卵子输送到子宫里。

The fallopian tubes are parts of the female animal reproductive organs, on both sides of the uterus, to transport the eggs produced by the ovaries to the uterus.

4. 育龄妇女

指处于生育年龄段的妇女,一般从15岁到49岁。

The women of childbearing age, usually refers to females from 15 to 49 years old.

5. 也许

副词,表示不太肯定。有"大概、可能"的意思。如:
Adverb, meaning "not sure", "probably" or "likely".
(1) 他常常单独约你去看电影,~他喜欢上你了吧?
(2) 他今天没来上课,~是病了。

第十七课　怎么能那么准确地判断出她是宫外孕呢？

四、练习

1. 听与读

宫外孕	撕裂	月经	流产	就诊
怀孕	破裂	痛经	人流	复诊
子宫	撕脱	停经	人工流产	门诊
宫颈		绝经期	自然流产	急诊
宫缩	胚胎		早产	听诊
	胎儿	病史	引产	指诊
输卵管	畸胎	月经史	剖腹产	视诊
受精卵	怪胎	生育史	产妇	触诊
卵巢	胎动	人流史		叩诊
卵细胞	胎位			
面色红润	晕厥	生育		及早
面色苍白	昏厥	育龄妇女		及时
唇指紫绀	惊厥	出生		
皮肤青紫色	头晕	新生儿		
	昏迷			

2. 替换与扩展

(1) 你<u>前天肚子疼</u>的时候就应该来医院啊！

过度劳累		休息休息
发烧		服退烧药
怀孕		定期做产检

(2) 听说<u>宫外孕</u>很容易被<u>误诊为阑尾炎</u>，或者是<u>一般的自然流产</u>。

肺炎	恶化	转为肺结核
支气管炎	反复发作	容易过敏
胆囊炎	腹痛	太累后发作

(3) 您怎么能那么准确地判断出她是宫外孕呢？

> 她得了急性阑尾炎
> 30床是属于低血糖昏迷
> 他是急性肠胃炎

(4) 对没有孩子又患腹痛症的育龄妇女，要考虑宫外孕的可能。

> 难产的孕妇
> 有较长寻常型银屑病病史的患者
> 高龄老人的腹胀、恶心

> 产后大出血
> 因治疗不当变为红皮病型银屑病
> 心肌梗塞

3. 看汉字，写拼音

宫外孕 _____　　痛经 _____　　流产 _____

输卵管 _____　　晕厥 _____　　软性 _____

受精卵 _____　　胚胎 _____　　保守 _____

4. 看拼音，写汉字

tuīchí _____　　jízǎo _____　　chóngxīn _____

zhōngzhǐ _____　　shēngyù _____　　tíngjīng _____

zìrán _____　　yěxǔ _____　　fùnǚ _____

5. 根据课文回答问题

(1) 丁丽丽这次月经和以前一样吗？为什么？具体情况怎么样？
　　_____。

(2) 宫外孕一般会被误诊为什么？
　　_____。

(3) 莎娜给丁丽丽做了检查后有什么发现？
　　_____。

(4) 怎么能够准确判断病人得了宫外孕？
　　_____。

(5) 对于宫外孕，一般有哪些治疗方法？
　　_____。

6. 词语搭配(每个词只能用一次)

(1) 软性　　　　A. 方法
(2) 育龄　　　　B. 症状
(3) 典型　　　　C. 肿块
(4) 紧急　　　　D. 丈夫
(5) 治疗　　　　E. 手术
(6) 模范　　　　F. 妇女

7. 选择合适的词语填空(每个词语只能使用一次)

(重新　妊娠　输卵管　也许　推迟　在意　育龄妇女　及早　晕厥　人流)

(1) 2床有停经、腹痛、阴道出血三大症状，_____是宫外孕吧？
(2) 病人主诉曾做过两次_____。
(3) 这次月经_____了差不多一个月呢。
(4) 病人被送来医院的时候已经_____了,情况十分紧急。
(5) 他平时也常常喝醉酒,睡醒就没事了,我以为这次也一样,就没_____。
(6) 当发现阴道出血时,要_____到医院检查。
(7) 你的病历记录写得太乱了,要_____写一遍。
(8) 对宫外孕的保守治疗是用药物终止_____,不用做手术。
(9) 如果受精卵没进入子宫,留在了_____里,这就是输卵管宫外孕。
(10) 对出现阴道流血症状的_____,要了解她的月经史和生育史。

8. 交际性练习(参见附录三)

两人一组,一个是角色A,一个是角色B。角色A看附录三的12,角色B看附录三的19,然后两人进行对话。参考使用下面的词语：

(晕厥　撕裂　停经　推迟　人流　流产　痛经　输卵管　软性肿块　宫外孕)

附录：

1. 常用专业术语

早孕试纸	zǎoyùn shìzhǐ	early pregnancy test paper
宫颈糜烂	gōngjǐng mílàn	erosion of cervix
宫颈妊娠	gōngjǐng rènshēn	cervical pregnancy
宫腔镜检查	gōngqiāngjìng jiǎnchá	hysteroscopy
宫颈息肉	gōngjǐng xīròu	cervical polyp
闭经	bìjīng	amenorrhea
更年期综合症	gēngniánqī zōnghézhèng	climacteric syndrome, Menopausal Syndrome

2. 女性器官整体

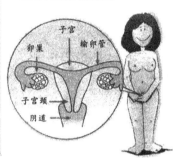

子宫构造

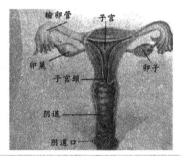

输卵管结构图

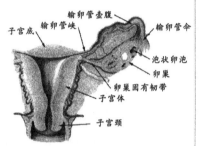

附录一 课文拼音

zhǐdǎo yīshēng— Dīng Yùlíng
shíxíshēng— Shānà
bìngrén— yíwèi xīnshēng'ér
jiāshǔ— Mǎ Xiǎofāng (huàn'ér mǔqīn)

1. Huìhuà

Shānà: Dīng lǎoshī, xīnshēng'ér jiānhùshì (ICU) gāng shōule yí wèi nǚyīng.

Dīng Yùlíng: Tā shì shénme shíhou chūshēng de? Shì zúyuè háishi zǎochǎn?

Shānà: Zuótiān wǎnshang 8 diǎn bàn chūshēng de, dào xiànzài chūshēngle èrshí ge xiǎoshí, shì zúyuè ér.

Dīng Yùlíng: Tā wèishénme zhuǎndào xīnshēng'ér jiānhùshì lái?

Shānà: Hùshìzhǎng shuō, zhè ge nǚyīng pífū hé yǎnbái dōu hěn huáng.

Dīng Yùlíng: Tā mǔqīn de xuèxíng shì shénme?

Shānà: Shì O xíng.

Dīng Yùlíng: Ò. Nà xiànzài xiān gěi yīng'ér yànxuè, kànkan tā shì shénme xuèxíng, xuèqīng dǎnhóngsù shì duōshao.

Shānà: Dīng lǎoshī, zhè huì bu huì shì xīnshēng'ér shēnglǐxìng huángdǎn?

Dīng Yùlíng: Zúyuè ér yìbān zài chūshēng èrshísì xiǎoshí hòu cái huì chūxiàn shēnglǐxìng huángdǎn, tā chūxiàn huángdǎn de shíjiān tài zǎo le.

Shānà: Huángdǎn shì kàn dǎnhóngsù gāo bu gāo, wèishénme yào chá xuèxíng ne?

Dīng Yùlíng: Tā māma de xuèxíng shì O xíng, rúguǒ nǚyīng de xuèxíng shì A xíng huòzhě B xíng, jiù kěnéng shì xīnshēng'ér róngxuèxìng huángdǎn.

Shānà: A, wǒ xiǎng qilai le, zhè ge jiào ABO róngxuè, shì yīnwèi mǔqīn hé yīng'ér de xuèxíng bù hé yǐnqǐ de. Nà wǒ gǎnkuài qù gěi tā yànxuè.

2. Huìhuà

Shānà: Dīng lǎoshī, yànxuè bàogào chūlai le, nǚyīng de xuèxíng shì A xíng, xuèqīng dǎnhóngsù bǐ zhèngchángzhí gāo duō le.

Dīng Yùlíng: Èn, kěyǐ quèzhěn shì xīnshēng'ér róngxuèxìng huángdǎn le.

Shānà: Nà xiànzài gāi zěnme zhìliáo ne?

Dīng Yùlíng: Xiān jìnxíng guāngliáo.

Shānà: Guāngliáo?

Dīng Yùlíng: Duì, jiùshì zhào lánguāng.

Shānà: Zhào lánguāng yǒu shénme zuòyòng?

Dīng Yùlíng: Lánguāng kěyǐ shǐ dǎnhóngsù róngyì cóng niàoyè zhōng páichū, kuàisù jiàngdī xuèqīng dǎnhóngsù de nóngdù.

Shānà: Ò, nà hái yào fúyào ma?

Dīng Yùlíng: Bú yòng fúyào, kěyǐ zài zhùshè bǐngzhǒng qiúdànbái, zhèyàng xiàoguǒ gèng hǎo.

Shānà: Zhàole lánguāng, zhùshèle bǐngzhǒng qiúdànbái, zhè ge bǎobao jiù néng hǎo qilai ma?

Dīng Yùlíng: Yìbān láishuō shì kěyǐ quányù de. Rúguǒ hái bùxíng, jiù yào kǎolǜ huànxiě.

Shānà: Dīng lǎoshī, wǒ juéde xīnshēng'ér tèbié kě'ài, pífū nènnèn de, shēntǐ ruǎnruǎn de. Kěshì kànjiàn tāmen zhème xiǎo jiù shēngbìng, wǒ xīnlǐ fēicháng nánshòu.

Dīng Yùlíng: Wǒmen de gōngzuò jiùshì ràng tāmen huīfù jiànkāng, zhè shì duōme yǒu yìyì de gōngzuò a!

Shānà: Duì, wǒ yídìng yào hǎohāor xuéxí, hǎohāor gōngzuò, bāngzhù bǎobaomen jǐnkuài huīfù jiànkāng.

3. Chéng duàn biǎodá (Shānà duì Mǎ Xiǎofāng shuō)

    Mǎ jiě, nǐ de bǎobao chūshēng èrshí ge xiǎoshí hòu chūxiàn le huángdǎn. Gēnjù tā hé nǐ de yànxuè bàogào, Dīng yīshēng zhěnduàn tā dé de shì xīnshēng'ér róngxuèxìng huángdǎn. Xiànzài wǒmen yǐjīng bǎ tā sòngjìn xīnshēng'ér jiānhùshì jiēshòu zhìliáo le. Xīnshēng'ér róngxuèxìng huángdǎn shì yīnwèi mǔqīn de xuèxíng hé háizi de xuèxíng bù hé yǐnqǐ de. Búguò nǐ búyòng tài dānxīn, tā de huángdǎn hái bú suàn hěn yánzhòng. Xiànzài wǒmen gěi tā zhào lánguāng, dǎ bǐngzhǒng qiúdànbái, yìbān láishuō bǎobao yì zhōu zuǒyòu jiù kěyǐ quányù chūyuàn; rúguǒ zhào lánguāng, dǎ bǐngzhǒng qiúdànbái hòu liáoxiào bù míngxiǎn, huòzhě chūyuàn hòu guò yí duàn shíjiān pífū yòu huáng qilai, nà jiù bǐjiào máfan, kěnéng yào jìnxíng huànxiě le. Suǒyǐ bǎobao chūyuàn hòu, nǐmen háishi yào zhùyì guānchá bǎobao de pífū, rúguǒ yánsè yòu huáng qilai le, yídìng yào lìjí sòng yīyuàn zhìliáo. Zhìliáo bù jíshí dehuà, bǎobao huì yǒu shēngmìng wēixiǎn de. Xiànzài nǐ yídìng hěn xiǎng jiànjian bǎobao, yě hěn xiǎng gěi tā bǔrǔ ba? Búguò zhè jǐ tiān nǐ de bǎobao yào zài jiānhùshì zhìliáo, mǔrǔ wèiyǎng bú tài fāngbiàn. Děng tā de zhèngzhuàng jiǎnqīng yìxiē, hùshi huì dìngshí bǎ tā bàolái gěi nǐ bǔrǔ de. Xiànzài nǐ yě lèi le, xiān hǎohāor xiūxi ba.

Dì-èr Kè

zhǐdǎo yīshēng— Qiū Yǒngxīn (nán, sìshíwǔ suì)
shíxíshēng— Kǎqí
hùshi— Wáng Hóng (nǚ)
érkē wēizhòng bìngfáng bìngrén— Dīng Xiǎoqiáng (nán, yī suì liǎng ge yuè)
bìngrén jiāshǔ — Wú Lì (nǚ, bìngrén de māma)

1. Huìhuà (zài yīshēng bàngōngshì)

Wú Lì: Qiū yīshēng, nín hǎo! Shì nín jiào wǒ lái zhèli ma?

Qiū Yǒngxīn: Duì, lái, zuò zhèr. Wǒmen xiǎng xiángxì liǎojiě yíxiàr nǐ érzi zuìjìn de shēntǐ qíngkuàng. Tā shì shénme shíhou kāishǐ fùxiè de?

Wú Lì: Qī-bā tiān qián kāishǐ de, zuìjìn liǎng tiān bǐjiào lìhai, dàbiàn dōu xiàng shuǐ yíyàng.

Kǎqí: Měi tiān fùxiè duōshao cì?

Wú Lì: Měi tiān dōu lā shí duō cì, hái yǒu ǒutù. Shēntǐ bǐ yǐqián shòu duō le, yě méiyǒu jīngshen. Yīshēng, wǒ érzi de bìng bú yàojǐn ba?

Qiū Yǒngxīn: Tā xiànzài bìngqíng bǐjiào yánzhòng, búguò wǒmen huì jìnlì gěi tā zhìliáo de. Nǐ xiān huí bìngfáng péi háizi ba.

Wú Lì: Hǎo, xièxie nín!

Qiū Yǒngxīn: Wáng hùshi, Dīng Xiǎoqiáng zhùyuàn hòu de qíngkuàng zěnmeyàng?

Wáng Hóng: Zuìjìn shí ge xiǎoshí dōu méiyǒu páiniào, hūxī jícù, shǒujiǎo bǐjiào liáng, yánsè fā zǐ.

Qiū Yǒngxīn: Xiànzài de qíngkuàng ne?

Wáng Hóng: Tā xiànzài chǔyú hūnmí zhuàngtài, màibó bǐjiào màn, hūxī shēn cháng, pífū tánxìng xiāoshī, yǎnwō míngxiǎn āoxiàn, fùbù bǐjiào ruǎn.

Kǎqí: Wǒ gāngcái gěi tā tīngzhěn shí fāxiàn fèiyīn yìcháng, xīnyīn dīdùn. Shuāngxī kòuzhěn méi yǐnchū fǎnshè. Zhèngzài gěi tā jìngmài dīzhù èr bǐ yī děngshèn hánnàyè.

Qiū Yǒngxīn: Wáng hùshi, xiànzài nǐ xiān gěi tā jiēshang xīnzàng jiāncèyí, bìng gěi tā shūyǎng, cèliáng xuè diànjiězhì, ānpái zhuānhù jiānhù tā de shēngmìng tǐzhēng.

Wáng Hóng: Hǎo, wǒ zhè jiù qù.

Kǎqí: Qiū lǎoshī, zhè ge háizi yǒu zhòngdù fùxiè, háiyǒu hūnmí, wǒ de zhěnduàn shì zhòngzhèng fùxiè bàn xiūkè. Duì bu duì?

Qiū Yǒngxīn: Duì, nǐ de jìnbù tǐng kuài de. Lìngwài, yóuyú bìngrén fùxiè hé ǒutù de qíngkuàng bǐjiào yánzhòng, suǒyǐ xiànzài zhǔyào de wēixiǎn shì zhòngdù tuōshuǐ.

Kǎqí: Zhòngdù tuōshuǐ duōshù huì hébìng zhòngdù dàixièxìng suānzhòngdú, hái kěnéng yǒu dījiǎxuèzhèng?

Qiū Yǒngxīn: Duì. Xiànzài yào gěi tā dàliàng bǔyè, děngdào tā yǒu niào hòu, zài jíshí bǔ jiǎ.

Kǎqí: Wǒ qù bǎ nín de fēnfu gàosu hùshi ba.

2. Chéng duàn biǎodá (zhìliáo liù ge xiǎoshí hòu, Kǎqí duì bìngrén jiāshǔ Wú Lì shuō)

Xiǎoqiáng māma, nín érzi jīngguò liù ge xiǎoshí de zhìliáo hòu, bìngqíng yǐjīng wěndìng xiàlai le. Tā páile yí cì niào, shǒujiǎo kāishǐ zhuǎnwēn, shénzhì yǐjīng qīngxǐng, jīngshén zhuàngtài búcuò, yǐqián de zhèngzhuàng dōu jiǎnqīng le, kàn shangqu yǐjīng jīběn zhèngcháng, zhìliáo de xiàoguǒ fēicháng hǎo. Xiànzài zhǔyào shì ràng tā jìxù huīfù tǐlì, suǒyǐ yǐnshí tiáolǐ fēicháng zhòngyào. Tā yuánxiān tuōshuǐ de qíngkuàng bǐjiào yánzhòng, xiànzài yào jìxù gěi tā bǔchōng dàliàng de yètǐ. Guǒzhī hányǒu dàliàng de wéishēngsù C, yíngyǎng fēngfù yòu róngyì xīshōu, suǒyǐ xiànzài gěi tā bǔchōng shuǐ hé guǒzhī duì tā de tǐlì huīfù hěn yǒu hǎochù. Yìbān láishuō, bǔchōngle dàliàng de yètǐ hé yíngyǎng hòu, Xiǎoqiáng de tǐlì jiù huì zhújiàn huīfù. Wǒ hé hùshi huì jìxù guānchá tā de shēntǐ huīfù qíngkuàng, yě xīwàng nín néng pèihé wǒmen de gōngzuò. Rúguǒ míngtiān nín fāxiàn Xiǎoqiáng réngrán yǒu bǐjiào míngxiǎn de fùxiè, qǐng yídìng yào gàosu wǒmen, wǒmen zài ràng tā kǒufú bǔyèyán. Bǔyèyán duì huàn jíxìng fùxiè tuōshuǐ de háizi yǒu liánghǎo de liáoxiào, fúyòng hòu kěyǐ fángzhǐ zài chūxiàn yīnwèi fùxiè yǐnqǐ de tuōshuǐ. Nín fàngxīn, wēixiǎn de shíhou yǐjīng guòqu le, xiànzài nín gēn wǒ lái bǎ tā zhuǎndào pǔtōng bìngfáng ba.

Dì-sān Kè

zhǐdǎo yīshēng— Zhāng Bīn (nán, wǔshí suì)
shíxíshēng— Kǎqí
bìngrén— Lǐ Xiǎoyù (nǚ, yí suì líng bā ge yuè, érkē bā chuáng)
bìngrén jiāshǔ— Wáng Xiá (nǚ, èrshíbā suì, bìngrén de māma)

1. Huìhuà (zài yīshēng bàngōngshì)

Kǎqí: Zhāng lǎoshī, bā chuáng de jiāshǔ wǒ dàilai le.

Wáng Xiá: Zhāng yīshēng, nín hǎo! Shì nín zhǎo wǒ ma?

Zhāng Bīn: Duì, lái, zuò zhèr. Wǒmen yào xiángxì liǎojiě yíxiàr nín nǚ'ér zuìjìn de shēntǐ qíngkuàng.

Wáng Xiá: Tā shì bu shì bìngde hěn yánzhòng?

Kǎqí: Nín bié tài dānxīn, xiān huídá Zhāng yīshēng de wèntí, zhè duì zhìliáo nín de háizi hěn yǒu bāngzhù.

Wáng Xiá: Ò, hǎo, zhǐyào néng zhìhǎo háizi de bìng, jiào wǒ zuò shénme dōu xíng.

Zhāng Bīn: Nín shì shénme shíhou fāxiàn tā yǒu yìcháng qíngkuàng de?

Wáng Xiá: Dàgài shì qiántiān ba. Dāngshí tā yǒu diǎnr liú bítì, fánzào, shíyù yě bǐ píngshí chà.

Zhāng Bīn: Yǒu méiyǒu fāshāo?

Wáng Xiá: Zuótiān zǎoshang kāishǐ fāshāo, tǐwēn shì sānshíbā diǎn qī dù.

Zhāng Bīn: Shénme shíhou fāxiàn tā zhǎng zhěnzi hé shuǐpào de?

Wáng Xiá: Yě shì zuótiān zǎoshang. Gāi qǐchuáng de shíjiān tā hái zài shuì, bǎ tā jiào qilai hòu, yòu bù kěn chīfàn, lǎoshi liú kǒushuǐ, hòulái wǒ fāxiàn tā de shǒushang, kǒuqiāng lǐmian hé shétou shang yǒu hóngsè de zhěnzi hé shuǐpào.

Zhāng Bīn: Hǎo le. Qǐng nín xiān huí bìngfáng péi háizi ba.

Wáng Xiá: Yīshēng, nǐmen yídìng yào zhìhǎo wǒ de háizi a!

Kǎqí: Nín fàngxīn, wǒmen huì jìnlì de.

2. Huìhuà (Wáng Xiá líkāi yīshēng bàngōngshì hòu, zài yīshēng bàngōngshì)

Zhāng Bīn: Kǎqí, bā chuáng zhùyuàn hòu de qíngkuàng zěnmeyàng?

Kǎqí: Tā yìzhí fāshāo, shǒu, zú, túnbù pífū yǒu sǎnzài de hóngsè bāndiǎn hé yìxiē pàozhěn, kǒuqiāng niánmó hé shétou shang yě yǒu sǎnzài pàozhěn, pàozhěn zhōuwéi yǒu hóngyùn.

Zhāng Bīn: Chúnsè zěnmeyàng?

Kǎqí: Bǐjiào hóng.

Zhāng Bīn: Chīfàn de qíngkuàng hǎo bu hǎo?

Kǎqí: Yīnwèi kǒuqiāng niánmó hé shétou shang de shuǐpào pòliè shǐ háizi shífēn tòngkǔ,

	suǒyǐ tā bù kěn chī dōngxi.
Zhāng Bīn:	Nǐ gěi tā zuò fèibù tīngzhěn le ma?
Kǎqí:	Zuò le. Liǎng fèi hūxīyīn cū, yǒu luóyīn; xīnyīn yǒulì, méi tīngdào záyīn.
Zhāng Bīn:	Jīntiān de qíngkuàng zěnmeyàng?
Kǎqí:	Jīntiān tā jīngshen bǐjiào chà, zhītǐ wúlì, dǒudòng. Tǐwēn sānshíjiǔ diǎn wǔ dù, bàn yǒu késou, ǒutù hé jīngjué, chōuchù.
Zhāng Bīn:	Xuèchángguī jiǎnchá jiéguǒ chūlai le ma?
Kǎqí:	Chūlai le, báixìbāo zǒngshù bǐjiào gāo.
Zhāng Bīn:	Nǐ juéde zhè ge háizi dé de shì shénme bìng?
Kǎqí:	Shì bu shì zhòngzhèng shǒuzúkǒubìng?
Zhāng Bīn:	Duì, nǐ de jìnbù tǐng kuài de. Lìngwài, yóuyú bìngrén kěnéng bàn yǒu qítā bìngfāzhèng, wǒmen hái yào duì tā zuò jìnyíbù de jiǎnchá.

3. Chéng duàn biǎodá (zhìliáo sì tiān hòu, Kǎqí duì bìngrén jiāshǔ Wáng Xiá shuō)

Wáng jiě, nín hǎo! Xiǎoyù de shǒuzúkǒubìng jīngguò zhè jǐ tiān de zhìliáo, bìngqíng yǐjīng wěndìng xiàlai le. Tā de shǒu, jiǎo hé túnbù de zhěnzi yǐjīng jīběn xiāotuì, kǒuqiāng niánmó, shémiàn pàozhěn yě hǎozhuǎn le, fāshāo, késou, ǒutù, chōuchù, shīshuì, jīngjué, zhītǐ dǒudòng děng zhèngzhuàng yě xiāoshī le, jīngshen zhuàngtài bǐ qián jǐ tiān hǎoduō le, yǐjīng nénggòu chī qīngdàn de liúzhì shíwù. Yóuyú méiyǒu chūxiàn bìngfāzhèng, jīntiān jiù kěyǐ chūyuàn le. Chūyuàn yǐhòu, yào ràng tā jìxù huīfù tǐlì, suǒyǐ yǐnshí yíngyǎng fēicháng zhòngyào. Zhè jǐ tiān, nín zuìhǎo gěi tā chī yǒu yíngyǎng de liúzhì huò bànliúzhì shíwù, bǐrú xiǎomǐzhōu, shòuròuzhōu děng. Háizi zhù de fángjiān yào bǎochí kōngqì xīnxiān, háizi yòng de yīfu, bèizi yào cháng xǐ cháng shài. Búyào dài háizi qù rén duō hé kōngqì bù hǎo de dìfang, yě shǎo ràng tā gēn biéde háizi yìqǐ wánr, jiǎnshǎo gǎnrǎn de jīhuì. Háizi fàn qián biàn hòu yídìng yào hǎohāor xǐshǒu. Lìngwài, yào ànshí gěi háizi fúyào, dìngshí gěi háizi pēn kǒuqiāng pēnjì. Zhǐyào néng zhùyì zhèxiē, nín de háizi hěn kuài jiù huì huīfù jiànkāng! Xiànzài nín kěyǐ qù bàn chūyuàn shǒuxù le.

Dì-sì Kè

zhǐdǎo yīshēng— Dīng Yùlíng
shíxíshēng— Shānà, Ābǔdùlā
érkē gélí bìngfáng sānshí chuáng bìngrén— Liú Chàng(nán, sānge bàn yuè)
jiāshǔ— Zhāng Líng (huàn'ér de mǔqīn)

1. Huìhuà

Dīng Yùlíng: Shānà, Ābǔdùlā, zhè háizi gāng cóng jízhěnshì zhuǎn guolai, nǐmen xiān wènwen tā de qíngkuàng.

Shānà: Hǎo. Háizi māma, nín hǎo, zhè háizi nǎr bù shūfu?

Zhāng Líng: Nǐmen kàn, tā de pífū dōu biànchéng qīngzǐsè le.

Ābǔdùlā: Ò. Tā de hūxī zhèngcháng ma?

Zhāng Líng: Gēn píngshí bù yíyàng, yǒushíhòu hǎoxiàng huì hūxī zàntíng.

Shānà: Shénme shíhou kāishǐ chūxiàn zhè zhǒng qíngkuàng de?

Zhāng Líng: Jīntiān zǎoshang.

Ābǔdùlā: Fābìng qián shēntǐ yìzhí dōu hěn hǎo ma?

Zhāng Líng: Bù. Yí ge xīngqī qián yǒu diǎnr fārè, késou, liú bítì, dǎ pēntì, gěi tā chīle yìxiē xiǎo'ér kàng gǎnmào yào, sān-sì tiān hòu gǎnmào de zhèngzhuàng hǎozhuǎn le, zhǐshì chōule jǐ cì jīn.

Dīng Yùlíng: Yǐqián dǎguo Bǎibáipò yìmiáo ma?

Zhāng Líng: Méi dǎguo.

Shānà: Dīng lǎoshī, zhè háizi dé de shì bu shì bǎirìké?

Dīng Yùlíng: Gēnjù zhèngzhuàng, zhè zhǒng kěnéngxìng hěn dà.

Zhāng Líng: Yīshēng, wǒ de háizi yǒu wēixiǎn ma?

Dīng Yùlíng: Yǒu yìxiē wēixiǎn, xūyào zhùyuàn guānchá hé zhìliáo.

2. Huìhuà

Shānà: Dīng lǎoshī, sānshí chuáng de tán jiǎnchá fāxiàn yǒu bǎirìké gǎnjūn.

Dīng Yùlíng: Kànlái wǒmen de huáiyí méi cuò, háizi shì déle bǎirìké.

Ābǔdùlā: Tā késou de zhèngzhuàng bù míngxiǎn, kěshì yǒu chōujīn, zǐgàn, hūxī zàntíng děng zhèngzhuàng.

Dīng Yùlíng: Sì-wǔ gè yuè yǐnèi de xiǎo yīng'ér huàn bǎirìké chángcháng huì chūxiàn zhèxiē zhèngzhuàng, bǐjiào wēixiǎn, zhìliáo shíjiān bǐjiào cháng.

Ābǔdùlā: Bǎirìké de yìsi shì bu shì yào chàbuduō yìbǎi tiān cái néng hǎo?

Dīng Yùlíng: Èn, zhè zhǒng bìng qīng dehuà yì-liǎng zhōu kěyǐ zhìhǎo, zhòng dehuà yào liǎng-sān

	gè yuè.
Shānà:	Hànyǔ de bìngmíng zhēn yǒu yìsi.
Dīng Yùlíng:	Zhè zhǒng bìng dì-yī qī gēn pǔtōng gǎnmào de zhèngzhuàng chàbuduō, bùshǎo jiāzhǎng dōu yǐwèi háizi zhǐshì xiǎo gǎnmào.
Ābǔdùlā:	Nánguài nàme wǎn cái sòng háizi lái kàn. Xiànzài bìngqíng fāzhǎn dào dì-èr qī le ba?
Dīng Yùlíng:	Duì. Xiànzài xiān yòng hóngméisù sānshí zhì wǔshí háokè měi gōngjīn měi rì, lián yòng qī zhì shí tiān, xīwàng néng yǒu míngxiǎn de xiàoguǒ.
Shānà:	Rúguǒ yòngle hóngméisù hòu xiàoguǒ háishi bù míngxiǎn, zěnme bàn?
Dīng Yùlíng:	Nà jiù yòng shènshàngxiàn pízhì jīsù lái jiǎnqīng yánzhèng, hái yào zhùyì gěi tā xītán, fángzhǐ zhìxī.

3. Chéng duàn biǎodá (Shānà duì Zhāng Líng shuō)

    Zhāng jiě, gēnjù nín háizi de línchuáng zhèngzhuàng hé gè xiàng jiǎnchá, tā dé de bú shì gǎnmào, shì bǎirìké. Bǎirìké dì-yī qī bìngqíng bǐjiào qīng, róngyì zhìliáo, yìbān yì-liǎng zhōu jiù néng quányù. Búguò dì-yī qī de zhèngzhuàng gēn pǔtōng gǎnmào chàbuduō, hěnduō rén dōu méiyǒu jíshí dào yīyuàn zhìliáo, wǎngwǎng shì děng bìngqíng fāzhǎn dào dì-èr qī cái juéde búshì xiǎo gǎnmào, zài dào yīyuàn lái. Nǐmen de háizi sòngdào yīyuàn shí yǐjīng shì dì-èr qī le. Yóuyú xiǎo yīng'ér fāyù hái méi chéngshú, wǎngwǎng méiyǒu zúgòu de lìqi késou, suǒyǐ fābìng shí késou bú shì hěn lìhai. Tāmen de hūxīdào yě bǐjiào zhǎixiǎo, fēnmìwù róngyì duījī, yǐnqǐ hūxī zàntíng hé nǎo quēyǎng, suǒyǐ pífū huì biànchéng qīngzǐsè, hái huì chōujīn, bǐjiào wēixiǎn. Búguò, nín yě bú yòng tài dānxīn, zhè shì yì zhǒng chángjiàn de értóng chuánrǎnbìng, wǒmen yǐjīng gěi nín de háizi zuò gélí zhìliáo bìng jiāqiáng hùlǐ. Bǎirìké dì-èr qī zhìliáo de shíjiān huì bǐjiào cháng, yánzhòng dehuà kěnéng yào tuō liǎng-sān gè yuè ne. Rúguǒ nín de bǎobao chūshēng sān ge yuè shí nénggòu jiēzhòng Bǎibáipò yìmiáo, jiù bú huì dé zhèzhǒng bìng le. Yīngyòu'ér de miǎnyì nénglì yìbān dōu bǐjiào chà, nín zuìhǎo néng jíshí gěi bǎobao dǎ gèzhǒng bìyào de miǎnyì yìmiáo, zhèyàng yǒulìyú háizi de jiànkāng chéngzhǎng.

Dì-wǔ Kè

zhǐdǎo yīshēng— Wáng Lì
shíxíshēng— Ābǔdùlā
chuánrǎn bìng kē bìngrén— Gāo Huá (nán, sìshí'èr suì)
bìngrén jiāshǔ— Mǎ Fānglín (bìngrén de qīzi)

1. Huìhuà

Ābǔdùlā: Gāo xiānsheng, nín hǎo! Nín nǎli bù shūfu?
Gāo Huá: Nǐ hǎo! Yīshēng, wǒ lā dùzi lā de hěn lìhai, xiànzài yìdiǎnr lìqi yě méiyǒu le.
Mǎ Fānglín: Yīshēng, tā yǐjīng lāle liǎng tiān le, dàbiàn li hái yǒu nóngxuè, zhè gāi zěnme bàn a!
Ābǔdùlā: Nǐmen xiān bié zháojí. Gāo xiānsheng, nín chúle lā dùzi wài háiyǒu biéde dìfang bù shūfu ma?
Gāo Huá: Wǒ quánshēn dōu bù shūfu, tóutòng de lìhai, méi lìqi, méi shíyù.
Ābǔdùlā: Liángguo tǐwēn le ma?
Mǎ Fānglín: Hùshi gāng gěi liángguo, sānshíjiǔ dù.
Ābǔdùlā: Jīntiān lāle jǐ cì?
Gāo Huá: Shíjǐ cì le.
Ābǔdùlā: Dàbiàn shì shénme yàngzi de?
Mǎ Fānglín: Tā yì kāishǐ shì xībiàn, hòulái dàbiàn li yǒu nóngxuè hé niányè yíyàng de dōngxi.
Ābǔdùlā: Yǒu méiyǒu hěn xiǎng páibiàn kěshì yòu pái bu chūlái de gǎnjué?
Gāo Huá: Yǒu a yǒu a, jīngcháng yǒu zhèzhǒng gǎnjué.
Ābǔdùlā: Fābìng qián yǒu méiyǒu chīguo shénme bù gānjìng de dōngxi?
Mǎ Fānglín: Fābìng qián yì tiān tā qùguo yí ge xiǎo fànguǎn, hái chīle bù shǎo liángbàncài. Shì shíwù zhòngdú ma?
Ābǔdùlā: Zhè yào děng jiǎnchá jiéguǒ chūlai yǐhòu cái néng quèzhěn.

2. Huìhuà

Ābǔdùlā: Wáng lǎoshī, zhè shì sān chuáng de jiǎnyàndān.
Wáng Lì: Èn, dàbiàn jiǎnchá jiàn dàliàng hóngxìbāo hé báixìbāo, háiyǒu shǎoliàng jùshì xìbāo. Fènbiàn péiyǎng jiǎnchū lìjí gǎnjūn.
Ābǔdùlā: Xuèchángguī báixìbāo zǒngshù shēnggāo, zhōngxìng lì xìbāo yě zēnggāo le.
Wáng Lì: Ābǔdùlā, nǐ shuōshuo zhè shì shénme bìng?
Ābǔdùlā: Bìngrén shuō fābìng qián qùguo yí ge xiǎofànguǎn chīfàn, tāmen huáiyí shì shíwù zhòngdú.
Wáng Lì: Cóng jiǎnchá jiéguǒ láikàn, bú shì yìbān de shíwù zhòngdú.

Ābǔdùlā: Fènbiàn péiyǎng jiǎnchū lìji gǎnjūn, zhè yīnggāi shì lìji ba?
Wáng Lì: Duì, shì jíxìng xìjūnxìng lìji. Nǐ de jìnbù hěn dà a!
Ābǔdùlā: Nǎli nǎli, hái chà de yuǎn ne.
Wáng Lì: Hēhe, hái xuéhuì shuō Zhōngguórén de qiānxūhuà le.
Ābǔdùlā: Ràng nín jiànxiào le. Wáng lǎoshī, zhèzhǒng bìng yào yòng kàngjūnyào zhìliáo ma?
Wáng Lì: Duì, kěyǐ gēnjù bìngrén de qíngkuàng xuǎnyòng kuínuòtónglèi yàowù, huáng'ànlèi yàowù, qīngdà méisù hé tóubāo jūnsù děng.
Ābǔdùlā: Zhè shì yìzhǒng chuánrǎnbìng, yào bu yào duì bìngrén jìnxíng gélí zhìliáo ne?
Wáng Lì: Dāngrán yào, nǐ qù tōngzhī hùshi ba.
Ābǔdùlā: Hǎo, wǒ mǎshàng qù.

3. Chéng duàn biǎodá (Ābǔdùlā duì bìngrén jiāshǔ Mǎ Fānglín shuō)

　　Mǎ āyí, gēnjù jiǎnchá jiéguǒ, nín zhàngfu dé de bú shì yìbān de shíwù zhòngdú, shì jíxìng xìjūnxìng lìji. Zhè shì yì zhǒng chuánrǎnbìng, zhǔyào shì tōngguò fènbiàn, shǒu hé kǒu chuánrǎn de. Nín zhàngfu fābìng qián yì tiān qùguo xiǎo fànguǎn chīfàn, kěnéng shì zài nàli chīle bèi lìji gǎnjūn wūrǎn de shíwù gǎnrǎn shang de. Rúguǒ shíwù bèi dàile lìji gǎnjūn de cāngying chīguo, wǒmen chī zhèxiē shíwù qián méiyǒu zài jiārè xiāodú, jiù kěnéng huì gǎnrǎn shang lìji. Xìjūnxìng lìji de qiánfúqī shì yìliǎng tiān. Xià-qiū róngyì dé jūnlì. Xiànzài shì xiàtiān, hěn duō rén dōu xǐhuan chī liángbàncài, bīngqílín, rúguǒ bú zhùyì wèishēng jiù róngyì dé lìji. Wǒmen zhǔnbèi duì nín zhàngfu jìnxíng gélí zhìliáo. Xiànzài qǐng nín bǎ shǒu fàngzài zhè pén xiāodúshuǐ li, liǎng fēnzhōng hòu zài yòng qīngshuǐ chōngxǐ gānjìng. Zài nín zhàngfu quányù yǐqián, nín jiēchùguo tā hòu dōu yào zhèyàng xǐshǒu. Jīntiān huíjiā hòu nín yě yào bǎ tā yòngguo de dōngxi, chuānguo de yīfu jìnxíng xiāodú. Kěyǐ yòng xiāodúshuǐ cā, yě kěyǐ bǎ dōngxi fàngzài kāishuǐ li zhǔ sānshí fēnzhōng.

Dì-Liù Kè

zhǐdǎo yīshēng— Zhāng Qín
shíxíshēng— Báiruìdì, Shānà
chuánrǎnkē bìngrén— Lǐ Chéng (nán, èrshíbā suì)
jiāshǔ— Wáng Huī (bìngrén de qīzi)

1. Huìhuà

Báiruìdì, Shānà: Zhāng lǎoshī, zǎoshang hǎo!

Zhāng Qín: Nǐmen hǎo!

Báiruìdì: Zhāng lǎoshī, shísì chuáng jīntiān zhuǎnlái yí wèi yǐgān bìngrén, zhè shì tā de bìnglì.

Zhāng Qín: Hǎo, wǒmen yìqǐ lái kànkan. Shānà, nǐ dú yíxiàr bìnglì.

Shānà: Yǐgān biǎomiàn kàngyuán yángxìng, biǎomiàn kàngtǐ yīnxìng, e kàngyuán yángxìng, e kàngtǐ yīnxìng, héxīn kàngtǐ yángxìng. Zǒng dǎnhóngsù èrshí diǎn liù, ALT sānbǎi yìshíqī, AST yìbǎi yīshíbā.

Báiruìdì: Cóng liǎngduìbàn de jiǎnchá jiéguǒ láikàn, zhè shì yí wèi dàsānyáng huànzhě ba?

Zhāng Qín: Shì, huànzhě ALT, AST míngxiǎn shēnggāo, gān gōngnéng yǐjīng chūxiàn yìcháng, shǔyú zhōngdù mànxìng gānyán, xūyào lìjí zhìliáo.

Shānà: Zhè zhǒng bìng shì bu shì bǐjiào nán zhì?

Zhāng Qín: Èn, shì bú tài hǎo zhì. Yìbān yào cǎiyòng zōnghéxìng de zhìliáo fāngfǎ.

Báiruìdì: Jiùshì shuō bù néng zhǐ yòng yì zhǒng zhìliáo fāngfǎ ma?

Zhāng Qín: Duì. Jì yào gǎishàn hé huīfù huànzhě de gān gōngnéng, tígāo jītǐ miǎnyìlì, yòu yào jìnxíng kàng bìngdú, kàng xiānwéihuà děng zhìliáo.

Shānà: Bìngrén xūyào zěnme pèihé ne?

Zhāng Qín: Xūyào zhùyì yǐnshí, duō xiūxi, háiyào bǎochí lèguān de xīntài.

2. Huìhuà

Shānà, Báiruìdì: Lǐ xiānsheng, nín hǎo.

Lǐ Chéng: Nǐmen hǎo, liǎng wèi dàifu, wǒ zhēnde déle yǐgān ma?

Shānà: Shì, nín déle yīxíng gānyán, xūyào zhùyuàn zhìliáo.

Lǐ Chéng: Shì dàsānyáng háishi xiǎosānyáng?

Báiruìdì: Shì dàsānyáng.

Lǐ Chéng: Á, nà zěnme bàn? Wǒ shì fàndiàn de chúshī, wǒ bù néng jìxù gōngzuò le.

Shānà: Zhè zhǒng bìng yǒu chuánrǎnxìng, suǒyǐ zài nín wánquán kāngfù zhīqián bù

	néng dāng chúshī le.
Báiruìdì:	Nín zhè duàn shíjiān gǎnjué shēntǐ yǒu shénme bù shūfu ma?
Lǐ Chéng:	Yě méiyǒu shénme tèshū de gǎnjué, jiùshì yǒushí huì gǎndào fálì, tóuyūn, shíyù bú shì hěn qiáng, gān zhèli yǒuxiē yǐnyǐn de téngtòng.
Shānà:	Zhèxiē dōu shì mànxìng gānyán de zhèngzhuàng, nín yīnggāi zǎodiǎnr dào yīyuàn lái jiǎnchá de.
Lǐ Chéng:	Ài, wǒ yǐwéi zhèxiē gǎnjué shì yīnwèi gōngzuò tài láolèi le, nǎli zhīdao shì déle yǐgān a?
Báiruìdì:	Nín xiān bié zháojí, bǎochí lèguān de qíngxù hé liánghǎo de xīntài duì zhìliáo zhèzhǒng bìng fēicháng zhòngyào.
Shānà:	Shì a, zhǐyào nín jījí pèihé zhìliáo, háishi kěyǐ kòngzhì bìngqíng, bǐjiào kuài huīfù jiànkāng de.
Lǐ Chéng:	Hǎo, dàifu, wǒ yídìng pèihé!

3. Chéng duàn biǎodá (Báiruìdì duì bìngrén jiāshǔ Wáng Huī shuō)

  Lǐ tàitai, jīngguò zhè yí duàn shíjiān de zhìliáo, nín zhàngfu de bìngqíng xiànzài yǐjīng dédào kòngzhì, gān gōngnéng hé qítā gè xiàng zhǐbiāo dōu zài zhúbù huīfù zhèngcháng, míngtiān jiù kěyǐ chūyuàn le. Dànshì tā shēntǐ lǐmian de bìngdú hái méiyǒu bèi wánquán qīngchú, xiànzài hái bùnéng xiàng yǐqián yíyàng dào fàndiàn dāng chúshī, yě bùnéng zuò qítā gēn shípǐn jiāgōng, yǐnshí fúwù yǒuguān de gōngzuò. Huíqù yǐhòu nín chúle yào tíxǐng tā ànshí chīyào zhīwài, hái yào ràng tā duō xiūxi, zhùyì bú yào láolèi. Kěyǐ ràng tā shìdàng chī yìxiē gāodànbái, gāowéishēngsù hé yì xiāohuà de shíwù, bǐrú niúnǎi, jīdàn, yú, shòuròu, dòuzhìpǐn děng, zhèxiē shíwù yǒulìyú gānzàng de xiūfù. Dàn qiānwàn bié chī tài yóunì de shíwù, yóunì de shíwù róngyì yǐnqǐ zhīfánggān. Lìngwài yídìng yào jìnjiǔ, hán jiǔjīng de yǐnliào yě bú yào hē. Rúguǒ shēngbìng yào chīyào, zuìhǎo bǎ tā de qíngkuàng gàosu yīshēng, chīyào qián hái yào zhùyì kàn qīngchu shuōmíngshū, bùnéng chī sǔnhài gānzàng de yàowù. Zhìliáo gānyán yào huā bǐjiào cháng de shíjiān, nín yào duō gǔlì tā, ràng tā duì zhìliáo yǒu nàixīn hé xìnxīn, liánghǎo de xīntài duì gānyán huànzhě de huīfù shì fēicháng zhòngyào de.

Dì-qī Kè

zhǐdǎo yīshēng— Qián Háo
shíxíshēng— Ābǔdùlā, Báiruìdì
chuánrǎnkē bìngrén— Miáo Hóng (nǚ, èrshíyī suì)
bìngrén jiāshǔ— Miáo Dàgāng (bìngrén de fùqin)

1. Huìhuà

Ābǔdùlā: Qián lǎoshī, liù chuáng zuótiān zhuǎnlái yí wèi bìngrén, ménzhěn huáiyí shì fèijiéhé.

Qián Háo: Ò, nǐmen xiān niànnian tā de bìnglì.

Ābǔdùlā: Miáo Hóng, nǚ, èrshíyī suì. Chíxù késou yí ge duō yuè, yǒu shǎoliàng kǎxiě, bìng bànyǒu fāshāo, dàohàn děng zhèngzhuàng.

Báiruìdì: Bìngrén xiōngbù yǒu zhēncìyàng téngtòng, késou shí téngtòng jiāzhòng. Jiānbù hé shàngfùbù yě yǒu téngtòng.

Qián Háo: Xiōngbù téngtòng shì yánzhèng yǐnqǐ de, jiānbù hé shàngfùbù de téngtòng shì yóuyú géxiōngmó shòudàole cìji. Xiōngbù X guāngpiàn chūlai le méiyǒu?

Ābǔdùlā: Chūlai le. Xiōngpiàn xiǎnshì fèibù jìnrùnxìng gǎibiàn.

Qián Háo: Yǒu méiyǒu zuò tán túpiàn jiǎnchá?

Báiruìdì: Zuò le. Tán túpiàn jiǎnchá de jiéguǒ shì yángxìng.

Ābǔdùlā: Hái yào bu yào zuò tán jiéhéjūn péiyǎng?

Qián Háo: Tán jiéhéjūn péiyǎng yào liù dào bā zhōu, zànshí xiān bú zuò. Bìngrén yǒu méiyǒu tóutòng huòzhě shénzhì gǎibiàn de qíngkuàng?

Báiruìdì: Méiyǒu. Qián lǎoshī, ménzhěn de zhěnduàn shì fèijiéhé, duì ma?

Qián Háo: Èn, ménzhěn de zhěnduàn shì duì de.

Ābǔdùlā: Zhè zhǒng bìng shì bu shì huì chuánrǎn de?

Qián Háo: Duì, nǐmen xiànzài xiān qù bǎ yào zhùyì de shì gàosu bìngrén hé jiāshǔ, yǐmiǎn jiāshǔ bèi chuánrǎn.

Báiruìdì, Ābǔdùlā: Hǎo.

2. Huìhuà

Báiruìdì: Miáo xiǎojiě, nín hǎo.

Miáo Hóng: Dàifu, nín hǎo. Jísǐ wǒ le, wǒ dé de shì shénme bìng a?

Báiruìdì: Nín déle jíxìng fèijiéhé.

Miáo Hóng: Á? Fèijiéhé a. Shì bu shì jiùshì láobìng?

Báiruìdì: Shì, yǐqián shì zhème jiào de.

Miáo Hóng:	Nà zěnme bàn? Tīngshuō zhè ge bìng huì chuánrǎn, shì zhēnde ma?
Báiruìdì:	Duì. Suǒyǐ wǒmen yào bǎ nín ānpái dào lóushàng de gélí bìngfáng, píngshí nín jǐnliàng bú yào chūqu.
Miáo Hóng:	Ò. Nà wǒ bàba māma néng bu néng lái kàn wǒ?
Báiruìdì:	Kěyǐ, búguò nǐmen dōu yào dàishang kǒuzhào.
Miáo Hóng:	Wǒmen hái yào zhùyì shénme ne?
Báiruìdì:	Nín bú yào suídì tǔtán, tán kěyǐ tǔzài miànjīnzhǐ shang huòzhě shì tányú li.
Miáo Hóng:	Hǎo, wǒ huì zhùyì de. Zhè ge bìng nán zhì ma?
Báiruìdì:	Yǐqián shì bǐjiào nán zhì de, xiànzài zhǐyào jiānchí zhèngguī de zhìliáo, yìbān dōu néng zhìhǎo.
Miáo Hóng:	Ò, nà wǒ jiù fàngxīn le.
Báiruìdì:	Búguò zhìhǎo chūyuàn yǐhòu, yě yào chángqī chīyào, hái yào dìngqī lái jiǎnchá. Dào shíhou wǒmen huì xiángxì gàosu nín de.
Miáo Hóng:	Hǎo, xièxie yīshēng.

3. Chéng duàn biǎodá (Báiruìdì duì bìngrén jiāshǔ shuō)

Miáo shūshu, nín nǚ'ér dé de shì jíxìng fèijiéhé, wǒmen mǎshàng bǎ tā zhuǎndào lóushàng de gélí bìngfáng. Nín búbì tài jǐnzhāng, xiànzài fèijiéhé yǐjīng yǒu tèxiào yàowù zhìliáo, búzài xiàng guòqù nàme nán zhì le. Zhǐyào bìngrén qíngxù lèguān, jījí pèihé yīshēng zhìliáo, jiānchí ànshí ànliàng fúyào, wánchéng guīdìng de liáochéng, yìbān dōu kěyǐ bǐjiào kuài zhìhǎo de. Fèijiéhé shì yì zhǒng chuánrǎnbìng, zhǔyào tōngguò fēimò chuánrǎn. Suǒyǐ, nǐmen jiāshǔ kàn bìngrén shí yào zhùyì dài kǒuzhào, gēn bìngrén shuōhuà shí jùlí bú yào tài jìn, jǐnliàng bú yào miàn duì miàn de hé bìngrén shuōhuà, yǐmiǎn bèi chuánrǎn. Huíjiā hòu yào bǎ bìngrén zài jiālǐ yòngguo de bèirù, yīfu děng xǐ gānjìng bìng nádào yángguāng xià bàoshài, bìngrén yòngguo de wǎnkuài yě yào fàngzài shuǐzhōng zhǔfèi wǔ fēnzhōng yǐshàng xiāodú. Nín nǚ'ér dé zhè ge bìng hòu shēntǐ bǐjiào xūruò, zài yǐnshí fāngmiàn yào zhùyì jiāqiáng yíngyǎng, rǔlèi, dànlèi, yúlèi, ròulèi, dòulèi dōu kěyǐ chī, hái kěyǐ duō chī xīnxiān de shūcài hé shuǐguǒ. Bìngrén chūyuàn yǐhòu, yào zhùyì gēnjù tiānqì de biànhuà jíshí zēngjiǎn yīfu, fánghán bǎonuǎn; hái yào jìnxíng shìliàng de yùndòng, bǐrú dǎdǎ tàijíquán děng, zēngqiáng tǐzhì hé shēntǐ de dǐkànglì.

Dì-bā Kè

zhǐdǎo yīshēng— Xǔ Xián
shíxíshēng— Kǎqí, Shānà, Báiruìdì
ěrbíhóukē èr chuáng bìngrén— Tián Jiāng (nán, sānshíwǔ suì)
bìngrén jiāshǔ— Lǐ Běn (Tián Jiāng de qīzi, sānshíwǔ suì)

1. Huìhuà (zài yīshēng bàngōngshì)

Kǎqí: Xǔ lǎoshī, èr chuáng de jiǎnchá bàogào chūlai le, gēn nín de chūbù zhěnduàn yíyàng, shì bíyān'ái.

Shānà: Tā shuō tā de bàba shì dé bíyān'ái sǐ de, xiànzài tā yě déle bíyān'ái, fēicháng hàipà.

Báiruìdì: Xǔ lǎoshī, bíyān'ái yǒu méiyǒu jiāzúshǐ?

Xǔ Xián: Zài Guǎngdōng zhèyàng de bíyān'ái gāofā dìqū, 10% de bíyān'ái huànzhě yǒu áizhèng jiāzúshǐ, qízhōng yòu yǒu dàgài yíbàn shì bíyān'ái, érqiě dàduōshù shì zhíxì qīnshǔ.

Shānà: Xǔ lǎoshī, bíyān'ái de zhìyùlǜ gāo bu gāo?

Xǔ Xián: Bíyān'ái zài áizhèng zhōng de zhìyùlǜ shì zuì gāo de, zǎoqī dehuà yùhòu bǐjiào hǎo. Duì le, nǐmen shuōshuo bíyān'ái zǎoqī dōu yǒu nǎxiē zhèngzhuàng ba.

Báiruìdì: Huànzhě yìbān huì yǒu línbājié zhǒngdà, piāntóutòng, bítì zhōng yǒu xuèsī, bísāi, ěrmíng, shìlì xiàjiàng děng zhèngzhuàng.

Kǎqí: Yǒuxiē bìngrén huì chūxiàn miànbù mámù de zhèngzhuàng, shǎoshù nǚxìng huànzhě huì tíngzhǐ lái yuèjīng.

Xǔ Xián: Shuōde hěn hǎo. Wǒ zài bǔchōng yíxiàr: yǒuxiē huànzhě méiyǒu míngxiǎn de zhèngzhuàng, suǒyǐ róngyì wùzhěn.

Shānà: Hǎo zài èr chuáng de zhèngzhuàng bǐjiào míngxiǎn, nénggòu zǎoqī fāxiàn.

2. Huìhuà (zài bìngfáng)

Tián Jiāng: Āiyō, āiyō! Wǒ de tóu hěn tòng a!

Lǐ Běn: Yīshēng, nín kàn, tā yòu liú bítì le, bítì lǐmian hái yǒu xuèsī ne, zěnme bàn a?

Kǎqí: Bié dānxīn, xuèsī bù duō, tā de bìng bú tài yánzhòng.

Lǐ Běn: Yǐqián tā bàba dé bíyān'ái zǒu le, xiànzài tā shì bu shì yě déle bíyān'ái?

Xǔ Xián: Nǐmen bié zháojí, Tián xiānsheng suīrán quèzhěn déle bíyān'ái, búguò háishi zǎoqī, zhìhǎo de xīwàng bǐjiào dà.

Báiruìdì: Shì a, bíyān'ái zài áizhèng zhōng de zhìyùlǜ shì zuì gāo de.

Lǐ Běn: Nà tài hǎo le! Yīshēng, nǐmen yídìng yào jiùjiu tā a! Yàoshì tā yǒu ge sāncháng-liǎngduǎn, wǒ hé háizi kě zěnme bàn a!

Xǔ Xián: Nín fàngxīn, wǒmen yídìng huì hǎohāor zhìliáo de. Míngtiān jiù ānpái fàngliáo.

Lǐ Běn: Wǒmen tīng yīshēng de.

Shānà: Fàngliáo de shíhou shēntǐ huì yǒu yìxiē bùliáng fǎnyìng, bǐrú fálì, tóuyūn, ěxīn, ǒutù, kǒu zhōng wúwèi huò biànwèi, shíyù chà, shīmián huò shìshuì.

Báiruìdì: Hái huì yǒu yānhóu tòng, kǒugān, kǒuqiāng kuìyáng děng zhèngzhuàng.

Xǔ Xián: Měi ge huànzhě fàngliáo fǎnyìng de chéngdù bù tóng, dàn yìbān dōu néng rěnshòu.

Lǐ Běn: Wǒmen yídìng jījí pèihé zhìliáo.

3. Chéng duàn biǎodá (Tián Jiāng jiēshòu le 8 zhōu de fàngliáo zhī hòu, Báiruìdì duì Lǐ Běn, Tián Jiāng shuō)

Tián xiānsheng, Tián tàitai, jīngguò liǎng ge liáochéng de fàngliáo, Tián xiānsheng tǐnèi de ái xìbāo dédào le yǒuxiào de kòngzhì, hěn kuài jiù kěyǐ chūyuàn le. Yǐqián wǒmen shuōguo, bíyān'ái zài áizhèng zhōng de zhìyùlǜ shì zuì gāo de, nǐmen kàn, Tián xiānsheng de bìng bú shì kuài zhìhǎo le ma? Suǒyǐ nǐmen yídìng yào lèguān, yào yǒu xìnxīn. Chūyuàn hòu yào jìzhù dìngqī huí yīyuàn jìxù jiēshòu fàngliáo, gǒnggù liáoxiào. Tián tàitai, nín yào zhàogù hǎo Tián xiānsheng de yǐnshí. Tā píngshí yào shǎo chī huò bù chī xiányú, yānròu děng yānzhì shípǐn, yīnwèi yānzhì shípǐn hán zhì'ái wùzhì; yào duō chī shūcài, shuǐguǒ děng hán wéishēngsù duō de shíwù hé shòuròu, jīdàn, yú děng gāodànbái shíwù. Tián xiānsheng, nín yào jièyān jièjiǔ le. Lìngwài, hái yào jiānchí měi tiān dī bí èr zhì sān cì, bǎochí bíqiāng qīngjié; bú yào yònglì wā bízi, fángzhǐ chūxuè. Jìn kěnéng shǎo qù kōngqì bù hǎo de dìfang, jiāli yào zhùyì bǎochí kōngqì xīnxiān. Měi tiān jiānchí zuò bǎ kǒu zhāngdào zuì dà de yùndòng yìbǎi cì. Yào duō xiūxi shǎo gànhuó, tèbié shì bù néng gàn zhònghuó, bù néng láolèi. Zuì zhòngyào de háishi yào bǎochí yúkuài de xīnqíng, lèguān de qíngxù, měi tiān dōu yào gāogāoxìngxìng de qǐchuáng, gāogāoxìngxìng de shuìjiào, gāogāoxìngxìng de zuò měi yí jiàn shì.

# Dì-jiǔ Kè

zhǐdǎo yīshēng— Wáng Chéng
shíxíshēng— Kǎqí
yǎnkē liùchuáng bìngrén— Liú Yīngméi (nǚ, qíshí'èr suì)
bìngrén jiāshǔ— Lǐ Jiāng (Liú Yīngméi de érzi)

1. Huìhuà (zài bìngfáng)

Lǐ Jiāng: Yīshēng, nín hǎo! Wǒ māma de jiǎnchá jiéguǒ chūlai le ma?

Kǎqí: Hái méiyǒu quánbù chūlai.

Liú Yīngméi: Yīshēng, wǒ de yǎnjing dàodǐ zěnme le? Huì bu huì xiā a?

Kǎqí: Lǎorénjia, nín bié zháojí, wǒmen huì wèi nín hǎohāor zhìliáo de.

Lǐ Jiāng: Ài, wǒ māma xiànzài jīhū shénme dōu kànbujiàn le.

Kǎqí: Shìlì shì cóng shénme shíhou kāishǐ xiàjiàng de?

Liú Yīngméi: Dàgài èr sān shí nián qián ba. Gāng kāishǐ zhǐshì gǎnjué kàn dōngxi méi yǐqián qīngchu, wǒ xiǎng lǎohuā kěnéng jiùshì zhèyàng, jiù méi guǎn tā.

Lǐ Jiāng: Jiùshì, nà shíhou wǒ hái ānwèi māma shuō shuí dōu huì lǎohuā, jiào tā bié dānxīn ne. Méi xiǎngdào yuèláiyuè chà, xiànzài dōu kuài xiā le.

Kǎqí: Yǎnjing tòng ma?

Liú Yīngméi: Bú tòng.

Kǎqí: Pà bu pà guāng?

Liú Yīngméi: Bú pà.

Kǎqí: Píngshí huì bu huì liú yǎnlèi?

Liú Yīngméi: Yě méiyǒu a. Zhǐshì juédé yǎnjing yuèláiyuè kànbuqīng dōngxi le.

Lǐ Jiāng: Yàoshì tā píngshí gǎnjué bù shūfu, wǒ zǎojiù dài tā lái yīyuàn kàn le.

Kǎqí: Èn. Děng jiǎnchá jiéguǒ quánbù chūlai le, wǒmen zài juédìng zhìliáo fāngfǎ ba.

2. Huìhuà (zài yīshēng bàngōngshì)

Kǎqí: Wáng lǎoshī, wǒ liǎojiě guo liù chuáng bìngrén de qíngkuàng, juéde tā shǔyú diǎnxíng de shuāngyǎn lǎoniánxìng báinèizhàng, érqiě shì chéngshúqī le.

Wáng Chéng: Nǐ de zhěnduàn gēnjù shì shénme?

Kǎqí: Bìngrén zhǔsù shuāngyǎn shìlì zhújiàn xiàjiàng dàgài èr-sān shí nián, bú tòng, búpà guāng, yě méiyǒu liúlèi zhèngzhuàng, kěshì shìlì yuèláiyuè chà, xiànzài jīhū shénme dōu kànbujiàn le.

Wáng Chéng: Jiǎnchá jiéguǒ chūlai le ma?

Kǎqí: Chūlai le. Shìlì jiǎnchá shuāngyǎn shìlì zhǐnéng kànjiàn zài yǎnqián de shǒudòngyǐng, guāng-dìngwèi zhèngcháng, méiyǒu hóng-lǜ sèmáng.

Wāng Chéng: Zuòle lièxìdēng jiǎnchá méiyǒu?

Kǎqí: Zuòle, jiǎnchá fāxiàn shuāngyǎn jīngtǐ quán hùnzhuó, jīngtǐ hé hēihèsè, wéi jǐ yìng hé, kànbujiàn yǎndǐ.

Wāng Chéng: Yǎnbù B-chāo de jiéguǒ ne?

Kǎqí: Yě zhěnduàn wéi báinèizhàng.

Wāng Chéng: Quánshēn jiǎnchá yǒu méiyǒu fāxiàn qítā tèshū qíngkuàng?

Kǎqí: Méiyǒu, dōu tǐng zhèngcháng de.

Wāng Chéng: Èn. Nǐ de zhěnduàn shì duì de. Nǐ juéde zhèzhǒng qíngkuàng yīnggāi zěnme zhìliáo?

Kǎqí: Wǒ rènwéi shǒushù zhìliáo zuì héshì.

Wāng Chéng: Shuōde duì. Bìngrén suīrán niánjì bǐjiào dà, dàn shēntǐ zhuàngkuàng hái búcuò, kěyǐ shǒushù zhìliáo. Nǐ qù gēn bìngrén hé jiāshǔ shāngliang zuò shǒushù de shìqing ba.

Kǎqí: Hǎo.

3. Chéng duàn biǎodá (Kǎqí duì Liú Yīngméi hé Lǐ Jiāng shuō)

Liú nǎinai, Lǐ bóbo, gēnjù nǐmen shuōde zhèngzhuàng hé jiǎnchá jiéguǒ, Wāng yīshēng zhěnduàn Liú nǎinai huànle lǎoniánxìng báinèizhàng, báinèizhàng yǐjīng dàole chéngshúqī. Duì zhèzhǒng qíngkuàng zuì yǒuxiào de zhìliáo fāngfǎ shì zuò shǒushù. Wǒmen dǎsuan xiān gěi Liú nǎinai zuò yòuyǎn nángwài zhāichúshù hé réngōng jīngtǐ zhírùshù, děng yòuyǎn shìlì huīfù hòu zài xuǎnzé héshì de jīhuì zuò zuǒyǎn nángwài zhāichúshù hé réngōng jīngtǐ zhírùshù. Liú nǎinai de shēntǐ hěn jiànkāng, shēntǐ jiǎnchá méiyǒu fāxiàn gāoxuèyā, gāoxuètáng, gāoxuèzhī děng lǎoniánrén de chángjiànbìng, zuò zhè ge shǒushù méi wèntí. Yí cì shǒushù dàgài qī-bā fēnzhōng. Shǒushù hòu bú yào chángqī píngwò xiūxi, bànwòwèi bǐjiào hǎo. Shǒushù hòu de qián jǐ tiān yào pèidài yǎnzhào, kěyǐ shìdàng xiàchuáng huódòng, huódòng shí zhùyì bǎohù hǎo yǎnjing, gēn xiǎo sūnzi bú yào wánrde tài lìhai, yǐmiǎn wùshāng yǎnqiú. Yǐnshí fāngmian méiyǒu tèbié de jìnjì, kěyǐ duō chī shuǐguǒ hé shūcài, bǎochí dàbiàn tōngchàng. Lìngwài, yào ànzhào yīzhǔ fúyào hé diǎn yǎnyàoshuǐ, dìngqī huí yǎnkē ménzhěn fùchá. Yìbān láishuō shǒushù hòu shìlì hěn kuài jiù néng gǎishàn. Rúguǒ yǒu shìlì tūrán jiàngdī, yǎnjing téngtòng huòzhě yǎnjing shòudào yìwài shānghài děng qíngkuàng fāshēng, jiù yào mǎshàng lái yīyuàn jiǎnchá hé zhìliáo.

Dì-shí Kè

zhǐdǎo yīshēng— Lǐ Dōngyún (nǚ, sìshí suì)
shíxíshēng— Kǎqí
yǎnkē liù chuáng bìngrén— Tián Qīng (nán, sìshíwǔ suì)
bìngrén jiāshǔ— Xiè Yīng (Tián Qīng de qīzi)

1. Huìhuà (zài yīshēng bàngōngshì)

Lǐ Dōngyún: Kǎqí, liù chuáng jīguāng zhìliáo de xiàoguǒ zěnmeyàng?
Kǎqí: Wǒ gāngcái qù kànguo tā le, xiàoguǒ bù hǎo, háishi bù néng kòngzhì yǎnyā.
Lǐ Dōngyún: Yàowù hé jīguāng zhìliáo dōu bù néng kòngzhì bìngqíng, kànlái jiù zhǐnéng kǎolǜ shǒushù zhìliáo le.
Kǎqí: Zuòle shǒushù shì bu shì jiù kěyǐ chèdǐ zhìyù le?
Lǐ Dōngyún: Qīngguāngyǎn duì shìlì de sǔnhài shì bù kěnì de, suǒyǐ shǒushù yě bù néng chèdǐ zhìyù, dàn kěyǐ kòngzhì bìngqíng.
Kǎqí: Nà wèi huànzhě hǎoxiàng hěn pà zuò shǒushù ne.
Lǐ Dōngyún: Xiàng tā xiànzài zhèyàng de qíngkuàng, rúguǒ bù jíshí shǒushù dehuà, huì dǎozhì shīmíng de. Nǐ děng yíhuìr qù gēn tā jiěshì qīngchu ba.
Kǎqí: Hǎo. Lǐ lǎoshī, liù chuáng shǔyú nǎ zhǒng lèixíng de qīngguāngyǎn?
Lǐ Dōngyún: Shì kāijiǎoxíng qīngguāngyǎn.
Kǎqí: À, wǒ jìdé nín shuōguo zhè zhǒng lèixíng de qīngguāngyǎn huànzhě bìngqíng fāzhǎn huǎnmàn, zǎoqī huànzhě méiyǒu shénme zhèngzhuàng, děngdào huànzhě yǒu zhèngzhuàng de shíhou, yìbān dōu yǐjīng shì wǎnqī le.
Lǐ Dōngyún: Búcuò, kànlái nǐ shíxí de shíhou tǐng yòngxīn de.
Kǎqí: Yǐhòu wǒ xiǎng dāng ge hǎo dàifu, bú yòngxīn bùxíng a.

2. Huìhuà (zài bìngfáng)

Xiè Yīng: Yīshēng, wǒ xiānsheng de yǎnjing zěnme zuòle jīguāng háishi méi hǎo ne?
Kǎqí: Qīngguāngyǎn fāzhǎn dào wǎnqī, yàowù zhìliáo hé jīguāng zhìliáo bù yídìng yǒuyòng. Lǐ yīshēng shuō nín xiānsheng de zuǒyǎn xūyào zuò shǒushù, érqiě shì yuè zǎo yuè hǎo.
Tián Qīng: Á? Yídìng yào zuò shǒushù ma?
Kǎqí: Yīnwèi yàowù hé jīguāng zhìliáo de xiàoguǒ bù lǐxiǎng, bù jǐnkuài zuò shǒushù dehuà kěnéng huì shīmíng.
Xiè Yīng: Á? Shīmíng? Nà zuò shǒushù yídìng néng zhìhǎo ma?
Kǎqí: Qīngguāngyǎn bù róngyì zhìyù, dàn shǒushù kěyǐ kòngzhì bìngqíng de fāzhǎn.

Tián Qīng: Zài yǎnjing shang zuò shǒushù tài kěpà le!

Kǎqí: Nín bú yòng dānxīn, shǒushù qián wǒmen huì gěi nín zuò júbù mázuì, zuò shǒushù de shíhou yǎnjing bú huì téng de. Rúguǒ bú zuò shǒushù dǎozhì shīmíng, nà búshì gèng kěpà ma?

Xiè Yīng: Nà shì, nà shì. Nǐ háishi tīng yīshēng de huà ba.

Tián Qīng: Tīngshuō yì zhī yǎnjing huànle qīngguāngyǎn, lìng yì zhī yǎnjing yě róngyì huàn de, shì ma?

Kǎqí: Duì, lìng yì zhī yǎnjing zài wǔ nián nèi fāzuò de kěnéngxìng dàgài shì bǎifēnzhī qīshí.

Tián Qīng: Á? Nà yǒu bànfǎ yùfáng ma?

Kǎqí: Yǒu. Děng nín de zuǒyǎn huīfù yǐhòu, jiànyì nín de yòuyǎn yě jiēshòu yùfángxìng shǒushù.

Xiè Yīng: Ò, yǒu bànfǎ yùfáng jiù hǎo.

3. Chéng duàn biǎodá (Kǎqí duì Tián Qīng hé Xiè Yīng shuō)

Tián xiānsheng, nín de shǒushù hěn chénggōng. Búguò, shǒushù hòu yǎnjing bìxū jiāqiáng hùlǐ, fǒuzé kěnéng dǎozhì bìngqíng fǎnfù. Nǐmen yào zhùyì guānchá shǒushù hòu téngtòng de qíngkuàng. Shǒushù hòu èrshísì xiǎoshí nèi shāngkǒu téngtòng shǔyú zhèngcháng xiànxiàng, kěyǐ kǒufú huòzhě jīzhù yìbān zhǐtòngjì. Rúguǒ yòngle zhǐtòngjì hòu háishi hěn téng huòzhě shǒushù hòu liǎng-sān tiān yòu chūxiàn jùliè de téngtòng, yào jíshí xiàng yīshēng bàogào. Shǒushù hòu qián liǎng tiān xūyào bāozā shuāngyǎn, wòchuáng xiūxi, zhè duàn shíjiān yào jiǎnshǎo huódòng, tèbié shì yào bìmiǎn tóubù guòduō huódòng. Rúguǒ yǒu késou, kétán yě yào jíshí gàosu yīshēng, yīnwèi késou huòzhě jùliè huódòng huì qiānlā shāngkǒu, dǎozhì shāngkǒu chūxuè, yǐngxiǎng yùhé. Yǐnshí fāngmiàn, yào chī qīngdàn, yíngyǎng fēngfù, róngyì xiāohuà de shíwù, bǎochí dàbiàn tōngchàng. Bù néng chī cìjīxìng shíwù, yě bù néng xīyān, hējiǔ, hē kāfēi hé nóngchá děng. Chūyuàn yǐhòu yào zhùyì bǎochí chōngzú de shuìmián, bù néng tài láolèi, yào shǎo kànshū, diànshì, diànnǎo, duō ràng yǎnjing xiūxi. Hēshuǐ yào shǎo liàng duōcì, qiānwàn bú yào yí cì hē tàiduō, yǐmiǎn duì yǎnyā chǎnshēng bùliáng yǐngxiǎng. Shìnèi de guāngxiàn yào róuhé, bù néng tài qiáng, yě bù néng tài àn. Píngshí yào jiānchí cóng yǎnqiú xiàmian xiàng shàng qīngqīng de ànmó yǎnqiú, měi cì yī zhī sān fēnzhōng, měi tiān sān-sì cì. Hái yào àn yīzhǔ dìngshí dī yǎnyàoshuǐ, dìngqí dào ménzhěn fùchá. Rúguǒ chūxiàn yǎntòng, yǎnzhàng, yào jíshí lái yīyuàn fùzhěn.

Dì-shíyī Kè

zhǐdǎo yīshēng— Lǐ Dōngyún (nǚ, sìshí suì)
shíxíshēng— Kǎqí, Báiruìdì
yǎnkē sān chuáng bìngrén— Wáng Hǎipíng (nán, sānshíliù suì)
bìngrén jiāshǔ— Lǐ Méi (Wáng Hǎipíng de qīzi)

1. Huìhuà (zài yīshēng bàngōngshì)

Kǎqí: Lǐ lǎoshī, sān chuáng yǐjīng shīmíng le, tā hái zhème niánqīng, zhēn shì tài yíhàn le!

Lǐ Dōngyún: Shì a! Yǎnjing shì hěn róngyì shòudào shānghài de, suǒyǐ yǒu búshì de zhèngzhuàng yídìng yào jíshí zhìliáo. Tèbié shì yǎnjiǎomó, rúguǒ shòudào sǔnshāng, jiù kěnéng dǎozhì shīmíng.

Kǎqí: Sān chuáng dāngchū jiémó gǎnrǎn de shíhou, rúguǒ jíshí dào yīyuàn zhìliáo jiù bú huì yǒu zhème yánzhòng de hòuguǒ ba?

Lǐ Dōngyún: Duì. Tā tài dàyì le, zěnme néng yīnwèi gōngzuò máng jiù yìzhí tuōzhe bú dào yīyuàn lái zhìliáo ne!

Kǎqí: Xiàng tā zhè zhǒng qíngkuàng, hái yǒu bànfǎ huīfù shìlì ma?

Lǐ Dōngyún: Yǎnjiǎomó shòusǔn dǎozhì de shīmíng, yào xiǎng huīfù shìlì, wéiyī de bànfǎ jiùshì jìnxíng jiǎomó yízhí shǒushù.

Kǎqí: Búguò, yīyuàn xiànzài méiyǒu kěyǐ jìnxíng yízhí de jiǎomó le, zěnme bàn?

Lǐ Dōngyún: Zhǐnéng děng le. Nǐ qù gēn bìngrén hé jiāshǔ jiǎng qīngchu zhèzhǒng qíngkuàng, ràng tāmen xiān huíjiā děngdài.

Kǎqí: Shì bu shì hái yào gàosu tāmen yì jiēdào wǒmen yǒu jiǎomó de tōngzhī jiù yào mǎshàng lái yīyuàn zuò shǒushù?

Lǐ Dōngyún: Duì. Yīnwèi jiǎomó yízhí shǒushù bìxū zài juānzèngzhě sǐhòu shí'èr ge xiǎoshí nèi jìnxíng.

Kǎqí: Èn, hǎo, wǒ zhè jiù qù gàosu tāmen.

2. Huìhuà (yí ge yuè hòu, Wáng Hǎipíng zuòle jiǎomó yízhí shǒushù, zài bìngfáng)

Lǐ Méi: Kǎqí yīshēng, wǒ xiānsheng shénme shíhou kěyǐ chūyuàn a?

Kǎqí: Yì-liǎng zhōu hòu ba. Yào kàn tā de huīfù qíngkuàng.

Lǐ Méi: Nà shénme shíhou chāixiàn?

Kǎqí: Xiànzài hái bù hǎo shuō. Chūyuàn hòu měi zhōu fùchá yí cì, yí ge yuè hòu měi ge yuè fùchá yí cì, yīshēng huì gēnjù fùchá de qíngkuàng gàosu nǐmen chāixiàn de shíjiān.

Lǐ Méi: Chāixiàn hòu hái yào fùchá ma?

Kǎqí: Shì, chāixiàn hòu měi sān ge yuè fùchá yí cì.

Lǐ Méi: Tīngshuō yǒu de rén zuòle qìguān yízhí hòu huì yǒu páichì fǎnyìng, shìbushì zhēnde?

Kǎqí:	Èn. Shǒushù hòu jǐ ge yuè shènzhì jǐ nián nèi dōu yǒu kěnéng fāshēng páichì fǎnyìng.
Lǐ Méi:	Á? Nà zěnme zhīdao shì bu shì páichì fǎnyìng a?
Kǎqí:	Rúguǒ bìngrén yǎnhóng, yǎntòng, shìlì tūrán xiàjiàng, yào lìjí dào yīyuàn jiǎnchá.
Lǐ Méi:	Ò. Chūyuàn yǐhòu hái yào chīyào, diǎn yǎnyàoshuǐ ma?
Kǎqí:	Yào. Yòngyào de shíjiān, fāngfǎ hé jìliàng yídìng yào yángé ànzhào yīzhǔ, bùnéng suíyì jiājiǎn huòzhě tíngyào.
Lǐ Méi:	Ò. Wǒ jìzhù le. Shēnghuó shang hái yào zhùyì shénme?
Kǎqí:	Yào yùfáng gǎnmào. Duō xiūxi, bú yào tài láolèi. Bú yào yòng shǒu róu yǎnjing, yě bú yào qù yóuyǒng. Wàichū yào dài fánghù yǎnjìng.
Lǐ Méi:	Nǐ de tàidù zhēn hǎo, xièxie nǐ!
Kǎqí:	Bú kèqi, zhè shì wǒ yīnggāi zuò de.

3. Chéng duàn biǎodá (Kǎqí duì Báiruìdì shuō)

Báiruìdì, shàng ge yuè wǒ gēn nǐ shuōguo de nà wèi bìngrén, jīntiān zhōngyú děngdào le jiǎomó, zuòle jiǎomó yízhí shǒushù le. Lǐ lǎoshī shuō shǒushù zuòde fēicháng chénggōng, kàndào bìngrén hé jiāshǔ nàme gāoxìng, wǒ yě wèi tāmen gāoxìng a! Búguò Lǐ lǎoshī shuō, shǒushù chénggōng hái bùnéng bǎozhèng yìzhí chénggōng, yīnwèi shùhòu de chùlǐ hé zìwǒ bǎojiàn duì jiǎomó yízhí de chénggōng yě fēicháng zhòngyào. Miǎnyì páichì fǎnyìng wèntí shì dǎozhì shùhòu shībài de zhǔyào yuányīn. Yìbān lái shuō, shǒushù hòu bìngrén hái xūyào yòng pízhì lèigùchún yǎnyàoshuǐ huòzhě huánbāo méisù A sān ge yuè, yòng tángpízhìjīsù děng miǎnyì yìzhì yàowù yí ge yuè. Zhèxiē yào de fù zuòyòng bǐjiào duō, suǒyǐ bìngrén yídìng yào yángé ànzhào yīzhǔ lái yòngyào. Yǐqián yǒu gèbié bìngrén, shùhòu bú ànzhào yīzhǔ yòngyào, suíyì jiǎnyào tíngyào, zuìhòu dǎozhì yízhí shībài, yòu yào chóngxīn děng jiǎomó lái yízhí. Duō huāle qián háiyào duō shòu bìngtòng de zhémó, zhēnshì huábulái a! Suǒyǐ zhè cì wǒ tèbié tíxǐng bìngrén hé jiāshǔ, yídìng yào ànzhào yīzhǔ lái yòngyào. Wǒ hái gēn tāmen shuōmíngle chūyuàn hòu fùchá de shíjiān, shēnghuó zhōng yào zhùyì de shìxiàng, xīwàng bìngrén néng chénggōng huīfù shìlì. Bìngrén néng kāngfù jiùshì wǒmen dāng yīshēng zuì dà de kuàilè.

Dì-shí'èr Kè

zhǐdǎo yīshēng— Pān Hǎimíng (nán, sìshíwǔ suì)
shíxíshēng— Shānà, Ābǔdùlā
kǒuqiāngkē shí chuáng bìngrén— Guān Jīnfù (nán, liùshíbā suì)
bìngrén jiāshǔ— Guān Xiǎománg (sìshí suì, bìngrén de nǚ'ér)

1. Huìhuà

Ābǔdùlā: Shānà, tīngshuō shí chuáng de Guān yéye yīnwèi shuāile yì jiāo, pèngshāng le xiàhé, téngde bù néng shuōhuà le, shì ma?

Shānà: Duì, gāngcái wǒ gēn Pān lǎoshī qù kàn tā de shíhou, shì tā nǚ'ér gēn wǒmen shuōhuà de.

Ābǔdùlā: Nà Guān yéye de qíngkuàng zěnmeyàng?

Shānà: Tā miànbù zhǒngzhàng, jīxíng, zhāngkǒu kùnnán, shàngxiàchǐ yǎohé cuòluàn.

Ābǔdùlā: Ò. Nǐmen gěi tā zuòle shénme jiǎnchá?

Shānà: Pān lǎoshī xiān gěi tā zuòle ménzhěn, ránhòu yě ràng wǒ zuò ménzhěn.

Ābǔdùlā: Nǐ zuò ménzhěn de shíhou yǒu shénme fāxiàn?

Shānà: Wǒ mōdào shuāngcè kēzhuàngtū jǐngbù de gútou xiàng táijiē yíyàng yǒu gāo yǒu dī.

Ābǔdùlā: Nà tā zhāng-bìkǒu shí kēzhuàngtū de yùndòng zhèngchang ma?

Shānà: Zhāng-bìkǒu shí kēzhuàngtū de yùndòng xiāoshī le, júbù de yātòng fēicháng míngxiǎn.

Ābǔdùlā: Wǒ juéde zhè kěnéng shì xiàhé kēzhuàngtū jǐngbù gúzhé.

Shānà: Nǐ zhēn lìhài! Gēn Pān lǎoshī de zhěnduàn yíyàng.

Ābǔdùlā: Nǎli nǎli, wǒ hái chà de yuǎn ne.

Shānà: Pān lǎoshī hái ràng tā zuòle X xiàn jiǎnchá hé CT jiǎnchá.

Ābǔdùlā: Wǒ zhēn xiǎng zhīdao Pān lǎoshī shì zěnme gēnjù jiǎnchá jiéguǒ lái gěi Guān yéye zhìliáo de.

2. Huìhuà (zài bàngōngshì)

Shānà: Pān lǎoshī, zhè shì shí chuáng de X xiàn jiǎnchá hé CT jiǎnchá jiéguǒ.

Pān Hǎimíng: Ò, nǐ kàn, shuāngcè kēzhuàngtū jǐngbù dōu gǔzhé le, zhèli shì gǔzhé duàn de yíwèi.

Shānà: Cóng zhè ge jiéguǒ kàn, qítā bùwèi hǎoxiàng méiyǒu shòushāng, shì dānchúnxìng kāifàngxìng gǔzhé ba?

Pān Hǎimíng: Èn, zhè zhǒng qíngkuàng de zhìliáo zhǔyào shì fùwèi hé gùdìng. Zǒu, wǒmen qù gěi tā zhìliáo ba.

(zài bìngfáng)

Shānà: Guān āyí, gēnjù gè xiàng jiǎnchá de jiéguǒ, Guān yéye shì xiàhégǔ gǔzhé.

Guān Xiǎománg: Á! Nà zěnmebàn? Néng zhìhǎo ma?

Pān Hǎimíng:	Nǐ fàng xīn, néng zhìhǎo de. Wǒmen zhǔnbèi gěi Guān shūshu zuò gǔzhé de fùwèi hé gùdìng.
Shānà:	Zhè shì ge xiǎo shǒushù, qǐng nín zài zhèli qiānzì ba.
Guān Xiǎománg:	Ò, yào zuò shǒushù? Wǒ bàba niánjì bǐjiào dà le, bú zuò shǒushù bùxíng ma?
Pān Hǎimíng:	Kǒuqiāng lǐmian de gǔzhé gēn yìbān de shǒujiǎo gǔzhé bù yíyàng, fùwèi hé gùdìng dōu bǐjiào fùzá.
Shānà:	Shì a, nín xiǎngxiang, shǒu jiǎo de gǔzhé kěyǐ zài wàimian yòng jiābǎn gùdìng. Kěshì xiàhégǔ gǔzhé, yào zài kǒuqiāng lǐmian gùdìng, bú zuò shǒushù bùxíng a.
Guān Xiǎománg:	Ò. Nà hǎo, wǒ xiāngxìn yīshēng, wǒ qiānzì.

3. Chéng duàn biǎodá (Shānà duì bìngrén jiāshǔ shuō)

Guān āyí, Guān yéye de gǔzhé fùwèi hé gùdìng yǐjīng zuòhǎo le. Wǒmen gěi tā yòng de shì tàihéjīn xiǎojiābǎn jiāngù nèigùdìngshù, zhè zhǒng fāngfǎ chuàngshāng xiǎo, shùhòu yùhé kuài, yǒulìyú gōngnéng de huīfù. Tàihéjīn xiǎojiābǎn hái yǒu liánghǎo de shēngwù xiāngróngxìng, duì jītǐ méiyǒu dúxìng fǎnyìng, suǒyǐ yìbān qíngkuàng xià kěyǐ chángqī liú zài tǐnèi, gǔzhé yùhé hòu búyòng zài zuò shǒushù bǎ xiǎo jiābǎn qǔchū, Guān yéye búyòng zài shòu shǒushù de tòngkǔ le. Xiànzài Guān yéye de shàng-xiàyá yǎohé guānxi yǐjīng zhèngcháng, búguò zhāngkǒu háishi bǐjiào kùnnán. Yī-liǎng zhōu hòu děng zhǒngzhàng hé téngtòng xiāotuì, jiù kěyǐ kāishǐ jìnxíng zhāngkǒu gōngnéng duànliàn, zhāngkǒudù huì mànmàn zēngdà de. Wèile ràng gǔzhéchù néng hěn hǎo de yùhé, shǒushù hòu yī zhōu Guān yéye bù néng xiàng yǐqián nàyàng chī dōngxi, zhǐnéng chī quánliúzhì shíwù. Shǒushù hòu liǎng zhōu kěyǐ chī bànliúzhì shíwù, érqiě sān ge yuè nèi dōu yīnggāi yǐ ruǎnshí wéizhǔ, bùnéng chī tài yìng de shíwù. Sān ge yuè hòu kěyǐ zhèngcháng yǐnshí. Zuìjìn zhè yì zhōu, yīnwèi shǒushù bùwèi de téngtòng hé zhāngkǒu kùnnan děng yuányīn, bìngrén kěnéng bú yuànyi chī dōngxi. Guān āyí, nín yào duō gǔlì tā kèfú téngtòng, shǎochī duōcān, bǎochí yíngyǎng, zhèyàng cái yǒulìyú shēntǐ de huīfù. Lìngwài, yào zhùyì bìngfáng de tōngfēng, bǎochí kōngqì qīngxīn. Bú yào dài yǒu cìjīxìng qìwèi de dōngxi jìnlai, yǐmiǎn yǐnqǐ bìngrén késou.

Dì-shísān Kè

zhǐdǎo yīshēng— Chéng Xiáng
shíxíshēng— Báiruìdì
pífūkē shíbā chuáng bìngrén— Liào Míng (nán, liùshíwǔ suì)
bìngrén jiāshǔ— Liào Bīng (Liào Míng de nǚ'ér)

1. Huìhuà

Báiruìdì: Chéng lǎoshī, shíbā chuáng bìngrén dé de bú shì yìbān de yínxièbìng ba?

Chéng Xiáng: Tā dé de shì hóngpíbìngxíng yínxièbìng. Dànshì tā yǐjīng yǒu sānshí nián de xúnchángxíng yínxièbìng bìngshǐ le.

Báiruìdì: Ò, xúnchángxíng zěnme huì tūrán biànchéng hóngpíbìngxíng ne?

Chéng Xiáng: Hěnduō shíhou shì yóuyú zhìliáo búdàng yǐnqǐ de, tèbié shì shǐyòng tángpízhì jīsù hòu tūrán tíngyào huòzhě jiǎn liàng.

Báiruìdì: Tīngshuō tā zuìjìn tèbié nánshòu, yě fēicháng zháojí. Shàng ge yuè zài wǎngshang kàndào le yí ge guǎnggào, shuō kěyǐ gēnzhì, jiù jímáng qù kànbìng le.

Chéng Xiáng: Shì a, qíshí nàli gěi tā kāi de dōu shì jīsù, kàn qilai hǎoxiàng yǒuxiào, dànshì yì tíng yào bìngqíng jiù biànde hěn yánzhòng le.

Báiruìdì: Nánguài tā xiànzài quánshēn sàoyǎng, fúzhǒng, fálì, bǎifēnzhī bāshí de pífū cháohóng, yánzhòng tuōxiè, hái bànyǒu wèihán fārè, línbājié zhǒngdà.

Chéng Xiáng: Tā de jiǎnchá jiéguǒ chūlai le ma?

Báiruìdì: Chūlai le. Xuèchángguī jiǎnchá fāxiàn shìsuānxìng lìxìbāo zēnggāo, xuèqīng zǒng dànbái liàng jiǎnshǎo, báidànbái jiàngdī, bǐngzhǒng qiúdànbái zēnggāo, niàochángguī niàodànbái yángxìng, gān, shèn gōngnéng zhèngcháng.

Chéng Xiáng: Èn, wǒmen xiànzài qù kànkan tā ba.

2. Huìhuà

Báiruìdì: Liào bóbo, Chéng yīshēng lái kàn nín le.

Liào Míng: Chéng yīshēng hǎo.

Liào Bīng: Chéng yīshēng, nín hǎo. Wǒ bàba zěnme lǎo shì juéde lěng a?

Chéng Xiáng: Yīnwèi zhè zhǒng bìng huì shǐ quánshēn pífū de máoxì xuèguǎn kuòzhāng chōngxuè, réntǐ shīqù dàliàng de rèliàng, jiù huì chūxiàn wèihán fārè de zhèngzhuàng le.

Báiruìdì: Zhè jǐ tiān tā de tǐwēn dōu zài sānshíbā dù zuǒyòu.

Chéng Xiáng: Xiànzài bìngrén tuōxiè de qíngkuàng bǐjiào yánzhòng, pífū hěn róngyì shòu gǎnrǎn, yào tèbié zhùyì hùlǐ, fángzhǐ zhēnjūn gǎnrǎn.

Báiruìdì: Děng yíhuìr wǒ qù gēn hùshi shuōshuo.

Chéng Xiáng: Liào bóbo, nín hái yào zhùyì bú yào zháoliáng gǎnmào, yǐfáng biǎntáotǐ fāyán.

Liào Bīng: Wǒmen yídìng huì zhùyì de.

Liào Míng: Chéng yīshēng, wǒ xiànzài zhēnde hěn hòuhuǐ, yàoshì zǎodiǎnr lái zhèngguī de yīyuàn, jiù bú huì nòngchéng xiànzài zhèyàng le.

Chéng Xiáng: Bié zài nánshòu le, xiànzài nín yào fàngsōng xīnqíng, zhèyàng duì zhìliáo yǒu bāngzhù.

Báiruìdì: Shì a, xīnqíng bù hǎo huì yǐngxiǎng zhìliáo xiàoguǒ de.

Liào Míng: Hǎo, wǒ yídìng tīng yīshēng de huà, jījí pèihé zhìliáo.

Liào Bīng: Xièxie Chéng yīshēng, Bái yīshēng. Wǒ yídìng pèihé nǐmen, zhàogùhǎo bàba, ràng tā jǐnkuài zhìhǎo zhè ge bìng.

3. Chéng duàn biǎodá (Báiruìdì duì Liào Míng shuō)

Liào bóbo, jīngguò zhè duàn shíjiān de zhùyuàn zhìliáo, nín de bìngqíng yǐjīng dédào le kòngzhì, pífū kàn shangqu yǐjīng gēn zhèngcháng de chàbuduō le, guò jǐ tiān nín jiù kěyǐ chūyuàn. Búguò, yínxièbìng de fābìng yuányīn fēicháng fùzá, dào xiànzài hái méiyǒu gēnzhì de fāngfǎ, zhǐnéng kòngzhì hé huǎnjiě zhèngzhuàng, hǎole yí duàn shíjiān hòu kěnéng hái huì fùfā. Nín qiānwàn bú yào mángmù tīngxìn nà xiē kěyǐ gēnzhì de guǎnggào, suíbiàn yòngyào, zhuīqiú gēnzhì, nàyàng huāle qián yòu méi zhìhǎo bìng, fǎn'ér huì yǐnqǐ jiāolǜ de qíngxù, shǐ bìngqíng gèngjiā èhuà. Chūyuàn hòu nín yào tèbié zhùyì pífū de hùlǐ, rúguǒ gǎnjué pífū sàoyǎng, bú yào zhuānáo, yǐfáng pífū wàishāng; yě bú yào yòng hěn rè de shuǐ qù xǐ pífū, nàyàng huì cìjī pífū, jiāzhòng pífū de sǔnshāng. Tóngshí hái yào duō xiūxi, bìmiǎn guòdù jǐnzhāng láolèi. Yǐnshí fāngmiàn, kěyǐ duō chī xīnxiān de shūcài, shuǐguǒ hé hányǒu fēngfù dànbáizhì de shòuròu, jīdàn hé dòuzhìpǐn, bú yào chī hǎixiān děng cìjīxìng dà de shíwù, bìmiǎn yān jiǔ, nóng chá, kāfēi děng kěnéng jiāzhòng bìngqíng de dōngxi. Lìngwài, hái yào shìdāng yùndòng, zēngqiáng tǐzhì. Zhèyàng jiù kěyǐ gèng hǎo de kòngzhì bìngqíng, fángzhǐ fùfā. Rúguǒ chūxiàn fùfā de zhèngzhuàng, yào jíshí dào zhèngguī yīyuàn zhìliáo.

Dì-shísì Kè

> zhǐdǎo yīshēng— Wèi Níng
> shíxíshēng— Shānà, Kǎqí
> pífūkē liù chuáng bìngrén— Xiāo Yán (nǚ, sìshíwǔ suì)
> bìngrén jiāshǔ— Wú Yán (Xiāo Yán de zhàngfu)

1. Huìhuà (zài bìngfáng)

Wú Yán: Wèi yīshēng, wǒ zhèng xiǎng zhǎo nín. Máfan nín bāng wǒ àirén kànkan, jīntiān tā yāobù de qiūzhěn dōu biànchéng shuǐpào le, tā shuō tèbié téng.

Wèi Níng: Bié jí, wǒ lái kànkan. Shānà, nǐ kàn, yuánlái de qiūzhěn dōu yǐjīng biànchéng shuǐpào le, pàobì hěn jǐnzhāng.

Shānà: Xiāo āyí, nín gǎnjué shì shénmeyàng de téng ne?

Xiāo Yán: Jiù xiàng huǒ shāo yíyàng.

Shānà: Wèi lǎoshī, jīntiān Xiāo āyí de tǐwēn hái shì sānshíqī diǎn bā dù.

Wèi Níng: Xiān jiǎnchá yíxià línbājié yǒu méiyǒu zhǒngdà.

Shānà: Hǎo. Yòutuǐ gēnbù línbājié zhǒngdà. Wèi lǎoshī, xiànzài zhìliáo zhǔyào shì bu shì kàng bìngdú hé xiāoyán zhǐtòng ne?

Wèi Níng: Duì, hái yào zhùyì fángzhǐ xìjūn jìfā gǎnrǎn.

Wú Yán: Yīshēng, tā de bìng shì bu shì hěn yánzhòng?

Wèi Níng: Bú yòng tài jǐnzhāng, xiànzài quèzhěn le jiù kěyǐ duìzhèng-xiàyào le. Jǐnliàng bú yào nòngpò shuǐpào, jìxù yòngyào, shuǐpào guò xiē tiān jiù huì wěisuō jiéjiā de, fàngxīn ba.

Wú Yán: Tā zhè yàngzi xūyào zhùyuàn duō jiǔ a?

Wèi Níng: Yìbān èr zhì sì zhōu jiù kěyǐ chūyuàn, dàn hái yào kàn tā huīfù de qíngkuàng.

Shānà: Xiāo āyí, nín yào jǐnliàng fàngsōng xīnqíng, hǎohāor pèihé zhìliáo, zhèyàng huì hǎode kuài xiē.

Xiāo Yán: Hǎo, wǒ huì de.

2. Huìhuà

Shānà: Jīntiān wǒmen kē láile yí wèi bìngrén, yòu shì dàizhuàng pàozhěn bèi wùzhěn de.

Kǎqí: Shì ma? Zěnme huíshì ne?

Shānà: Tā gǎnmào hòu tūrán chūxiàn yòushàngfù téngtòng, jiù mǎshàng qùle nèikē, nèikē gěi tā zuòle fùbù B chāo, X guāng piàn, xuèchángguī děng jiǎnchá, dōu méi fāxiàn yìcháng.

Kǎqí: Nà nèikē de zhěnduàn shì shénme?

Shānà: Yóuyú bìngrén yǒu mànxìng dǎnnángyán bìngshǐ, nèikē chūbù zhěnduàn wéi mànxìng

	dǎnnángyán jíxìng fāzuò.
Kǎqí:	Ò, yòngyào hòu bìngqíng hǎozhuǎn le ma?
Shānà:	Nèikē yòng kàngshēngsù zhìliáo, méi shénme xiàoguǒ. Qiántiān huànzhě fāxiàn yòu bèibù hé yāobù chūxiàn mǐlì dàxiǎo de hóngsè qiūzhěn, suǒyǐ dào pífūkē lái le.
Kǎqí:	Wèi shénme dàizhuàng pàozhěn zhème róngyì bèi wùzhěn ne?
Shānà:	Wǒ wènle Wèi lǎoshī, tā shuō dàizhuàng pàozhěn de diǎnxíng zhèngzhuàng shì shénjīng tòng hé pízhěn. Huànbìng zǎoqī rúguǒ pízhěn zhèngzhuàng méi chūxiàn, jiù hěn róngyì bèi wùzhěn le.
Kǎqí:	Yuánlái shì zhèyàng! Xiànzài bìngrén zěnmeyàng le?
Shānà:	Wǒmen gānggāng qù kànguo tā le, xiànzài zhèngzhuàng hěn míngxiǎn, yòucè yāo-bèibù dōu shì dàizhuàng de shuǐpào, bìngrén shuō xiàng huǒ shāo yíyàng téng ne.
Kǎqí:	Hǎozài xiànzài quèzhěn le, jiù kěyǐ duì zhèng zhìliáo, bùrán bìngrén huì gèng tòngkǔ.

3. Chéng duàn biǎodá (Shānà duì Wú Yán shuō)

　　Wú shūshu, zhè liǎng tiān de zhìliáo kāishǐ jiànxiào le. Wèile jiǎnqīng zhèngzhuàng, bìmiǎn hòuyí shénjīngtòng de fāshēng, yīshēng jiànyì, zài fú kàngbìngdúyào de tóngshí, fúyòng yìxiē zhōngcǎoyào. Búguò wǒ kàn Xiǎo āyí hǎoxiàng méi shénme shíyù, dàizhuàng pàozhěn zǒngshì zài shēntǐ dǐkànglì xiàjiàng de shíhou fābìng, rúguǒ shíyù chà jiù huì yǐnqǐ yíngyǎng bùliáng, shǐ pífū huàisǐ, yùhé hòu róngyì liúxià bāhén. Suǒyǐ nín yào gǔlì Xiǎo āyí duō chī xiē, zuìhǎo shì chī qīngdàn, yì xiāohuà, yíngyǎng fēngfù de shíwù, bǐrú zhōu, miàntiáo, niúnǎi, jīdàn, yúròu, dòuzhìpǐn hé xīnxiān shūcài, shuǐguǒ děng, duō hēshuǐ, bú yào chī jiānzhá de dōngxi, yě bú yào chī làjiāo. Yào bǎochí fángjiān kōngqì xīnxiān, wēndù shìzhōng. Jíshí bāng tā jiǎn zhǐjia, bìmiǎn sàoyǎng shí zhuāshāng, zàochéng pífū gǎnrǎn, jiāzhòng bìngqíng. Yào bǎochí chuángdān qīngjié, chuān kuānsōng de yīfu, jǐnliàng jiǎnshǎo mócā. Lìngwài, qīngsōng de xīnqíng duì bìngqíng de huīfù yǒu hǎochù, nín kěyǐ ràng Xiǎo āyí tīngting yīnyuè, nín zìjǐ yě bú yào tài zháojí. Děng shuǐpào jiéjiā tuōluò, téngtòng bù míngxiǎn de shíhou, jiù kěyǐ chūyuàn le. Chūyuàn hòu zhǐyào zhùyì qīngjié, bú yào tài láolèi, yùfáng gǎnmào, yìbān dōu bú huì fùfā de.

Dì-shíwǔ Kè

zhǐdǎo yīshēng— Zhāng Xī
shíxíshēng— Shānà, Báiruìdì, Kǎqí, Ābǔdùlā
jīngshénkē èrshíwǔ chuáng bìngrén—Chén Chén (nǚ, sìshísì suì)
bìngrén jiāshǔ— Wú Wěi (Chén Chén de zhàngfu)

1. Huìhuà (zài yīshēng bàngōngshì)

Shānà: Zhāng lǎoshī, wǒ kànguo èrshíwǔ chuáng de bìnglì jìlù, gāngcái qù gēn tā liáole yíhuìr, wǒ juéde tā kěnéng shǔyú zhòngdù yìnnìxìng yìyùzhèng.

Zhāng Xī: Èn, wǒmen xiān tǎolùn yíxiàr bìnglì jìlù ba.

Báiruìdì: Bìngrén zhǔsù sì nián qián kāishǐ tūrán shīqùle duì shēnghuó de xìngqù, shíyù chà, tǐzhòng xiàjiàng, jīngcháng shīmián, róngyì fánzào, zhùyìlì hěn nán jízhōng.

Kǎqí: Tā yuánxiān shì ge xìnggé kāilǎng, jīnglì wàngshèng de rén. Sì nián qián tūrán xiàng huànle yí ge rén shìde, jiārén, péngyou dōu hěn nán lǐjiě.

Ābǔdùlā: Hòulái péngyou jièshào tā qù zuòguo jǐ cì xīnlǐ zīxún, gāng kāishǐ tā juéde xīnli shūfu duō le, kěshì hòulái gǎnjué xiàoguǒ bù míngxiǎn, fǎn'ér yuèláiyuè bēiguān.

Zhāng Xī: Zhè yìdiǎnr yě bù qíguài. Dāng huànzhě chūxiàn xìngqù jiǎnshǎo, bēiguān, fánzào děng qíngkuàng de shíhou, hěn duō rén shènzhì bāokuò yīshēng dōu zhǐshì wǎng xīnlǐ jíbìng fāngmiàn qù xiǎng.

Shānà: Yì nián duō hòu tā kāishǐ chūxiàn tóuténg, tóuyūn, ěxin, ǒutù děng zhèngzhuàng. Qù kànguo shénjīng nèikē, xiāohuà nèikē, chīle yào yě bú jiànxiào.

Kǎqí: Tā yǒu huáiyí shì jǐngzhuībìng, qù yì jiā jǐngzhuībìng yīyuàn kànle jǐ cì, yě méi shénme xiàoguǒ.

Báiruìdì: Tā shènzhì huáiyí huáiyùn le, kànguo fùkē. Hòulái yòu pǎodào ěrbíhóukē kàn, háishi bùxíng.

Ābǔdùlā: Dà bànnián li, tā pǎole hěn duō yīyuàn, kànle hěnduō zhǒng zhuānkē, bāokuò gè zhǒng piānfāng, chīle chàbuduō sìshí zhǒng yào, dōu méi yòng. Nàshíhou tā hé jiārén gēnběn méi wǎng jīngshén jíbìng zhè ge fāngmiàn xiǎng.

Zhāng Xī: Tóuténg, tóuyūn děng shēntǐ búshì zhèngzhuàng, chángcháng yǎngàile yìyù de qíngxù, jiùshì yīshēng yě bù róngyì kànchū shì yì zhǒng yìyù zhuàngtài de.

Shānà: Jǐ ge yuè qián tā kāishǐ chūxiàn zìshā de qīngxiàng, shènzhì lián yíshū dōu xiěhǎo le. Dànshì yì xiǎngdào zhàngfu, háizi, tā yòu xiàbuliǎo juéxīn.

Ābǔdùlā: Zhè shíhou tā de zhàngfu cái wǎng yìyùzhèng fāngmiàn qù xiǎng, cái dài tā lái jīngshénkē zhìliáo.

Zhāng Xī: Gēnjù zhèxiē zhèngzhuàng hé qíngkuàng, Shānà shuōde duì, tā yǐjīng shǔyú zhòngdù

yìyùzhèng le. Yīnwèi zhèngzhuàng bù diǎnxíng, suǒyǐ zhèzhǒng lèixíng shǔyú yǐnnìxìng yìyùzhèng.

Kǎqí: Nà xiànzài gāi zěnme zhìliáo ne?

Zhāng Xī: Xiànzài yīnggāi yàowù zhìliáo, wùlǐ zhìliáo, xīnlǐ zhìliáo tóngshí jìnxíng.

2. Chéng duàn biǎodá (Kǎqí duì Wú Wěi shuō)

Wú xiānsheng, wǒmen yǐjīng quèzhěn nín tàitai déle bǐjiào yánzhòng de yìyùzhèng. Zhāng yīshēng shuō, hěnduō rén rènwéi, yìyùzhèng shǔyú xīnbìng, zhǐ xūyào xīnlǐ zhìliáo, bú yòng chīyào. Qíshí zhè shì fēicháng cuòwù de. Yìyùzhèng tèbié shì zhòngdù yìyùzhèng huànzhě yīnggāi jiēshòu yàowù zhìliáo, fǒuzé bìngqíng gèng yánzhòng, bìngchéng yě gèng cháng. Xiànzài de yàowù zhìliáo duì dàduōshù huànzhě shì yǒuxiào de, rúguǒ zài jiāshang xīnlǐ zhìliáo, nà xiàoguǒ jiù gèng hǎo le. Gēnjù nín tàitai xiànzài de qíngkuàng, zhè duàn shíjiān yǐ yàowù zhìliáo wéizhǔ, xīnlǐ zhìliáo wéifǔ. Děngdào tā de bìngqíng wěndìng xiàlai yǐhòu, zài gǎiwéi yǐ xīnlǐ zhìliáo wéizhǔ, yàowù zhìliáo wéifǔ. Bìngrén duì yàowù de shìyīng yǒu yí duàn shíjiān, kāishǐ jiēshòu yàowù zhìliáo de shíhou, chīwán yào kěnéng huì gǎnjué hóulong li xiàng huǒ shāo yíyàng, kǒugān-shézào, hái huì gǎndào quánshēn píjuàn wúlì, duì yàowù chǎnshēng dǐkàng qíngxù, bú yuànyì jiānchí chīyào. Zhè shíhou nín yào nàixīn de gǔlì hé ānwèi tā, ràng tā jiānchí chīyào. Yàowù qǐ zuòyòng yě yǒu yí duàn shíjiān, kāishǐ jǐ zhōu yàowù de zuòyòng hái bú tài míngxiǎn, wèile fángzhǐ tā zàicì zìshā, nín hái yào tèbié zhùyì tā de jīngshén zhuàngtài hé qíngxù. Yìyùzhèng de zhìliáo shíjiān bǐjiào cháng, nín tàitai kěnéng xūyào zhùyuàn jǐ ge yuè dào bàn nián. Chūyuàn hòu zuìhǎo néng jiānchí chīyào wǔ nián yǐshàng, nín yào zuòhǎo chángqī zhìliáo de sīxiǎng zhǔnbèi.

Dì-shíliù Kè

zhǐdǎo yīshēng— Lín Fēng (nǚ, wǔshí suì)
shíxíshēng— Ābǔdùlā, Shānà
jízhěnkē bìngrén— Féng Míngming (nán, sìshíwǔ suì)
jiāshǔ—Dù Péng (Féng Míngming de qīzi, sìshí suì)

1. Huìhuà

Ābǔdùlā: Lín lǎoshī, zhè shì Féng Míngming de qīzi.

Lín Fēng: Nǐ hǎo, qǐng zuò. Duìle, Ābǔdùlā, nǐ xiān qù ná Féng Míngming de CT jiǎnchá jiéguǒ, nádào hòu mǎshàng huílai.

Ābǔdùlā: Hǎo. Wǒ zhè jiù qù.

Dù Péng: Yīshēng, wǒ zhàngfu xǐng guolai le ma?

Lín Fēng: Hái méiyǒu, tā xiànzài háishi shénhūnmí. Wǒmen xiǎng zhīdao tā yǒu méiyǒu gāoxuèyā bìngshǐ hé yíchuánbìng.

Dù Péng: Dōu méiyǒu. Tā píngshí shēntǐ tǐng hǎo de, lián gǎnmào dōu hěn shǎo yǒu.

Lín Fēng: Tā shì shénme shíhou fābìng de?

Dù Péng: Jīntiān xiàwǔ wǔ diǎnzhōng zuǒyòu, tā tūrán shuō tóutòng, wǒ xiǎng tā kěnéng shì zuìjìn tài lèi le, jiù jiào tā xiūxi yíxiàr.

Lín Fēng: Xiūxi yǐhòu hǎodiǎnr le ma?

Dù Péng: Méiyǒu. Dàgài xiūxile bàn xiǎoshí, tā shuō tóuténg de hěn lìhai. Wǒ kàn tā hěn fánzào, érqiě yòushǒu yòujiǎo huódòng dōu bú tài línghuó le, jiù mǎshàng sòng tā lái yīyuàn le.

Lín Fēng: Tā yǒu méiyǒu ǒutù?

Dù Péng: Yǒu.

Lín Fēng: Zhè liǎng tiān tā yǒu méiyǒu shòu shénme wàishāng? Tèbié shì tóubù?

Dù Péng: Méiyǒu a.

Lín Fēng: Nǐ zài hǎohāor xiǎngxiang.

Dù Péng: Ò, xiǎng qilai le. Jīntiān zǎoshang tā bǎ yì fú huà guàdào qiángshangqu de shíhou, bù xiǎoxīn cóng tīzi shang shuāile xialai, tóu pèngle yíxiàr zhuōzi.

Lín Fēng: Tā dāngshí yǒu shénme bù shūfu de gǎnjué?

Dù Péng: Tā dǎozài dìshang méi shénme fǎnyìng, bǎ wǒ xiàhuài le, búguò hòulái hěn kuài jiù méishì le.

Lín Fēng: Kàn qíngkuàng, nǐ zhàngfu kěnéng shì nǎozhèndàng yǐnqǐ nǎochūxuè.

Dù Péng: Á?

Ābǔdùlā: Lín lǎoshī, CT jiǎnchá jiéguǒ chūlai le, shì nǎochūxuè, nín kàn.

Lín Fēng: Èn. Mǎshàng zhǔnbèi shǒushù qiǎngjiù.

Dù Péng: Yīshēng, wǒ zhàngfu huì yǒu shēngmìng wēixiǎn ma?

Lín Fēng: Tā xiànzài de qíngkuàng bǐjiào zāogāo, nǐ yào zuòhǎo chōngfèn de sīxiǎng zhǔnbèi, zhè shì bìngwēi tōngzhīshū.

Dù Péng: Á! Yīshēng, qiúqiu nín, yídìng yào jiùjiu tā a! Tā cái sìshí duō suì, tā yàoshì yǒu gè sānchángliǎngduǎn, wǒ zěnmebàn? Wǒmen de háizi zěnmebàn a?

Ābǔdùlā: Wǒmen huì jìn zuì dà nǔlì de. Nín háishi ràng Lín yīshēng gǎnkuài qù qiǎngjiù bìngrén ba.

2. Chéng duàn biǎodá (Ābǔdùlā duì Shānà shuō)

Ài! Shānà, wǒ gāng sòngzǒule yí wèi zhōngniánrén, xīnli zhēn nánshòu a! Zhè wèi bìngrén lái de shíhou yǐjīng jìnrù hūnmí zhuàngtài le. Gěi tā zuò jiǎnchá shí, tā duì wàijiè cìjī yǐjīng méiyǒu shénme fǎnyìng, jǐng qiángzhí, yícè tóngkǒng fàngdà, yǎndǐ shìrǔtóu shuǐzhǒng, zhè shuōmíng tā de lúnèiyā zēnggāo. Dāngshí Lín jiàoshòu pànduàn bìngrén shì nǎochūxuè. Lín jiàoshòu wèn zhè liǎng tiān bìngrén yǒu méiyǒu shòuguo nǎo wàishāng, kāishǐ tā qīzi shuō méiyǒu, hòulái cái xiǎng qilai jīntiān zǎoshang tā zhàngfu céngjīng cóng tīzi shang shuāi xialai, yǒuguo duǎnzàn de yìshí sàngshī. Běnlái zhè shì nǎozhèndàng de diǎnxíng biǎoxiàn, rúguǒ tāmen yǒu yīxué chángshí, shuāile yǐhòu mǎshàng dào yīyuàn lái zuò jiǎnchá, jiù néng jíshí fāxiàn wèntí, mǎshàng zuò shǒushù, yě búzhìyú huì fāshēng nàme yánzhòng de hòuguǒ le. Kěxī tāmen dōu quēfá zhè fāngmiàn de chángshí, yǐwéi nà zhǐshì yìbān shuāidǎo, méi shénme dà wèntí. Gèng zāogāo de shì, bìngrén xiàwǔ kāishǐ tóutòng de shíhou, jiāshǔ yě hái méiyǒu mǎshàng sòng tā dào yīyuàn, yǐwéi tā zhǐshì lèi le, xūyào xiūxi. Jiù zhèyàng, dāng jiāshǔ fāxiàn tā yòucè zhītǐ huódòng bù línghuó shí, cái bǎ tā sòngdào yīyuàn. Kěshì tā yǐjīng shīqùle zuìhǎo de zhìliáo jīhuì le. Suīrán wǒmen jìn zuì dà nǔlì qù qiǎngjiù, kěxī yíqiè dōu tài wǎn le, zuìhòu háishi méi néng wǎnhuí tā de shēngmìng. Tā cái sìshíwǔ suì, lián yízhǔ dōu méi láidejí liúxià, zhēn shì tài yíhàn le!

Dì-shíqī Kè

zhǐdǎo yīshēng— Shàn Liáng(nán, sìshí suì)
shíxíshēng— Shānà
jízhěnkē èrchuáng Bìngrén— Dīng Lìli(nǚ, èrshíbā suì)
bìngrén jiāshǔ— Wú Jūn (Dīng Lìli de zhàngfu, èrshíqī suì)

1. Huìhuà

Shānà: Dīng xiǎojie, nǐ zhōngyú xǐng le. Nǐ xiànzài gǎnjué nǎr bù shūfu?

Dīng Lìli: Wǒ dùzi téngsǐ le!

Shānà: Lái, wǒ kànkan. Píngtǎng, fàngsōng. Zhèr téng ma?

Dīng Lìli: Bù téng.

Shānà: Zhèr ne?

Dīng Lìli: Āiyō, téngsǐ le!

Shānà: Shénme shíhou kāishǐ dùzi téng de?

Dīng Lìli: Qiántiān lái yuèjīng de shíhou. Yì kāishǐ téngde bú tài lìhai, kěshì jīntiān xiàwǔ tūrán téngde tèbié lìhai, yǒu yízhènzi téngde jiù xiàng sǐliè le yíyàng.

Shānà: Yǒu méiyǒu gǎnjué ě'xīn, ǒutù?

Dīng Lìli: Yǒu. Hòulái wǒ jiù shénme dōu bù zhīdào le.

Shānà: Zhè cì yuèjīng zhèngcháng ma?

Dīng Lìli: Wǎnle chàbuduō yí ge yuè.

Shānà: Yǐqián yǒuguo zhè zhǒng qíngkuàng ma?

Dīng Lìli: Yǒushíhou huì tuīchí shí lái tiān. Kě zhè cì liàng tèbié shǎo, yánsè bǐ píngshí shēnduō le, tuīchí de shíjiān yě bǐ yǐqián cháng.

Shānà: Zuòguo rénliú ma?

Dīng Lìli: Zuòguo liǎng cì.

Shānà: Nǐ qiántiān dùzi téng de shíhou jiù yīnggāi lái yīyuàn a!

Dīng Lìli: Yīnwèi wǒ píngshí yě chángcháng tòngjīng, wǒ yǐwéi zhè cì yě shì, jiù méi zàiyì.

Shānà: Yěxǔ shì liúchǎn le. Wǒ mǎshàng jiào Shàn zhǔrèn lái kànkan.

2. Huìhuà (Shàn Liáng gěi Dīng Lìli zuòwán gōngwàiyùn shǒushù chūlai gēn Shānà yìqǐ zǒu)

Shānà: Shàn lǎoshī, tīngshuō gōngwàiyùn hěn róngyì bèi wùzhěn wéi lánwěiyán, huòzhě shì yìbān de zìrán liúchǎn. Nín jīntiān zěnme néng nàme zhǔnquè de pànduànchū zhè wèi bìngrén shì gōngwàiyùn ne?

Shàn Liáng: Nǐ xiān huídá wǒ jǐ ge wèntí ba. Gōngwàiyùn zuì cháng fāshēng zài nǎ ge bùwèi?
Shānà: Yīnggāi shì shūluǎnguǎn ba.
Shàn Liáng: Duì. Bìngrén lái de shíhou nǐ gěi tā zuòguo jiǎnchá, nà shíhou nǐ fāxiàn yǒu shénme yìcháng ma?
Shānà: Tā jìnlai de shíhou, miànsè cāngbái, étóu mào lěnghàn, yǐjīng yūnjué le.
Shàn Liáng: Chùzhěn ne?
Shānà: Tā de yòu xiàfù yǒu ruǎnxìng zhǒngkuài, háiyǒu míngxiǎn de yātòng hé fǎntiàotòng.
Shàn Liáng: Zhè shuōmíng tā bú shì yìbān de chángwèiyán. Duì zhèyàng de yùlíng fùnǚ, jiù yào liǎojiě tā de yuèjīngshǐ hé shēngyùshǐ le.
Shānà: Ò. Tā zhè cì yīndào liúxuè gēn zhèngcháng de yuèjīng bù yíyàng, háiyǒuguo liǎng cì rénliúshǐ.
Shàn Liáng: Shì a. Duì méiyǒu háizi yòu huàn fùtòngzhèng de yùlíng fùnǚ, yào kǎolǜ gōngwàiyùn de kěnéng. Nǐ hái jìdé gōngwàiyùn de sān dà diǎnxíng zhèngzhuàng ma?
Shānà: Tíngjīng, fùtòng, yīndào chūxuè. Ò, zhè sān dà diǎnxíng zhèngzhuàng tā dōu yǒu ne!
Shàn Liáng: Zài jiāshang zhǔsù fùtòng de shíjiān, xiàng sīliè yíyàng de téngtòng, liǎng cì rénliú shǐ děngděng, suǒyǐ wǒ pànduàn tā shì shūluǎnguǎn gōngwàiyùn yǐnqǐ de pòliè chūxuè.

3. Chéng duàn biǎodá (Shānà duì Dīng Lìli hé Wú Jūn shuō)

Dīng xiǎojiě jīntiān de liǎnsè hěn hóngrùn, zhēn piàoliang! Zuòwán shǒushù cái jǐ tiān jiù huīfù de zhème hǎo le, kànlái Wú xiānsheng zhàogù de búcuò, shì ge mófàn zhàngfu a! Dīng xiǎojiě, nà tiān nǐ dào yīyuàn de shíhou, yǐjīng xiūkè le, xuèyā hěn dī, shǒujiǎo bīngliáng, yàobushì nǐ zhàngfu jíshí bǎ nǐ sònglai, nǐ kě jiù wēixiǎn le. Qián jǐ tiān nǐ wèn wǒ wèishénme yào gěi nǐ zuò jǐnjí shǒushù, dāngshí wǒ méi kòngr gēn nǐ jiěshì, jīntiān jiù gěi nǐmen jiěshì yíxiàr ba. Nǐ yuèjīng yí ge yuè méiyǒu lái, bú shì tuīchí, shì huáiyùn le. Búguò shòujīngluǎn méi zài zǐgōng, shì zài nǐ de shūluǎnguǎn li, zhè jiù shì shūluǎnguǎn gōngwàiyùn. Qián liǎng tiān nǐ yīndào chūxuè, qíshí bú shì yuèjīng chóngxīn lái le, shì shūluǎnguǎn pòliè chūxuè le. Duì gōngwàiyùn, wǒmen kěyǐ shǒushù zhìliáo, yě kěyǐ bǎoshǒu zhìliáo. Bǎoshǒu zhìliáo shì yòng yàowù zhōngzhǐ rènshēn, bú yòng zuò shǒushù. Wǒmen xuǎnyòng zhìliáo fāngfǎ, chúle kàn gōngwàiyùn fāshēng de bùwèi wài, gèng zhòngyào de shì kàn gōngwàiyùn fāshēng de shíjiān, tèbié shì kàn yǒu méiyǒu pòliè. Nǐ rúguǒ tíngjīng bùjiǔ jiù lái yīyuàn jiǎnchá, jízǎo fāxiàn shì shūluǎnguǎn gōngwàiyùn, yěxǔ kěyǐ zài pēitāi hái méi fāyù zhǎngdà de shíhou zhōngzhǐ rènshēn. Kěshì, yīnwèi nǐ méiyǒu jíshí jiùzhěn, yīndào chūxuè hòu yòu guòle liǎng tiān cái lái jízhěn, zhèshí chūxuèliàng yǐjīng bǐjiào dà le, zhǐnéng mǎshàng zuò shǒushù, bùrán jiù yǒu shēngmìng wēixiǎn le.

附录二 参考译文

Text

Characters

Director— Ding Yuling
Intern—Shana
Patient—an infant
Family of the patient—Ma Xiaofang (the mother of the patient)

1. Dialogue

Shana: Dr. Ding, neonatal intensive care unit(ICU) has just received a baby girl.
Ding Yuling: When was she born? Is she full-term or premature?
Shana: She was born at 20:30 yesterday, which is 20 hours ago, she is a full-term infant.
Ding Yuling: Why was she transferred to ICU?
Shana: Head nurse said that the color of her skin and sclera appears to be very yellow.
Ding Yuling: What is her mother's blood type?
Shana: O-type.
Ding Yuling: Oh. Then give the baby a blood test now to see her blood type and serum bilirubin concentration.
Shana: Dr. Ding, would it be a neonatal physiological jaundice?
Ding Yuling: Generally speaking, full-term infants would have physiological jaundice 24 hours after birth, it is too early to for her to have jaundice.
Shana: Jaundice is caused by high levels bilirubin in the blood, why should we check the blood type?
Ding Yuling: Her mother's blood type is O-type, if her blood type is A or B-type, it may be neonatal hemolytic jaundice.
Shana: Ah, I get it, this is called ABO hemolytic disease, which is caused by blood group incompatibility between mothers and infants. Then I should go to give her a blood test right now.

2. Dialogue

Shana: Dr. Ding, the blood test report shows that the baby's blood type is A and the serum

bilirubin is much higher than normal.

Ding Yuling: Ah, the baby could be diagnosed as neonatal hemolytic jaundice.
Shana: So how should we treat it now?
Ding Yuling: Phototherapy first.
Shana: Phototherapy?
Ding Yuling: Yes, that is to expose the skin to blue lights.
Shana: What are the effects of exposure?
Ding Yuling: Bilirubin would become water soluble by blue lights, and can be easily excreted by urination, thus the serum bilirubin concentration can decrease rapidly.
Shana: Oh, then does she need to take any medicine?
Ding Yuling: No need, but it would be better if we can give her an injection of γ-globulin.
Shana: Will phototherapy and γ-globulin injection be enough to cure the baby?
Ding Yuling: Generally speaking, she can be cured. If these two therapeutic modalities have failed or are not sufficient, exchange transfusion is required.
Shana: Dr. Ding, I think the newborns are so cute, with tender skin and soft bodies. I am very sad to see them suffering from illness at such a small age.
Ding Yuling: Our job is to let them recover and become healthy, how meaningful this work is!
Shana: Yes, I will definitely study and work hard to help the babies become healthy as soon as possible.

3. Connected Speech (Shana to Ma Xiaofang)

Ms. Ma, your baby appears to have jaundice 20 hours after birth. According to her blood test report and yours, Dr. Ding diagnosed her as neonatal hemolytic jaundice. Now we have sent her to the neonatal intensive care unit (NICU) for treatment. Neonatal hemolytic jaundice is caused by blood group incompatibility between the mother and children. But you do not need to worry too much, her jaundice is not very serious. Now we are giving her phototherapy and γ-globulin injection. Generally speaking, she will be fully recovered and could be discharged about a week later. However, if these two therapeutic modalities have failed or the yellow skin appears again after discharge, it would be quite troublesome and exchange transfusion may be required. So you still have to pay attention to the baby's skin after she is discharged. If the yellow color appears again, the baby must be sent to hospital immediately, or she may have danger in life. Now you definitely want to see the baby and want to give her breast-feeding, right? But she will be treated in NICU in these days, it is not convenient for you to breast-feed her there. The nurse will bring her to you regularly as soon as her symptoms are alleviated, so that you could feed her. I guess you are tired now, please get some rest first.

LESSON 2

Text

Characters

Director—Qiu Yongxin (male, 45 years old)
Intern—Kaqi
Nurse—Wang Hong (female)
Patient in the pediatric critical care unit—Ding Xiaoqiang (male, 1 year and 2 months)
Family of the patient—Wu Li (female, patient's mother)

1. Dialogue (in the doctor's office)

Wu Li: Hello, Dr. Qiu, did you ask for me?

Qiu Yongxin: Yes, come here. We need to know the details of your son's recent condition. When did he start to suffer from diarrhea?

Wu Li: Since about 7 or 8 days ago, but it has become worse in the last two days, his stools were like water.

Kaqi: How many times did the diarrhea happen in one day?

Wu Li: More than ten times a day and sometimes with vomiting. He is much thinner than before and feels tired. Doctor, is he in danger?

Qiu Yongxin: The condition is relatively serious now, but we will do our best to treat him. You may go back to the ward and and keep him accompany.

Wu Li: Ok. Thank you very much.

Qiu Yongxin: Ms. Wang, how is Ding Xiaoqiang's condition after hospitalized?

Wang Hong: He has been suffering from anuria in the last 10 hours and has shortness of breath. His hands and feet are cold and purple.

Qiu Yongxin: How about now?

Wang Hong: He is now in a coma, with slow pulse, deep breathing, inelastic skin, apparent sunken eye socket and soft abdomen.

Kaqi: I have just gave him auscultation and found out that his lung sounds abnormal with muffled heart sounds. Percussion knees did not lead to reflection. I'm giving him 2∶1 isotonic sodium by intravenous injection.

Qiu Yongxin: Ms. Wang, please connect him to the heart monitor first, give him oxygen, and then measure the blood electrolyte. Please arrange special care for his vital signs.

Wang Hong: Ok.

Kaqi: Dr. Qiu, this child has severe diarrhea with unconsciousness. So I think he can be diagnosed as shock associated with severe diarrhea. What do you think?

Qiu Yongxin: Yes, you have made great progress. In addition, as the patient has serious diarrhea and vomiting, his primary danger now is severe dehydration.

Kaqi: Does severe dehydration often combines with severe metabolic acidosis, and may cause hypokalemia?

Qiu Yongxin: Yes. Please give him a large amount of liquid rehydration now, and then supply potassium promptly after his urine.

Kaqi: I will let the nurse know about your instruction.

2. Connected Speech (after 6 hours treatment, Kaqi talks to the patient's mother Wu Li)

After six hours treatment, your son's condition has been stabilized. He had urinated once, his hands and feet began to get warm, and he has become conscious with good mental state. The treatment is very effective, his previous symptoms have been alleviated, and he looks quite normal now. Now we are trying to resume his strength, and his diet arrangement is of the most significance. He had severe dehydration before, so now he is in need of a large amount of liquid. Juice contains a lot of vitamin C, therefore is nutritious and easy to be absorbed, it would be very helpful to his recovery if you give him water and juice to drink. In this way, Xiaoqiang should be gradually recovered. While rehabilitation was observed, we hope that you will cooperate with us. If tomorrow you find his diarrhea is still obvious, please let us know, and we will give him oral rehydration salts. Rehydration salts has good effect on the children who suffer from acute diarrhea and dehydration. It can prevent dehydration caused by diarrhea from happening again. Take it easy now that he has passed the crisis. Please follow me and we will transfer him to the common wards.

LESSON 3

Text

Characters

Director—Zhang Bin (male, 50 years old)
Intern—Kaqi
Patient—Li Xiaoyu (female, 1 year and 8 months old, in bed 8 of the department of pediatrics)
Family of the patient—Wang Xia (female, 28 years old, mother of the patient)

1. Dialogue (in the doctor's office)

Kaqi: Dr. Zhang, the family member of bed 8 is here.
Wang Xia: Hello Dr. Zhang, are you asking for me?
Zhang Bin: Yes, come and have a seat. We need to know the details of your daughter's recent health condition.
Wang Xia: Is her disease severe?
Kaqi: Don't worry too much, please answer the doctor's questions carefully, it is very helpful for the treatment.
Wang Xia: Alright, I am willing to do anything as long as it can cure my child.
Zhang Bin: When do you find her abnormal?
Wang Xia: Maybe the day before yesterday. She had nasal discharge and was irritable, and her appetite was worse than usual.
Zhang Bin: Did she have a fever?
Wang Xia: Started from yesterday morning, her temperature was 38.7 degree Celsius.
Zhang Bin: When did she start to have rash and vesicles?
Wang Xia: Also yesterday morning. She was still sleeping when she was supposed to get up, and she was not willing to eat after getting up. Her saliva often flew out from the mouth. Later I found there are red rashes and vesicles on her hands, tongue and in her mouth.
Zhang Bin: Ok. Please go to the ward and take care of your child now.
Wang Xia: Please do cure my child!
Kaqi: Don't worry, we will try our best.

2. Dialogue (after Wang Xia left the office, in the doctor's office)

Zhang Bin: Kaqi, how is the patient in bed 8?
Kaqi: She is having a fever, and there are scattered red spots and some herpes on her hands, feet, and buttocks skin. There are scattered herpes on the oral mucosa and

	tongue, surrounded with red halo.
Zhang Bin:	What is the color of her lips?
Kaqi:	It is quite red.
Zhang Bin:	How is her appetite?
Kaqi:	Since the rupture of vesicles on the oral mucosa and the tongue makes the child very painful, she doesn't want to eat.
Zhang Bin:	Have you done the lung auscultation for her?
Kaqi:	Yes I have. Harsh breath sounds and rales were heard in two lungs, the heart sound is powerful, with no murmurs.
Zhang Bin:	How is she today?
Kaqi:	She is quite inactive today, and her limbs are weak and trembling. Her temperature is 39.5 degree Celsius. She also coughs, vomits, has convulsion and tic.
Zhang Bin:	Has the result of the blood routine test come out?
Kaqi:	Yes, the number of leukocytes is quite large.
Zhang Bin:	What do you think?
Kaqi:	Is the kid suffering from the severe case of hand-foot-mouth disease?
Zhang Bin:	Correct, you are making great progress. Apart from that, since the patient may have other complications, we'd better give her further examinations.

3. Connected Speech (4 days after the treatment, Kaqi speaks to the patient's family member Wang Xia)

Ms. Wang, your daughter's hand-food-mouth disease has been controlled thanks to the treatment during these days. The rashes on her hands, feet and buttocks are almost gone, the herpes on oral mucosa and lingual surface are cured, and symptoms like fever, cough, vomit, tic, somnolence, convulsion, limbs trembling are disappearing. Her mental condition is better than a few days ago, and can eat some bland and liquid food now. Fortunately she did not have any complications, so she may be discharged today. Her strength needs to be recovered after discharge, so nutritious food is very important to her. You can give her some nutritious liquid or semi-liquid food to eat these days, such as millet congee and lean meat porridge. The child's room needs to have sufficient fresh air; her clothes and blankets need to be washed often and be aired in the sun. Don't bring the child to crowded or stuffy places. Try not to let the kid play with other kids to minimize the opportunities of getting infected. The child must wash her hands carefully before meals and after going to toilet. In addition, please let the kid take medicines on time, and spray the spraying agent for her on time. If you pay attention to all of these, your kid will be soon recovered. Now you may go to deal with the discharge procedure.

LESSON 4

Text

Characters

Director—Ding Yuling
Interns—Shana, Abudula
Patient—Liu Chang (male, 3 and a half months old, bed 30 in the isolation ward of the department of pediatrics)
Family of the patient—Zhang Ling (mother of the patient)

1. Dialogue

Ding Yuling: Shana, Abudula, this kid has just been transferred from the emergency room, can you go and ask for his condition?
Shana: Sure. Ms. Zhang, how does your son feel?
Zhang Ling: His skin has changed to violaceous color.
Abudula: Oh. Is he breathing normally?
Zhang Ling: Different from the normal times and sometimes it seems to pause.
Shana: When does this condition start?
Zhang Ling: This morning.
Abudula: Is his health condition good before the onset of illness?
Zhang Ling: No. He had a fever a week ago, he coughed, sniveled, and sneezed. He has taken some anti-cold drugs for infants. Then the cold alleviated after three or four days, and he underwent several episodes of convulsion.
Ding Yuling: Has he had the DPT vaccine before?
Zhang Ling: No.
Shana: Dr. Ding, is this kid suffering from pertussis?
Ding Yuling: Very likely based on this condition.
Zhang Ling: Doctor, is my son's life in danger?
Ding Yuling: A little bit, he needs to be hospitalized for observation and treatment.

2. Dialogue

Shana: Dr. Ding, bacillus pertussis are found in the sputum examination of bed 30.
Ding Yuling: It seems that our judgment is correct, the child is suffering from pertussis.
Abudula: His symptom of coughing is not obvious, but he has symptoms like tic, cyanosis, apnea and so on.
Ding Yuling: These symptoms are common for 4—5 months old infants who suffers from per-

tussis, it is quite dangerous and needs a long period treatment.

Abudula: Does "100 day cough" (pertussis) means it takes about 100 days to recover?

Ding Yuling: Right. If the condition is not severe, it takes 1—2 week, otherwise 2—3 months.

Shana: The Chinese name of the disease is so interesting.

Ding Yuling: The early symptoms of this disease are similar to cold, so many parents just think that their kids are getting a cold.

Abudula: No wonder she sent her son to hospital so late. Now the disease has already developed to second stage, right?

Ding Yuling: Right. Now we first use erythromycin 30—50 mg/kg/day for 7—10 days, hope it is effective.

Shana: What should we do if the erythromycin is not effective?

Ding Yuling: Then we will have to use adrenocortical hormones to alleviate the inflammation, and sputum suction to prevent him from asphyxia.

3. Connected Speech (Shana speaks to Zhang Ling)

Ms. Zhang, according to the clinical symptoms and results of checks, your son is suffering from pertussis instead of a cold. The early symptoms of pertussis are not serious, and the result of treatment is the best, usually it could be cured within 1—2 weeks. However, the symptoms in the first stage are similar to cold, so many people did not come to hospital in time for treatments. Usually they come to hospital when the disease has developed to the second stage as they found out that this is not a cold. Your kid is already in the second stage when he was sent to hospital. As the infants are not mature yet, they are often lack of strength to cough, so they will not cough vigorously at the onset of illness. Their respiratory tracts are relatively narrow, making it easy for secretion to accumulate and causes pause of breath and cerebral anoxia, therefore, their skin will become violaceous, and they will also suffer from tics, which are rather dangerous. However, you don't need to worry too much since this is a common communicable disease for infants, and we have already isolated your child for treatment and have also given him intensive care. The treatment for second stage pertussis takes a long time, it may last for 2—3 months if the condition is serious. If your kid was inoculated with DPT vaccine 3 months after birth, he would not have this disease. The immunity of infants is relatively weak, you'd better let him take all the necessary vaccines, this is good for his health.

LESSON 5

Text

Characters

Director—Wang Li
Intern—Abudula
Patient of the department of infectious diseases—Gao Hua (male, 42 years old)
Family of the patient—Ma Fanglin (wife of the patient)

1. Dialogue

Abudula:	Hello Mr. Gao. What's the matter with you?
Gao Hua:	Hello. Doctor, I feel very weak because of diarrhea.
Ma Fanglin:	My husband has been having diarrhea for 2 days, today his stool even has pus and blood, what should we do?
Abudula:	Please don't worry. Do you have other discomfort except for diarrhea?
Gao Hua:	I am feeling uncomfortable everywhere, my head aches, my body is weak, and I am lack of appetite.
Abudula:	Have you checked your body temperature?
Ma Fanglin:	The nurse has just checked it, 39 degree Celsius.
Abudula:	How many times do you have diarrhea today?
Gao Hua:	More than 10 times.
Abudula:	How are the stools like?
Ma Fanglin:	At the beginning it was loose stool, after that there were pus and blood as well as mucus in it.
Abudula:	Do you sometimes feel like defecating, but cannot defecate?
Gao Hua:	Yes, I often have this kind of feeling.
Abudula:	Have you eaten any dirty things before?
Ma Fanglin:	He went to a small restaurant the day before the disease occurred. He ate quite a lot of cold dishes. Is it food poisoning?
Abudula:	It cannot be confirmed before the check result comes out.

2. Dialogue

Abudula: Dr. Wang, this is the testing sheet of the patient in bed 3.

Wang Li: En, there are a large amount of red blood cells and white blood cells and a little macrophages found in the stools. Shigella dysenteriae are also found after the stool culture.

Abudula: In the blood routine test, the amount of both white blood cells and neutrophilic granulocyte increases.

Wang Li: Abudula, what do you think about this disease?

Abudula: The patient said he went to a small restaurant before the disease occurred, so they suspect this is food poisoning.

Wang Li: It is not ordinary food poisoning according to the check results.

Abudula: Shigella dysenteriae are found after the stool culture, is this dysentery?

Wang Li: Yes, this is acute bacterial dysentery. You have made great progress.

Abudula: Thank you, but I still have a long way to go.

Wang Li: Haha, you have also learnt to be modest like Chinese.

Abudula: Please excuse me for my ignorance. Dr. Wang, do we need to use antimicrobials to treat this disease?

Wang Li: Right, we can use quinolones, sulfanilamides, gentamicin, and cephalosporins according to the condition of the patient.

Abudula: This is a infectious disease, should we isolate the patient for treatments?

Wang Li: Of course, please go tell the nurses.

Abudula: Ok. I'll be right there.

3. Connected Speech (Abudula speaks to the patient's family Ma Fanglin)

Aunt Ma, according to the check results, your husband is suffering from dysentery instead of ordinary food poisoning. Dysentery is an infectious disease and is mainly transmitted through stools, hands and mouths. Your husband has been to a small restaurant a day before the disease occurred, maybe he was infected by eating the food contaminated by shigella dysenteriae there. It is easy for people to have dysentery if they eat the food touched by flies with shigella dysenteriae without heating them for disinfection in advance. The incubation period of bacterial dysentery is 1-2 days. Summer and autumn are the seasons in which people are vulnerable to dysentery. As it is summer now, many people like to eat cold dishes and ice cream, if they don't pay attention to the hygiene of food, they would probably get dysentery. We are going to isolate your husband for treatments. Now please put your hands into this disinfectant for 2 minutes, and wash it with water. Before your husband is fully recovered, you need to wash your hands like this every time you contact him. After going home, you need to disinfect all the things used by him as well as his clothes. You can wipe the things with disinfectant, or just put them in water and boil them for 30 minutes.

LESSON 6

Text

Characters

Director—Zhang Qin
Interns—Bairuidi, Shana
Patient of contagion section—Li Cheng (male, 28 years old)
Patient's family—Wang Hui (the patient's wife)

1. Dialogue

Bairuidi, Shana:	Dr. Zhang, good morning!
Zhang Qin:	Hello!
Bairuidi:	Dr. Zhang, there is a patient of hepatitis B transferred to bed 14 today, here is his medical record.
Zhang Qin:	Ok, let's look at it together. Shana, please read the medical record.
Shana:	HBsAg, HBeAg and HBcAb are positive, HBsAb and HBeAb are negative. Total bilirubin is 20.6umol/L, alanine aminotransferase is 317U/L and aspartate aminotransferase is 118U/L.
Bairuidi:	From the result of the test for HBsAg, HBsAb, HBeAg, HBeAb and HBcAb, this is a patient of "great three positive", HBsAg, HBeAg and HBcAb positive, right?
Zhang Qin:	Yes, the patient's ALT and AST are increasing obviously, and his liver function has already been abnormal. This is the medium chronic hepatitis, and needs immediate treatment.
Shana:	Is this disease difficult to be cured?
Zhang Qin:	Right, it is not easy to be cured. Usually we need to use comprehensive treatment.
Bairuidi:	Does it mean that we cannot use only a single treating method?
Zhang Qin:	You are correct. We not only need to improve and recover the patient's liver function, enhance his host immunity, but also need to execute antiviral and anti-fibrosis treatments.
Shana:	How should the patient cooperate with the treatment?
Zhang Qin:	He needs to pay attention to his diet, rest as much as possible, and needs to maintain an optimistic attitude.

2. Dialogue

Shana, Bairuidi: Hello, Mr. Li.

Li Cheng: Hello. Am I really suffering from hepatitis B?

Shana: Yes, you have hepatitis B and needs to be hospitalized for treatment.

Li Cheng: Is it the "great three positive", HBsAg, HBeAg and HBcAb positive, or the "small three positive", HBsAg, HBeAb and HBcAb positive?

Bairuidi: It is the "great three positive": HBsAg, HBeAg and HBcAb positive.

Li Cheng: Ah, what should I do? I am a chef in the restaurant, now I cannot continue my work anymore.

Shana: This disease is infectious, therefore, you couldn't work as a chef before you are fully recovered.

Bairuidi: Have you felt any discomfort during these days?

Li Cheng: Nothing special, but sometimes I would be fatigue, dizzy, lack of appetite, and feel pain in my liver.

Shana: These are all symptoms of chronic hepatitis, you should have come to the hospital earlier.

Li Cheng: I thought that it was due to my busy working schedule, how I could know that I am suffering from hepatitis B?

Bairuidi: Please don't worry, it is very important to keep an optimistic attitude for curing this disease.

Shana: Right, as long as you cooperate with us actively, your disease could be under control, and you can be recovered.

Li Cheng: Ok, I will surely cooperate!

3. Connected Speech (Bairuidi talks to the patient's family)

Mrs. Li, thanks to the treatment during this time, your husband's condition has been controlled, his liver function and other indicators are all recovering to normal gradually, and he could be discharged from hospital tomorrow. However, the viruses in his body are not yet eliminated completely, so he cannot serve as a chef in restaurants like before, nor could he work in the food processing industry or other jobs related to food and drinks. After going back, you not only need to remind him take the medicine on time, but also let him rest sufficiently, pay attention not to let him feel tired. You can give him some food with high protein and high vitamin to eat, which are easy to be digested, such as milk, eggs, fish, lean meat, and food made by beans. These foods are good for the repair of the liver. Make sure that he does not eat any oily food, since they would easily cause fatty liver. Apart from that, he must not drink wine, not even alcoholic beverage. If he gets ill and need to intake medicine, it is best to first tell the doctor his condition, and read the instruction of the medicine carefully. He cannot take any medicine which will damage the liver. It takes a long time to cure hepatitis, therefore you need to encourage him, help him to build patience and confidence of the treatment, it is very important for the hepatitis patients to have a good emotion in order to recover well.

LESSON 7

Text

Characters

Intern supervisor—Qian Hao
Interns—Abudula, Bairuidi
In-patient of Department of Transmission—Miao Hong (female, 21 years old)
Family of the patient—Miao Dagang (father of the patient)

1. Dialogue

Abudula: Dr. Qian, a patient came in yesterday is in bed No. 6. She was suspected to have tuberculosis by the outpatient department.

Qian Hao: Please read her case history first.

Abudula: Miao Hong, female, 21 years old, suffered lasting cough for over one month, with a little hemoptysis, followed by fever and night sweats.

Bairuidi: The patient has a prickly pain in her chest, and it gets worse with coughing. She also feels pain in her shoulder and upper abdomen.

Qian Hao: The chest pain was caused by inflammation, and the pain of shoulder and upper abdomen was due to diaphragm pleura irritation. Has the Chest X ray film come out?

Abudula: Yes, it has come out already. Chest X ray film shows invasion change in lung.

Qian Hao: Have you take her phlegm for a smear test?

Bairuidi: Yes, the smear test of phlegm gave a positive result.

Abudula: Do we need a further test of TB sputum culture?

Qian Hao: TB sputum culture needs 6—8 weeks, so we don't do it at this time. Does the patient have a headache or change in consciousness?

Bairuidi: No. Dr. Qian, is the diagnosis in the outpatient tuberculosis?

Qian Hao: Yes, out-patient diagnosis is correct.

Abudula: This disease could be contagious, right?

Qian Hao: Yes. You need to tell the patient and her families to pay attention to it, and prevent them from being infected.

Bairuidi & Abudula: Ok.

2. Dialogue

Bairuidi: Hello Ms. Miao.

Miao Hong: Hello doctor, I am so worried. What kind of illness am I suffering?

Bairuidi: You had acute pulmonary tuberculosis.

Miao Hong:	Ah, tuberculosis? Is it the "consumptive disease"?
Bairuidi:	Yes, it used to be called so.
Miao Hong:	What should I do then? It is said that this disease is contagious, is that true?
Bairuidi:	Right. Therefore, we have to arranged you to an isolated ward upstairs, please stay there as much as you can.
Miao Hong:	Oh. Can my mom and dad come visit me?
Bairuidi:	Yes, but you all have to wear a mouth mask.
Miao Hong:	Any other things we should pay attention to?
Bairuidi:	Please do not spit on the floor, spit in the tissue or in a spittoon.
Miao Hong:	Ok, I will pay attention to this. Is this disease difficult to be treated?
Bairuidi:	It was difficult to treat in the past, but now as long as we stick to regular treatment, it could be cured generally.
Miao Hong:	Oh, that's a relief for me.
Bairuidi:	But after you leave the hospital, you have to keep a long-term medication, and come back for checking regularly. At that time we will tell you in detail.
Miao Hong:	Ok, thank you, doctor.

3. Connected Speech (Bairuidi to the patient's family)

Uncle Miao, your daughter has got the acute pulmonary tuberculosis, we have to transfer her to the isolation ward upstairs immediately. You do not have to be so worried, we have especially effective tuberculosis medication now, so tuberculosis is not as difficult to treat as in the past. As long as the patient keeps an optimistic mood and cooperate with medical treatment actively, insist on taking the medicine on time and with appropriate amount, and complete the treatment, tuberculosis can generally be cured. Tuberculosis is an infectious disease, transmitted mainly through respiratory droplets. Therefore, to avoid being infected, you should wear a mask when you go and visit the patient, don't speak too close to the patient, and try to avoid talking to the patient face to face. After going home, you should wash the bedding and clothes used by the patient, and expose them to the sun, also boil the bowl and chopsticks used by the patient for more than five minutes. After the disease your daughter would be relatively weak physically, please pay attention to give her nutritious diet. She can eat dairy, eggs, fish, meat and beans, and could also eat fresh vegetables and fruit. After discharge, it is necessary to increase or reduce the cloths she wear according to the change in weather; she also need to have appropriate amount of exercise to strengthen her body and enhance her immunity resistance, such as playing tai-chi.

LESSON 8

Text

Characters

Intern supervisor—Xu Xian
Interns—Kaqi, Shana, Bairuidi
In-patient at bed 2 of E.N.T.department—Tian Jiang (male,35 years old)
Family of the patient—Li Ben (wife of the patient, 35 years old)

1. Dialogue (at the doctor's office)

Kaqi: Dr. Xu, the report of bed 2 has come out. It confirms your primary diagnosis as nasopharyngeal darcinoma.
Shana: He said his father died of nasopharyngeal carcinoma, and now he is scared.
Bairuidi: Dr. Xu, does nasopharyngeal carcinoma have family history?
Xu Xian: In an area prone to nasopharyngeal carcinoma such as Guangdong, 10% of those patients have family history of cancers, half of which is nasopharyngeal carcinoma, and most of them are lineal relative.
Shana: Dr. Xu, how is the cure rate of nasopharyngeal carcinoma?
Xu Xian: The cure rate of nasopharyngeal carcinoma is the highest among cancers. For the early phase the prognosis is good. By the way, could you name all the symptoms of the early phase of nasopharyngeal carcinoma?
Bairuidi: Patients often suffered from enlargement of lymph nodes and migraine, with blood streak in nasal discharge, nasal obstruction, tinnitus and impaired vision.
Kaqi: Some have facial numbness, and a few female menolipsis.
Xu Xian: Quite right. There's one more: Some have no obvious symptoms and are easily misdiagnosed.
Shana: Luckily bed 2 has obvious symptoms and was discovered soon enough.

2. Dialogue (at the ward)

Tian Jiang: Ow! Ow! I have a terrible headache.
Li Ben: Look, doctor, his nose starts running again, and there's blood streaks in it. What to do about it?
Kaqi: Don't worry too much. The blood streaks are not many, it is not very serious.
Li Ben: His father died of nasopharyngeal carcinoma, does he have the same disease?
Xu Xian: Don't worry, Mr. Tian was diagnosed with nasopharyngeal carcinoma, but it's in the early phase and is comparatively hopeful to be cured.

Bairuidi:	Right. The cure rate of nasopharyngeal carcinoma is the highest among cancers.
Li Ben:	That's good. Doctors, you have to save him! If anything would happen to him, what should I and my child do?
Xu Xian:	Rest assured, we'll do our best. Tomorrow we'll arrange for the radiotherapy.
Li Ben:	We would follow the doctor's advice.
Shana:	During the radiation treatment, he'll have some untoward effects, such as feeling weak, dizzy nausea and vomiting, with flat feeling of the mouth no appetite, sleepless or drowsiness.
Bairuidi:	And he might also suffer from a sore throat, dry mouth and dental ulcer.
Xu Xian:	The reaction of radiotherapy differs from one another, but it's normally bearable.
Li Ben:	We'll actively cooperate with the treatment.

3. Connected Speech(After the patient's 8 weeks of treatment, Bairuidi says to Li Ben and Tian Jiang)

　　Mr. and Mrs. Tian, after two courses of radiotherapy, the cancer cells in Mr. Tian's body are under control, and he'll soon be able to leave the hospital. As we have said before, the cure rate of nasopharyngeal darcinoma is the highest among cancers. Now you see, isn't Mr. Tian recovered soon enough? So you must be optimistic and confident. Remember to come back for regular radiotherapy to consolidate the results. Mrs. Tian, you should take good care of your husband's diet. He should eat less or better no preserved foods such as salted fish and bacon, because those foods contain carcinogen. He should eat more foods which contain lots of vitamin such as vegetables and fruits, more foods which contain high protein such as lean meat, eggs and fish. Mr. Tian, you have to quit smoking and drinking now. What's more, you'd better drip your nose 2 or 3 times a day, keep the nasal cavity clean. Don't pick your nose too hard to prevent from bleeding. And try not to go to the stuffy places, always keep the air flesh at home. Everyday you should insist on opening your mouth as large as possible for 100 times. Rest more and work less, don't burn yourself down by heavy work. And the most important thing is to maintain a good mood. Always feel happy to do anything anytime.

LESSON 9

Text

Characters

Intern supervisor—Wang Cheng
Intern—Kaqi
Patient at bed 6 of department of ophthalmology—Liu Yingmei (female, 72 years old)
Family of the patient—Li Jiang (the patient's son)

1. Dialogue (in the ward)

Li Jiang: Hello doctor, have my mum's inspection results come out?
Kaqi: I'm sorry, not yet.
Liu Yingmei: Doctor, what's wrong with my eyes? Will I be blind?
Kaqi: Please don't worry. We will try our best to help you.
Li Jiang: (sigh) My mom can hardly see anything now.
Kaqi: When did your sight begin to deteriorate?
Liu Yingmei: About 20 or 30 years ago. In the beginning, I only had a less clear sight, so I thought that it was just presbyopia, and didn't care about it much.
Li Jiang: That's right. I even comforted her at that time that everyone will become presbyopic one day, and told her not to worry. However, I didn't expect that it went worse and worse, and now she is almost blind.
Kaqi: Do you feel pain in the eyes?
Liu Yingmei: No, I don't.
Kaqi: Are you afraid of light?
Liu Yingmei: No, I'm not.
Kaqi: Do you often shed tears?
Liu Yingmei: No. I just feel my sight is worsening.
Li Jiang: If she often feels uncomfortable, I would have taken her to hospital earlier.
Kaqi: Ok. We will decide the treatment when the check results come out.

2. Dialogue (in the doctors' office)

Kaqi: Dr. Wang, I have learnt about the case of bed 6, and I think she should be diagnosed with typical senile cataract of both eyes - mature stage.
Wang Cheng: Which facts does it based on?
Kaqi: The patient's chief complaint is: sight deteriorating gradually for 20 to 30 years in both eyes, no pain, no phengophobia and no tears shedding. But her sight is getting

	worse. Now she can hardly see anything.
Wang Cheng:	Have the check results come out?
Kaqi:	Yes. The visual acuity is hand-move before eye in both eyes, light seeking is normal and no red-green achromatopsia.
Wang Cheng:	Have you done the slit-lamp examination?
Kaqi:	Yes. I found that both lens are entirely turbid. The nucleuses of lens are pitchy and extremely hard. I couldn't see the eyegrounds of both sides.
Wang Cheng:	What about the type-B ultrasonic?
Kaqi:	The diagnose is cataract too.
Wang Cheng:	Did you find anything abnormal in her overall health?
Kaqi:	No, I didn't.
Wang Cheng:	Ok. Your diagnose is right. What do you think we should do in this case?
Kaqi:	I think the best way is to do an operation.
Wang Cheng:	Yes. Though the patient is old, her overall health is not bad and can undergo an operation. Would you go and talk to her and her family about it?
Kaqi:	Sure!

3. Connected Speech (Kaqi tells Liu Yingmei and Li Jiang)

Grandma Liu and Mr. Li, according to the symptoms you told us and the check results, Grandma Liu diagnosed by Dr. Wang with senile cataract of both eyes, and it's in the mature stage. In this situation, the best treatment is to do an operation. We are going to operate on Grandma Liu's right eye first. The surgical name is extracapcular cataract extraction and intraocular lens implantation. When your sight of right eye is better, we will do a similar operation on the left one. Grandma Liu's overall health is good, with no diseases frequently seen in old people such as hypertension, diabetes, hyperlipemia. So it is safe for you to undergo this operation. The surgical will last for 7-8 minutes. After that you'd better keep a semireclining position instead of a dorsal one. You should wear a eye shield a few days before the surgery. You'd better pay more attention to protect your eyes when you get up or do some activities, and don't play with your grandson too much in order not to hurt your eyes. No particular taboos in eating. You could eat more fruits and vegetables to keep your bowels open. In addition, you have to take medicine and eye-drops according to the doctor's advice after you leave hospital. Make sure you come back to recheck in the out-patient department. Your sight will get better after the operation as a rule, but if anything unexpected happens, for example, you get a sudden sight lost, feel painful in the eyes, or your eyes are injured, you must come to hospital immediately.

LESSON 10

Text

Characters

> Intern supervisor—Li Dongyun (female, 40 years old)
> Intern—Kaqi
> Patient at bed 6 of department of ophthalmology—Tian Qing (male, 45 years old)
> The patient's family—Xie Ying (the patient's wife)

1. Dialogue (in the doctors' office)

Li Dongyun: Kaqi, how is the effect of laser therapy in bed 6?
Kaqi: I just went to see him. It is not good. His IOP is still not under control.
Li Dongyun: If it can't be controlled by medicine or laser therapy, we have to consider surgery.
Kaqi: Would it be completely healed by doing operation?
Li Dongyun: The damage to vision of a glaucoma patient is irreversible. It will be under control rather than completely healed after surgeries.
Kaqi: It seems that the patient is afraid of having operations.
Li Dongyun: In this case, he would be blind if he does not receive operation in time. You need to explain to him later.
Kaqi: Ok. Mr. Li, which kind of glaucoma is he suffering from?
Li Dongyun: It's angle-open glaucoma.
Kaqi: Oh, I remember you said that patients of this kind don't have obvious symptoms in the early stage. The state of illness develops relatively slowly. When they discover some symptoms, it is usually in the advanced stage.
Li Dongyun: Not bad. You study intensively in your internship.
Kaqi: I must study hard to be a good doctor.

2. Dialogue (in the ward)

Xie Ying: Doctor, my husband's eye is not good after the laser therapy. Why is that happening?
Kaqi: When glaucoma is in the advanced stage, medicine and laser therapy will not always work. Doctor Li says your husband's left eye needs an operation as soon as possible.
Tian Qing: Oh, must it be done?
Kaqi: As the effect of medicine and laser therapy is not as ideal as we expected, he would probably be blind if not operate soon.
Xie Ying: Oh my god! Blind? Will it be healed completely after the operation?
Kaqi: It could not be easily healed. But it could be under control by doing operations.

Tian Qing:	It's horrible to do operations in eyes!
Kaqi:	Don't worry. We will do a local anesthesia before the operation, so he won't feel pain in the eye during the surgery. Wouldn't it be more horrible if he refuses the surgery and gets blind?
Xie Ying:	Yes. You'd better listen to doctors.
Tian Qing:	I heard that when one of my eyes suffers from glaucoma, the other one is also likely to suffer from it, right?
Kaqi:	Yes. The possibility of an attack in the other eye in 5 years is about 70%.
Tian Qing:	Can it be prevented?
Kaqi:	Yes. We suggest you have a prophylactic surgery in the right eye after your left eye recovers.
Xie Ying:	Ok. It is good to have a way of prevention.

3. Connected Speech (Kaqi tells Tian Qing and Xie Ying)

Mr. Tian, the operation is successful. But after the operation, you should take good care of your eyes, otherwise it will protract the course of disease. You should also pay attention to the post-operation pain. In the first 24 hours after operation, it is normal if you feel pain in the incision, and you can take some analgesic orally or by intramuscular injection. If you still feel pain after taking medicine or 2—3 days after the operation, you have to tell us immediately. Your eyes need to be bandaged and you need to lie in bed in the first 2 days after surgery. During these days, you have to take less activity, especially avoid head moving. You also need to inform us if you are coughing or expectorating badly because it would probably tear your incision, leading to bleeding and delaying the wound healing. About your diet, you'd better have nutritious and gutted food in order to keep your bowels open. No irritating food. No smoking, alcohol, coffee or strong tea. After leaving hospital, make sure you have enough sleep and let your eyes rest as much as possible. Don't read, watch TV or computer too much. Neither should you drink too much in one time, so that the normal regulation of intra-ocular pressure won't be influenced. The indoor light should be soft, neither too strong nor too dark. Try to persist in massaging your eyeball softly from downside to upside 3—4 times a day, each time for 1—3 minutes. In addition, take the eyedrops on time according to doctor's advice, come back to recheck in the out-patient department periodically. If you feel pain or distension in the eyes, go to hospital for a further consultation.

LESSON 11

Text

Characters

> Director—Li Dongyun
> Interns—Kaqi, Bairuidi
> Bed 3 patient of department of ophthalmology—Wang Haiping (male, 36 years old)
> Family of the patient—Li Mei (wife of Wang Haiping)

1. Dialogue (in the doctors' office)

Kaqi: Dr. Li, the patient of bed 3 has already lost his sight at such a young age, what a pity!

Li Dongyun: I agree. Eyes are very vulnerable, therefore people must receive treatment in time when they feel any discomfort with their eyes, especially the cornea, otherwise they might become blind.

Kaqi: If the patient in bed 3 came to hospital right after he got conjunctivitis, there won't be such a serious consequence, right?

Li Dongyun: Right, he was too careless. How could he delay his coming to hospital because of the busy work?

Kaqi: In a case like this, are there any ways for him to recover his sight?

Li Dongyun: Keratoplasty is the only solution when the blindness is caused by the damage of cornea.

Kaqi: But we don't have cornea available for transplant, what should we do?

Li Dongyun: We could only wait. Go tell the patient and his family the situation, and let them go home first.

Kaqi: Should I also tell them to come to the hospital for operation as soon as they are notified that there is cornea available?

Li Dongyun: Yes, keratoplasty must be conducted no more than 12 hours after the death of the donator.

Kaqi: Ok, I will go tell them now.

2. Dialogue (after 1 month, Wang Haiping has received keratoplasty, in the ward)

Li Mei: Dr. Kaqi, when could my husband be discharged?

Kaqi: After 1 or 2 weeks. It depends on his recovery.

Li Mei: Then when could the stitches be removed?

Kaqi: It is hard to say now. After discharge, he needs to be re-checked once a week, and after

	one month once a month. The doctor will tell you the exact time to remove the stitches according to the result of re-checks.
Li Mei:	Does he need re-checks after removing the stitches?
Kaqi:	Yes, after removing the stitches, he needs to be re-checked every 3 months.
Li Mei:	It is said that there will be reject reaction, is that true?
Kaqi:	Yes, there may be reject reactions several months or even several years after the operation.
Li Mei:	Ah? How could we know whether he has reject reaction?
Kaqi:	If the patient has red eye, ophthalmalgia, sudden impaired vision, then he needs to go to hospital immediately for checks.
Li Mei:	Oh. Does he need to take medicine and eyedrops after discharge?
Kaqi:	Yes. He must follow the doctor's advice for the time, method and dosage of taking medicine. He must not change the dosage or stop taking medicine as he likes.
Li Mei:	Oh, I see. What should we pay attentions to in terms of daily life?
Kaqi:	Please prevent him from getting a cold. He needs to rest more; cannot knead eyes; don't go to swim; and put on protective glasses when he goes out.
Li Mei:	It is very nice of you, thank you!
Kaqi:	You are welcome, this is my duty.

3. Connected Speech (Kaqi speaks to Bairuidi)

Bairuidi, about the patient I mentioned to you last month, he finally got the cornea available for transplant, and has already received keratoplasty. Dr. Li says the operation was very successful, the patient and his family are very happy, and I am happy for them as well! However, Dr. Li says the success of the operation cannot guarantee the success of the transplantation, because the post-operation treatment and patient's self health care are also very important. Reject reaction is the main cause of the failure of transplantation. Generally speaking, the patient needs to drip corticosteroid or CsA for 3 months after the operation, and take immunosuppressive drugs such as glucocorticoid for one month. Since there are quite many side-effects of these medicines, the patient needs to follow the doctor's advice for medicine strictly. There were a couple of patients who did not follow the doctor's advice and change the dosage of medicine or even stop taking them, which finally led to the failure of transplantation, and they needed to receive keratoplasty again. It is so unworthy for them to spend more money and suffer more! Therefore, I reminded the patient and his family particularly this time that they have to follow the doctor's advice. I also told them the schedule of re-checks after discharge, and the matters that they need to pay attention to in daily life. I hope the patient can recover his vision successfully. The recovery of patients' health is the greatest happiness of us doctors.

LESSON 12

Text

Characters

Director—Pan Haiming (male, 45 years old)
Interns—Shana, Abudula
The No.10 Bed in-patients of Stomatology department—Guan Jinfu (male, 68 years old)
Family members of the patient—Guan Xiaomang (40 years old, the daughter of patient)

1. Dialogue

Abudula: Shana, I heard that Grandfather Guan in bed 10 is so painful and unable to speak, because he hit his jaw when he fell, isn't it?
Shana: Yes, we talked with her daughter alone when I visit him with Dr. Pan.
Abudula: How's the situation of Grandpa Guan?
Shana: He had facial swelling, deformity, difficulty in opening mouth, the upper and lower teeth biting disorder.
Abudula: Oh. What did you check on him?
Shana: Dr. Pan gave him a palpation, and so did I.
Abudula: What did you feel?
Shana: I felt the bones of his bilateral mandibular condyle was like steps with different levels.
Abudula: Did his mandibular condyle moving normally when opening or closing the mouth?
Shana: Local tenderness is obvious and its moving disappeared.
Abudula: I think this may be the fracture of the mandibular condyle neck.
Shana: You are really wonderful! You diagnosed the same as Dr. Pan did.
Abudula: Thanks, but I have a long way to go.
Shana: Dr. Pan also let him have an X-ray and CT examination.
Abudula: I really wish to know how Dr. Pan treated Grandpa Guan on the results of examinations.

2. Dialogue (In the office)

Shana: Dr. Pan, these are the X-ray and CT inspection results of Bed No.10.
Pan Haiming: Oh, you see, both necks of mandibular condyle are fracture, and there is the placement of fracture segments.
Shana: From this result, other parts didn't get injured. Is this simple open fracture?

Pan Haiming:	Yes, the mainly treatment is reduction and fixation in this situation. Ok, let's go and give him the treatment.
(In the ward)	
Shana:	Aunt Guan, according to the results of the inspection, Grandpa Guan got a mandibular fracture.
Guan Xiaomang:	Ah! Then how to do? Can it be cured?
Pan Haiming:	Take it easy, it can be cured. We are ready to do fracture reduction and fixation for Uncle Guan.
Shana:	This is a small operation, please sign in the bar here.
Guan Xiaomang:	Oh, does he need an operation? My father is very old, is it alright if he doesn't have surgery?
Pan Haiming:	The fracture in oral is not the same as the fractures of the hands and feet in general. Reduction and fixation of this are more complicated.
Shana:	Yes, think about it, fractures of hands or feet can be fixed with the splint outside. However, mandibular fractures should be fixed inside the oral, it needs to have an operation.
Guan Xiaomang:	Oh. Well, I believe the doctors, I'll sign.

3. Connected Speech (Shana speaks to the patient's daughter)

Aunt Guan, Grandpa Guan's fracture reduction and fixation has already done. We used a titanium miniplate rigid fixation for him, this approach has little trauma, postoperative healing is conducive to functional recovery. Peptide alloy splint has well biocompatibility, no toxicity to the body, so it can stay in the body in a long-term under normal circumstances when fractures healed without further surgery to remove the splint. And Grandpa Guan is no longer to endure the pain of the surgery. Now Grandpa Guan's bite function of the upper and lower teeth is normal, but it's still difficult to open his mouth. After a week or two, he can begin to open mouth and try to exercise gradually when the swelling and pain subside, the degree of mouth opening will increase slowly. In order to allow the fracture to heal well, Grandpa Guan could not eat like before one week after surgery, he should have the liquid food only. Two weeks after the operation, he can eat semi-liquid foods, but within three months he should stay mainly with soft food instead of hard food. After three months he can go back to the normal diet. This week he may be reluctant to eat because of the pain of surgical site or difficulty to open his mouth. You should encourage him to have more meals but less at each, try to maintain the nutrition to help the body to recovery. And you should pay attention to keep the ward ventilated with fresh air. Don't bring anything with a pungent smell in order to avoid coughing.

LESSON 13

Text

Characters

> Intern supervisor—Cheng Xiang
> Intern—Bairuidi
> In-patient in bed No.18 of Department of Dermatology—Liao Ming (male, 65 years old)
> Family of the patient—Liao Bing (daughter of the patient)

1. Dialogue

Bairuidi: Dr. Cheng, bed 18 is not suffering from the normal psoriasis, is he?

Cheng Xiang: He has got erythrodermic psoriasis. And he has a 30-years medical history of psoriasis vulgaris.

Bairuidi: Oh, how come does the psoriasis vulgaris change to erythrodermic psoriasis suddenly?

Cheng Xiang: It is often caused by improper treatment, in particular, the suddenly withdrawal or reduction when using corticosteroids.

Bairuidi: I heard that he felt really bad and very worried recently, so when he saw an advertisement on internet, which said the sickness could be cured, then he hurried to see the doctor.

Cheng Xiang: I know, in fact, what they gave him there were hormones, it seems take effect at first, but once he stopped taking the medicine, it got even worse.

Bairuidi: No wonder he now is itching and swelling all over his body, feeling fatigue, 80% of his skin is flushing, with severe scaling, accompanied by chills, fever, swollen lymph nodes.

Cheng Xiang: Has his test report come out?

Bairuidi: Yes. The routine blood test showed that eosinophils increased, serum total protein decreased, albumin decreased and gamma globulin increased. Urine protein response was positive. Normal liver and renal function.

Cheng Xiang: Ok, let's go to see him now.

2. Dialogue

Bairuidi: Uncle Liao, Dr. Cheng is here to see you.

Liao Ming: Hello Dr. Cheng.

Liao Bing: Hello Dr. Cheng. Why does my father always feel cold?

Cheng Xiang: Because this disease makes blood capillary dilate and congest, when the body

	loses lots of heat, there will be symptoms of chills and fever.
Bairuidi:	His temperature has been around 38° C in the past few days.
Cheng Xiang:	The desquamation is comparatively serious now, and the skin is vulnerable to infection, so you should pay particular attention to nurse to prevent from fungal infections.
Bairuidi:	I will tell the nurse later.
Cheng Xiang:	Uncle Liao, you should also be careful not to catch a cold, to prevent from inflammation of the tonsils.
Liao Bing:	We will be careful.
Liao Ming:	Dr. Cheng, now I really regret, if I had come to a regular hospital earlier, it would not become so bad like this.
Cheng Ming:	Don't worry any more, now you should relax, it would be helpful for your treatment.
Bairuidi:	Yes, a bad mood would affect the treatment .
Liao Ming:	Ok, I will listen to the advice of the doctor and actively cooperate with the treatment.
Liao Bing:	Thank you, Dr. Cheng, Dr. Bai. I will cooperate with you, take good care of my father, to help him recover as soon as possible.

3. Connected Speech (Bairuidi to the patient Liao Ming)

Uncle Liao, after a period of hospital treatment, your conditions has been under control, your skin looks almost back to normal now. You can go home in few days. However, the pathogenesis of psoriasis is very complex, up to now, there is still no radical cure. it can only be controlled and relieved, and it is easy to relapse. Do not have a blind faith in those advertisements for a radical cure. Otherwise you will not only lose money without any effect, but also increases anxiety , and make things worse. After discharge from hospital you should pay special attention to skin care, if feeling skin itching, do not scratch to prevent from skin injury; do not use hot water to wash the skin, which would stimulate the skin and increase skin damage. And you need more rest to avoid excessive tension and stress. As for the food, you can eat more fresh vegetables, fruits and lean meat, eggs and beans products, which are rich in protein. Do not eat seafood and other major irritant food, avoid those things that might exacerbate the sickness such as alcohol and tobacco, tea, coffee etc. Further more, you need appropriate exercises to enhance your constitution. This can help better controlling the illness, preventing recurrence. If there is any symptoms of recurrence, you must come to the regular hospital for promptly treatment.

LESSON 14

Text

Characters

Director—Wei Ning
Interns—Shana, Kaqi
Patient in bed 6 of the dermatological department—Xiao Yan (female, 45 years old)
Family of the patient—Wu Yan (husband of Xiao Yan)

1. Dialogue (in the ward)

Wu Yan: Dr. Wei, I am looking for you. Could you please have a look of my wife? The papules on her waist have all turned to vesicle, and she says she feels very painful.
Wei Ning: Don't worry, let me have a look first. Shana, look, the papules have all turned to vesicles, and the vesicle walls are very tense.
Shana: Ms. Xiao, how do you feel now?
Xiao Yan: I feel like burning.
Shana: Dr. Wei, the temperature of Ms. Xiao is 37.8 degree Celsius today.
Wei Ning: Let's check whether she has lymphadenctasis.
Shana: Ok. There is lymphadenctasis in the right inguinal. Dr. Wei, are the current main treatments suppose to be antivirus and analgesic therapy?
Wei Ning: Yes, and we also need to pay attention to prevent secondary infection of bacteria.
Wu Yan: Is her disease serious?
Wei Ning: Don't worry too much, we are able to suit the remedy to the case now since we have already confirmed the diagnosis. Try not to break the vesicles and continue to apply the medicine. The vesicles will shrink and crust will be formed, don't worry.
Wu Yan: How long does she need to be hospitalized?
Wei Ning: Usually she can be discharged after 2—4 weeks, but it still depends on her recovery.
Shana: Ms. Xiao, please be relaxed and cooperate with us, it will fasten your recovery.
Xiao Yan: Ok, I will.

2. Dialogue

Shana: There is a patient having herpes zoster transferred to our department, who was again being misdiagnosed.
Kaqi: Really? Tell me more about it.
Shana: She felt painful in the right hypochondriac region after getting a cold, and then went to

	the department of internal medicine right away. The internal medicine department performed abdominal ultrasonography, X-ray, blood routine test and so on, but could not find anything abnormal.
Kaqi:	Then what was their diagnosis?
Shana:	Since the patient has a history of chronic cholecystitis, the internal medicine department diagnosed it as chronic cholecystitis.
Kaqi:	Oh, was her condition better after using the medicine?
Shana:	The department of internal medicine used antibiotics to treat her, and it was ineffective. The patient found there were red papule with the size of rice grains on her right back and waist the day before yesterday, so she came to the dermatological department.
Kaqi:	But why is herpes zoster so easily misdiagnosed?
Shana:	I have asked Dr. Wei about that, he says that the typical symptoms of herpes zoster are neuralgia and rashes. If the patient did not have rashes at the early stage, then he or she may be easily misdiagnosed.
Kaqi:	Oh, I see. How is the patient now?
Shana:	We just went to see her. Her symptoms are very obvious now, with strip like vesicles. The patient said it was like burning.
Kaqi:	Fortunately the diagnosis has been confirmed, and we can suit the remedy according to the case, otherwise the patient will be even more painful.

3. Connected Speech (Shana to the patient's husband)

Mr. Wu, the treatment starts to work these days. To relieve the symptoms and prevent the post-therapeutic neuralgia from happening, it is suggested that the patient takes some Chinese herbal medicine while taking the antivirus drugs. Since herpes zoster often occurs when the body's immune ability decreases, if the patient's appetite is not good, like the case of Ms. Xiao, it may lead to dystrophia, causing necrosis and leaving scars after healing. Therefore, you should encourage Ms. Xiao to eat more, especially the insipid, nutritious food that could be easily digested, such as porridge, noodles, milk, egg, fish, food made of beans, fresh vegetables and fruit. She also needs to drink a great deal of water. Try not to let her eat deep-fried food and chili. Remember to keep the rooms with fresh air and moderate temperature. Keep the sheets clean as well. Please cut her fingernails regularly to prevent her from hurting her skin while scratching which might cause infection. It is better for her to wear loose clothes in order to minimize friction. In addition, as a relaxed emotion is good for her recovery, you can let Ms. Xiao listen to some music, and you should not be anxious as well. When the crust fall off and the pain is not obvious, she may be discharged. If she pays attention to the hygiene, avoids being too tired, and prevent herself from getting a cold, it is unlikely that the disease will erupt again.

LESSON 15

Text

Characters

Director—Zhang Xi
Interns—Shana, Bairuidi, Kaqi, Abudula
Patient in bed 25 of the department of psychiatry—Chen Chen (female, 44 years old)
Family of the patient—Wu Wei (husband of Chen Chen)

1. Dialogue (in the doctor's office)

Shana: Dr. Zhang, I have read the medical history of bed 25, and I just talked to her for a while. I think she may be suffering severe latent depression.

Zhang Xi: En, let's discuss her medical history first.

Bairuidi: The patient's chief complaint is that she suddenly lost the interest of life, experienced a worsening appetite, decreasing weight, frequent insomnia and restlessness, and was difficult to concentrate.

Kaqi: She used to be an optimistic and energetic person, so her sudden change four years ago was hard to be understood by her family members and friends.

Abudula: Her friends then introduced her to several psychological counseling. She was feeling better at first, but after a while the counseling became less effective, and at the end she even became more and more pessimistic.

Zhang Xi: This is not strange at all. When the patient started to lose interest, became pessimistic and restless, many people, even doctors, may only consider it as psychological problem.

Shana: After one year, she started to suffer from headache, dizziness, nausea and vomiting. She went to the neurology department, digestive system department, and had taken some medicine, but the result was not satisfying.

Kaqi: She then suspected that she had cervical spine diseases and went to a hospital of cervical spondylopathy for several times, but it was not effective.

Bairuidi: She even thought that she was pregnant and went to the department of gynecology. After that she went to the otohinolaryngological department, but neither was helpful.

Abudula: During that half year, she went to many hospitals and medical special departments, including various fold prescriptions, and had taken about 40 kinds of medicines, but all of them were ineffective. During all those time, neither she nor her family had thought that it might be mental illness.

Zhang Xi:	The symptoms like headache, dizziness and so on often conceal the depressing emotion, making it difficult to make a correct diagnosis.
Shana:	She started to have predisposition to suicide several months ago and even had her last words prepared. However, she couldn't make up her mind once she thought about her husband and her children.
Abudula:	It was then did her husband thought about depression and brought her to the department of psychiatry for treatment.
Zhang Xi:	Considering all these symptoms and aspects, I think Shana is correct. The patient is suffering from severe depression. It is called latent depression because the symptoms are not typical.
Kaqi:	Then how should we treat her?
Zhang Xi:	We should perform pharmacotherapy, physical therapy and psychotherapy at the same time.

2. Connected Speech (Kaqi speaks to Wu Wei)

Mr. Wu, we have confirmed that your wife is suffering from a relatively severe depression. Dr. Zhang said that it is wrong for people to consider depression as a mental illness and therefore does not need any pharmacotherapy, but only psychotherapy. Actually pharmacotherapy is necessary for patients of depression, especially severe depression, otherwise the condition will be worse, and the duration of disease will be longer. The pharmacotherapy nowadays is effective to most patients, if we perform psychotherapy simultaneously, the result will be even better. According to your wife's current condition, we decided to perform pharmacotherapy as the main therapy, and psychotherapy as assistant therapy. When her condition stabilizes, we will have psychotherapy as the main therapy and pharmacotherapy as the assistant one. It takes a while for the patient to adapt to the medicine. At the beginning, she may have burning feeling at the throat, feeling thirsty and fatigue, and therefore being resistant to take the medicine. You should encourage and comfort her, try to let her take the medicine continuously. It also takes some time for the medicine to take effect. At the first several weeks, the result may not be obvious. In order to prevent her from committing suicide again, you should pay extra attention to her mental condition. The treating period of depression is quite long, so your wife may need to be hospitalized for several months or even up to half a year. It is better for her to take the medicine for more than 5 years after discharged, and you also need to be mentally prepared for a long-term treatment.

LESSON 16

Text

Characters

Director—Lin Feng (female, 50 years old)
Interns—Abudula, Shana
Patient of Emergency Department—Feng Mingming (male, 45 years old)
Family of the patient—Du Peng (Feng's wife, 40 years old)

1. Dialogue

Abudula: Dr. Lin, this is Feng Mingming's wife.

Lin Feng: Hello, sit down please. Abudula, please go for Feng mingming's CT examination results first, and come back immediately.

Abudula: All right. I'll go now.

Du Peng: Doctor, has my husband woke up yet?

Lin Feng: Not yet. He is till in deep coma. We want to know if he has a medical history of hypertension and genetic disease.

Du Peng: None of them. He is normally in good health, even rarely gets cold.

Lin Feng: When did the disease attack?

Du Peng: About five o'clock this afternoon, he said he had a flash headache, I thought it was due to his extreme busyness lately, so I told him to take a rest.

Lin Feng: Did he felt better after a rest?

Du Peng: No. After resting for half an hour, his headache became more severe. I found he was fidgety, and his right arm and right leg were clumsy, so I brought him to hospital immediately.

Lin Feng: Has he vomited?

Du Peng: Yes.

Lin Feng: Has he suffered any injuries in this two days? Especially on his head?

Du Peng: No.

Lin Feng: Please think it twice.

Du Peng: Oh, I remember it. When he was hanging a painting on the wall this morning, he fell off the ladder accidentally, and bumped his head on the table.

Lin Feng: Did he feel any uncomfortable at that time?

Du Peng: He fell on the ground without any response, I was terrified, but he was alright soon later.

Lin Feng: It looks like your husband is suffering a cerebral hemorrhage caused by concussion.

Du Peng: Oh, my God.

Abudula: Dr. Lin, the CT scan result comes out ,it is a cerebral hemorrhage, here it is.
Lin Feng: Ah. Get ready for an operation right now.
Du Peng: Doctor, my husband is in dangerous, isn't he?
Lin Feng: His condition is quite bad, you should be fully mentally prepared. Here is the notice of his critically illness.
Du Peng: Oh!Doctor,I beseech you, you must save him! He is only more then 40 years old. If anything happen to him, what could I do? What could my children do?
Abudula: We will try our best to save him. Please let Dr. Lin go for the operation now.

2. Connected Speech (Abudula says to Shana)

Alas! Shana, I just saw a middle-aged man died, I really feel bad about it. The patient was in a coma when he was sent to the hospital, And he had no response to external stimuli, he had a rigid neck , one dilated pupil, with papilledema in eyeground, which indicating that his intracranial pressure was high. Our professor Lin diagnosed him as brain hemorrhage. Professor asked if the patient had got a brain trauma, first his wife said no, yet later she recalled that her husband had fell off the ladder this morning and had a transient consciousness. This is a typical manifest of a concussion. If they had medical general knowledge and had come to the hospital immediately, we could have discovered the problem in time, and operate as soon as possible. Then there would be unlikely such a serious consequence. It is a pity that they lack the knowledge, and take it as a general fall instead of a big problem. Even when the patient began to suffer a headache in the afternoon, his family did not bring him to the hospital immediately, thinking that he was just tired and need a rest. Only when they found his right body was clumsy, then he was brought to the hospital. But he has lost the best treatment opportunity. Although we try our best effort to rescue, it was too late at all, and his life could not be saved finally. He was only 45 years old, not even leave behind a will, what a pity!

LESSON 17

Text

Characters

Intern supervisor—Shan Liang (male, 40 years old)
Intern—Shana
Patient of Emergency Department in bed No.2—Ding Lili (female, 28 years old)
Family of the patient—Wu Jun (Ding Lili's husband, 27 years old)

1. Dialogue

Shana: Ms. Ding, you finally wake up. Where do you feel uncomfortable now?
Ding Lili: My abdomen hurts like hell!
Shana: Ok, let me check, lie down, and put your arms down by your sides, relax your stomach. Does it hurt here?
Ding Lili: No.
Shana: And here?
Ding Lili: Ouch, it's killing me!
Shana: When did the abdomen pain start?
Ding Lili: The day before yesterday when the menstruation came. It didn't hurt too much at first, then it suddenly became serious in the afternoon, for a while it hurt like tearing.
Shana: Did you have nausea and vomiting?
Ding Lili: I did. Afterwards I lost my consciousness.
Shana: Is your period normal this time?
Ding Lili: It was late for almost one month.
Shana: Does it happen like this before?
Ding Lili: Sometimes there might be a delay for around ten days. This time the quantity was particularly little, color darker than usual, and the delay was much longer than before.
Shana: Have you ever had abortion?
Ding Lili: Twice.
Shana: You should had come to the hospital the day before yesterday when the pain started.
Ding Lili: I usually have a dysmenorrhea, so I thought it was like that, and didn't give it a second thought.
Shana: Maybe you got an abortion. I'll called for Professor Shan right now.

2. Dialogue (After Ectopic pregnancy surgery done for Ding Lili, Shan liang come out and walk with Shana)

Shana: Professor Shan, I heard that ectopic pregnancy can be easily misdiagnosed as

	appendicitis, or general spontaneous abortion .How can you diagnose so accurately that she is ectopic pregnancy?
Shan Liang:	Ok, answer the questions first. What is the most common site of ectopic pregnancy?
Shana:	It should be fallopian tube.
Shan Liang:	Right. What's unusual you found when you examined her the very time she's here?
Shana:	She was in a swoon when she came in, pale and sweating on her forehead.
Shan Liang:	What about palpation?
Shana:	There was a soft lump in her right lower quadrant, with obvious tenderness and rebound tenderness.
Shan Liang:	This shows that she is not a general gastroenteritis. For such a women in childbearing age, it is necessary to know the history of her menstrual and reproductive.
Shana:	Oh. The vaginal bleeding was not the same as her normal menstrual, and she also had twice abortions in the past.
Shan Liang:	Yes.To those childbearing age women with abdominal pain, there is possibility of ectopic pregnancy. Do you remember the three typical symptoms of an ectopic pregnancy?
Shana:	Menopause, abdominal pain and vaginal bleeding. Oh, She had all of them.
Shan Liang:	By the time of her abdominal pain, the way of her pain like tearing, and her twice abortion history, I can judge that she was bleeding by fallopian tube rupture of ectopic regnancy.

3. Connected Speech (Shana says to Ding Lili and Wu Jun)

Mrs. Ding, you look really pretty today with red cheeks. You have recovered so well in just a few day after the operation, I can see that Mr. Wu has done a good job. He is really a model husband! Mrs. Ding, you were in a shock the day you came to the hospital, with low blood pressure, cold hands and feet. If your husband didn't send you here in time, you would be in danger. A few days ago you asked me why I gave you an emergency surgery, I had no time to explain at that time, now I'll tell you why. Your menstruation did not come on time, it was not a delay, it's because you were pregnant. Yet the fertilized egg did not lie in uterus, but in your fallopian tube, that is called tubal ectopic pregnancy. The bleeding you had in those days was not the menstruation, it was bleeding by fallopian tube rupture. For the ectopic pregnancy, we can take either surgery or conservative treatment. Conservative treatment is to use drugs to terminate pregnancy without surgery. The choice depends on the site of ectopic pregnancy, the time it occurs and more importantly, if it is broken. If you came to the hospital right after your menstruation, then we can find out it was a tubal ectopic pregnancy earlier, perhaps we could terminate the pregnancy before the embryo development. However, you did not come for treatment in time, but two days after bleeding. The quantity of bleeding was already too large in that case only operation could be taken immediately, otherwise your will be in danger.

附录二 交际活动

1. 你是A,儿科实习生。你刚帮一位手足口病的小孩办完出院手续,很高兴。在路上你遇到在外科实习的好朋友,你向他介绍治疗这个孩子的情况。

2. 你是B,传染病科的病人。你得了乙肝,在医院住院治疗了一个多月。你觉得身体已经好多了,很想出院。最近在医院你又做了一次检查,还不知道检查结果。实习生来的时候,你问他你的身体情况、检查结果、出院时间、出院以后要做什么等问题。

3. 你是A,成段表达中马小芳的丈夫李先生。因工作需要你去外地出差了,刚好在这段时间你的妻子在医院生下了你们的宝宝。一下飞机,你就立即赶到医院看望你的妻子和宝宝,向实习生莎娜了解她们的情况。

4. 你是B,皮肤科的病人,患了红皮病型银屑病。实习生来病房了解情况的时候,你要告诉他得银屑病已经多久了、去过什么地方看、用过什么药、效果怎么样、现在有些什么症状等情况,还要问实习生这里能不能根治你的病,以后要注意什么等问题。

5. 你是A,一位患急性肺结核病人的家属。你既担心她的病治不好,又担心家人会被传染上这种病,还担心病人以后的体质。病人刚进了隔离病房,你就着急地去医生办公室问医生这些问题。

6. 你是A,精神科的实习生。你负责的病人得了重度隐匿性抑郁症,需要住院治疗。你现在去跟病人的丈夫说明病情和治疗方案,还要说明需要家属配合的一些注意事项。

7. 你是A,急诊科的实习生。刚才一位病人因脑震荡引起脑出血去世了,现在你去通知病人家属去办公室拿死亡通知书。家属的情绪比较激动,你要耐心地跟他解释死者的病情和死亡的原因,还要向死者家属介绍一些头部受到碰撞的病人应该注意的问题和生活常识。

8. 你是B,眼科住院部的住院病人,你今年70岁。最近眼睛几乎看不见东西,你来眼科检查后,医生安排你住院了。你既担心自己的眼睛会瞎,又担心医生让你做手术。实习生来的时候,你要回答他的问题,还要把自己的担心告诉他。

9. 你是A,传染病科的实习生。你负责的一位乙肝患者准备出院,你去把这个消息告诉病人和病人家属。还要告诉他们出院后要注意的事,跟病人和病人家属说的话要有点儿不同。

10. 你是B,实习生莎娜。现在你在去新生儿监护室的路上,宝宝的爸爸李先生找到了你,他焦急地向你询问他妻子和孩子的身体情况。你要向他详细介绍新生儿所患病症的名称、

原因和治疗情况等等。

11. 你是A,皮肤科的实习生。你去病房看一位患红皮病型银屑病的病人,了解他的病史、症状和体征等情况。还要回答病人关于治疗这种病的一些问题。

12. 你是角色A,急诊科的实习生。刚才你收治了一位女病人。刚被送来医院时她已经晕厥,病人醒来后你对她进行了检查,询问了她的病因和病史。病人自己怀疑是流产,你觉得不太像。你赶紧去向指导医生报告病人的情况。

13. 你是B,传染病科的实习生。现在医生办公室里只有你一个人。一位病人家属来办公室问医生问题,你要耐心地回答。

14. 你是A,眼科实习生。你去告诉一位老年患者,她得了老年性白内障,需要做手术。老年人对做手术都比害怕,你要耐心地跟她解释,还要告诉她手术后要注意的事情。

15. 你是B,一位急诊科病人的家属,你的丈夫43岁,今天早上从梯子上摔下来,头部碰撞到桌子,当时他躺在地上,你喊他,他没什么反应,过了一会儿就清醒了。可是到下午五六点钟的时候,他突然说头疼,休息了半个多小时后,右手右脚的活动不太灵活了,你马上把他送进医院。他被送进手术室抢救。刚才实习生给你送过病危通知书,你非常担心。现在实习生又来找你了,你要问实习生你丈夫现在的情况,还要根据实习生的话跟他对话。

16. 你是C,传染病科一位乙肝病人的家属。病人患乙肝住院一个多月了。你想知道他的病治好了没有、什么时候可以出院、出院后家属要怎么照顾病人等。实习生来的时候,你问他这些问题。

17. 你是B,外科实习生。你在路上遇到在儿科实习的好朋友。今天他的心情非常好,你问他为什么这么高兴。你还没去儿科实习,对儿科的情况很感兴趣,所以你还要问这位朋友在儿科实习的情况。

18. 你是B,你的妻子得了重度隐匿性抑郁症,而且还有自杀的倾向,你非常担心。你想知道你妻子的病情、医生打算怎么治疗、需要你怎么配合等情况。实习生来的时候,你可以向他询问。

19. 你是B,急诊科医生,带了几位实习生。现在有位实习生跑来向你报告一位情况比较紧急的女病人的病情,你根据临床症状判断她得了宫外孕,并决定立即进行手术治疗。

附录四 部分练习参考答案

第一课

8. (1) 监护室,早产　(2) 浓度　(3) 痊愈　(4) 意义　(5) 血型
　 (6) 算　　　　　　(7) 光疗　(8) 喂养　(9) 定时

第二课

5. (1) 接上——心脏监测仪　　测量——血电解质　　安排——专护
　　　 监护——生命体征　　　滴注——等渗含钠液　口服——补液盐
　 (2) 呼吸——急促　　手脚——冰凉　　眼窝——凹陷　　心音——低钝
　　　 神志——清醒　　症状——消失
6. (1) 弹性　(2) 尽力　(3) 昏迷　(4) 合并　(5) 补液　(6) 清醒　(7) 陪　(8) 专护
　 (9) 休克　(10) 普通

第三课

5. (1) 流质　　(2) 喷剂　　　(3) 烦躁,肯　(4) 黏膜,疱疹
　 (5) 清淡　　(6) 散在,红晕　(7) 鼻涕
7. 会话1：(1) √　(2) ×　(3) √　(4) ×　(5) ×
　 会话2：(1) ×　(2) √　(3) ×　(4) ×　(5) √
　 成段表达：(1) ×　(2) ×　(3) √　(4) ×　(5) ×
8. (1) C　(2) B　(3) D　(4) C　(5) B　(6) D

第四课

8. (1) 接种　　(2) 往往　(3) 暂停　(4) 有利于　(5) 传染病,隔离
　 (6) 青紫色　(7) 杆菌　(8) 喷嚏　(9) 窄

第五课

6. (1) 传染　　(2) 痢疾杆菌　(3) 谦虚　(4) 消毒　(5) 潜伏期,接触
　 (6) 少量　　(7) 卫生　　　(8) 污染　(9) 抗菌药
7. (1) ×　(2) √　(3) √　(4) ×　(5) ×　(6) √　(7) ×　(8) √

229

第六课

7. (1) 指标　　(2) 清除　　(3) 逐步　　(4) 机体　　(5) 心态
   (6) 特殊　　(7) 综合　　(8) 提醒　　(9) 千万　　(10) 损害

第七课

5. (1) 1) 持续—咳嗽　　2) 长期—服药　　3) 定期—检查　　4) 按时—打针
   (2) 1) 增强—抵抗力　2) 引起—炎症　　3) 受到—刺激　　4) 戴—口罩
   　　5) 暴晒—被褥　　6) 培养—结核菌
6. (1) 规定　　(2) 抵抗力　(3) 肺结核　(4) 特效　　(5) 体质,防寒
   (6) 飞沫　　(7) 煮沸　　(8) 虚弱　　(9) 加重　　(10) 距离　　(11) 随地

第八课

5. (1) 比如,嗜睡　　(2) 忍受　　(3) 三长两短　(4) 家族史　(5) 治愈率
   (6) 高发,直系亲属　(7) 丝　　(8) 致癌物质

第九课

5. (1) 滴——眼药水　(2) 按照——医嘱　　(3) 佩戴——眼罩　(4) 流——眼泪
   (5) 定期——复查　(6) 诊断为——青光眼　(7) 保护——眼睛　(8) 安慰——病人
6. (1) 白内障　(2) 瞎　(3) 老花　(4) 管　(5) 安慰　(6) 特殊　(7) 佩戴　(8) 点
   (9) 禁忌　(10) 医嘱

第十课

6. (1) 复查　　(2) 卧床　　(3) 充足　　(4) 理想
   (5) 不可逆　(6) 彻底　　(7) 可怕　　(8) 否则
7. (1) 咳嗽或者剧烈活动会牵拉伤口。
   (2) 药物和激光治疗都没能控制眼压。
   (3) 青光眼对视力的损害是不可逆的。
   (4) 开角型青光眼的患者病情发展得比较慢。
   (5) 出院以后要注意保持充足的睡眠,多让眼睛休息。
   (6) 如果出现眼痛、眼胀,要及时来医院复诊。
   (7) 如果伤口疼痛可以口服或者肌注止痛剂。
   (8) 你最好每天按摩眼球三四次,每次1—3分钟。
8. (1) ×　(2) √　(3) ×　(4) √　(5) √

第十一课

5. (1) 点——眼药水　(2) 揉——眼睛　(3) 吃——红霉素　(4) 戴——防护眼镜
   (5) 拆——线　(6) 移植——角膜　(7) 恢复——视力　(8) 发生——排斥反应
6. (1) √　(2) √　(3) ×　(4) ×　(5) √　(6) ×　(7) ×　(8) √　(9) √　(10) √

第十二课

5. (1) 良好　(2) 少吃多餐　(3) 气味　(4) 通风　(5) 下颌骨
   (6) 错乱　(7) 张口　(8) 颈部　(9) 夹板　(10) 毒性
6. (1) ①面部——畸形　②髁颈——骨折　③骨折段——移位　④张口——困难
      ⑤张口度——增大　⑥肿胀——消退　⑦骨折处——愈合
   (2) ①骨折的——复位和固定　②功能的——恢复
      ③病房的——通风　④手术的——痛苦　⑤髁状突的——运动

第十三课

8. (1) 缓解　(2) 焦虑　(3) 不当　(4) 畏寒　(5) 瘙痒,真菌
   (6) 淋巴结　(7) 充血　(8) 糖皮质激素　(9) 豆制品
9. (1) ×　(2) ×　(3) √　(4) √　(5) ×

第十五课

5. (1) 注意力——集中　(2) 性格——开朗　(3) 精力——旺盛　(4) 心理——咨询
   (5) 效果——明显　(6) 食欲——下降　(7) 心情——烦躁　(8) 病程——延长
6. (1) 抑郁症　(2) 集中　(3) 悲观,咨询　(4) 偏方　(5) 自杀倾向　(6) 精力　(7) 病程
   (8) 为主　(9) 适应

第十六课

7. (1) 过来　(2) 灵活　(3) 脑震荡　(4) 病危　(5) 抢救　(6) 反应　(7) 视乳头,颅内压
   (8) 缺乏　(9) 挽回　(10) 意识丧失

第十七课

6. (1) 软性——肿块　(2) 育龄——妇女　(3) 典型——症状
   (4) 紧急——手术　(5) 治疗——方法　(6) 模范——丈夫
7. (1) 也许　(2) 人流　(3) 推迟　(4) 晕厥　(5) 在意　(6) 及早　(7) 重新　(8) 妊娠
   (9) 输卵管　(10) 育龄妇女

附录五　词汇总表

A

安慰	ānwèi	9
按摩	ànmó	10
暗	àn	10

B

白内障	báinèizhàng	9
百白破疫苗	Bǎibáipòyìmiáo	4
百日咳	bǎirìké	4
包括	bāokuò	15
包扎	bāozā	10
保健	bǎojiàn	11
保守	bǎoshǒu	17
保证	bǎozhèng	11
暴晒	bàoshài	7
悲观	bēiguān	15
被褥	bèirù	7
鼻塞	bísāi	8
鼻涕	bítì	3
鼻咽癌	bíyān'ái	8
闭口	bìkǒu	12
扁桃体	biǎntáotǐ	13
表面抗体	biǎomiàn kàngtǐ	6
表面抗原	biǎomiàn kàngyuán	6
丙种球蛋白	bǐngzhǒng qiúdànbái	1
病程	bìngchéng	15
病危	bìngwēi	16
补液	bǔyè	2
补液盐	bǔyèyán	2
哺乳	bǔrǔ	1
不当	búdàng	13
不然	bùrán	14
不至于	búzhìyú	16

C

苍蝇	cāngying	5
测量	cèliáng	2
拆线	chāi xiàn	11
常识	chángshí	16
潮红	cháohóng	13
彻底	chèdǐ	10
成熟	chéngshú	4
成熟期	chéngshúqī	9
充分	chōngfèn	16
充血	chōngxuè	13
充足	chōngzú	10
重新	chóngxīn	17
抽筋	chōujīn	4
处于	chǔyú	2
传染	chuánrǎn	5
传染病	chuánrǎnbìng	4
床单	chuángdān	14
错乱	cuòluàn	12

D

大三阳	dàsānyáng	6
大意	dàyì	11
带状疱疹	dàizhuàng pàozhěn	14
单纯性	dānchúnxìng	12
胆红素	dǎnhóngsù	1
盗汗	dàohàn	7

等渗含钠液	děngshèn hánnàyè	2
滴	dī	8
滴注	dīzhù	2
抵抗力	dǐkànglì	7
点	diǎn	9
电解质	diànjiězhì	2
定时	dìngshí	1
抖动	dǒudòng	3
豆制品	dòuzhìpǐn	13
毒性	dúxìng	12
度	dù	12
短暂	duǎnzàn	16
堆积	duījī	4
对症下药	duìzhèng xiàyào	14
钝	dùn	2

E

耳鸣	ěrmíng	8

F

烦躁	fánzào	3
防寒	fánghán	7
防护	fánghù	11
飞沫	fēimò	7
沸	fèi	7
肺结核	fèijiéhé	7
粪便	fènbiàn	5
否则	fǒuzé	10
辅	fǔ	15
妇女	fùnǚ	17
复诊	fùzhěn	10

G

杆菌	gǎnjūn	4
高发	gāofā	8
隔离	gélí	4
膈胸膜	géxiōngmó	7
个别	gèbié	11
根本	gēnběn	15
根部	gēnbù	14
宫外孕	gōngwàiyùn	17
管	guǎn	9
光定位	guāngdìngwèi	9
光疗	guāngliáo	1
光线	guāngxiàn	10
广告	guǎnggào	13
规定	guīdìng	7

H

合并	hébìng	2
核	hé	9
核心抗体	héxīn kàngtǐ	6
黑褐色	hēihèsè	9
红霉素	hóngméisù	4
红皮病型银屑病	hóngpíbìngxíng yínxièbìng	13
红润	hóngrùn	17
红晕	hóngyùn	3
喉咙	hóulóng	15
后遗	hòuyí	14
划不来	huábulái	11
化	huà	6
环孢霉素A	huánbāo méisùA	11

缓解	huǎnjiě	13	颈椎	jǐngzhuī	15
缓慢	huǎnmàn	10	酒精	jiǔjīng	6
换血	huàn xiě	1	就诊	jiùzhěn	17
磺胺	huáng'ān	5	巨噬细胞	jùshì xìbāo	5
混浊	hùnzhuó	9	距离	jùlí	7
			捐赠	juānzèng	11
			决心	juéxīn	15

J

K

机体	jītǐ	6			
肌注	jīzhù	10			
激光	jīguāng	10	开放性骨折	kāifàngxìng gǔzhé	12
及早	jízǎo	17	开角型青光眼	kāijiǎoxíng qīngguāngyǎn	10
集中	jízhōng	15	开朗	kāilǎng	15
加工	jiāgōng	6	抗	kàng	4
加重	jiāzhòng	7	抗菌药	kàngjūnyào	5
夹板	jiābǎn	12	髁状突	kēzhuàngtū	12
家族史	jiāzúshǐ	8	可能性	kěnéngxìng	10
监护室	jiānhùshì	1	可逆	kěnì	10
煎炸	jiānzhá	14	可怕	kěpà	10
剪	jiǎn	14	可惜	kěxī	16
见效	jiànxiào	14	肯	kěn	3
焦虑	jiāolǜ	13	口干舌燥	kǒugān shézào	15
角膜	jiǎomó	11	口腔	kǒuqiāng	3
接触	jiēchù	5	口水	kǒushuǐ	3
接种	jiēzhòng	4	口罩	kǒuzhào	7
结核菌	jiéhéjūn	7	快速	kuàisù	1
结痂	jiéjiā	14	宽松	kuānsōng	14
结膜	jiémó	11	喹诺酮	kuínuòtóng	5
尽	jìn	16			
尽力	jìn lì	2		L	
禁忌	jìnjì	9			
禁酒	jìn jiǔ	6	痨病	láobìng	7
惊厥	jīngjué	3	老花	lǎohuā	9
晶体	jīngtǐ	9	老人家	lǎorénjiā	9
精力	jīnglì	15	理想	lǐxiǎng	10
颈部	jǐngbù	12	痢疾	lìji	5

良好	liánghǎo	12
凉拌菜	liángbàncài	5
两对半	liǎngduìbàn	6
疗效	liáoxiào	1
裂隙灯检查	lièxìdēng jiǎnchá	9
淋巴结	línbājié	8
灵活	línghuó	16
流产	liúchǎn	17
流质	liúzhì	3
颅内压	lúnèiyā	16

M

盲目	mángmù	13
毛细血管	máoxì xuèguǎn	13
扪诊	ménzhěn	12
米粒	mǐlì	14
模范	mófàn	17
母乳	mǔrǔ	1

N

囊外摘除术	nángwài zhāichúshù	9
脑震荡	nǎozhèndàng	16
嫩	nèn	1
黏膜	niánmó	3
黏液	niányè	5
浓度	nóngdù	1
脓血	nóngxuè	5
弄	nòng	13
女婴	nǚyīng	1

P

排斥	páichì	11
疱疹	pàozhěn	3
胚胎	pēitāi	17
陪	péi	2
培养	péiyǎng	5
佩戴	pèidài	9
喷	pēn	3
喷剂	pēnjì	3
喷嚏	pēnti	4
碰	pèng	16
皮疹	pízhěn	14
皮质类固醇	pízhì lèigùchún	11
偏方	piānfāng	15
偏头痛	piāntóutòng	8
普通	pǔtōng	2

Q

其实	qíshí	13
气味	qìwèi	12
器官	qìguān	11
千万	qiānwàn	6
牵拉	qiānlā	10
谦虚	qiānxū	5
潜伏期	qiánfúqī	5
强直	qiángzhí	16
亲属	qīnshǔ	8
青光眼	qīngguāngyǎn	10
青紫色	qīngzǐsè	4
倾向	qīngxiàng	15
清除	qīngchú	6
清淡	qīngdàn	3
清洁	qīngjié	14
清醒	qīngxǐng	2
庆大霉素	qìngdàméisù	5
丘疹	qiūzhěn	14
痊愈	quányù	1
缺乏	quēfá	16

缺氧	quēyǎng	4

R

人工晶体植入术	réngōng jīngtǐ zhírùshù	9
人流	rénliú	17
忍受	rěnshòu	8
溶血性黄疸	róngxuèxìng huángdǎn	1
柔和	róuhé	10
揉	róu	11
软	ruǎn	1
软性	ruǎnxìng	17

S

三长两短	sāncháng liǎng duǎn	8
散在	sǎnzài	3
丧失	sàngshī	16
瘙痒	sàoyǎng	13
色盲	sèmáng	9
烧	shāo	14
少吃多餐	shǎochī duō cān	12
少量	shǎoliàng	5
神志	shénzhì	2
肾上腺皮质激素	shènshàngxiàn pízhì jīsù	4
生理性黄疸	shēnglǐxìng huángdǎn	1
生物相容性	shēngwù xiāngróngxìng	12
生育	shēngyù	17
失败	shībài	11
失明	shīmíng	10
事项	shìxiàng	11
视力	shìlì	8
视乳头	shìrǔtóu	16

适应	shìyìng	15
适中	shìzhōng	14
嗜	shì	8
嗜睡	shìshuì	3
嗜酸性粒细胞	shìsuānxìng lìxìbāo	13
手足口病	shǒuzúkǒubìng	3
受精卵	shòujīngluǎn	17
输卵管	shūluǎnguǎn	17
输氧	shū yǎng	2
水疱	shuǐpào	3
丝	sī	8
思想	sīxiǎng	6
撕裂	sīliè	17
算	suàn	1
随地	suídì	7
随意	suíyì	11
损害	sǔnhài	6

T

弹性	tánxìng	2
台阶	táijiē	12
钛合金小夹板坚固内固定术	tàihéjīn xiǎojiābǎn jiāngù nèigùdìngshù	12
痰盂	tányú	7
糖皮质激素	táng pízhì jīsù	11
特殊	tèshū	6
特效	tèxiào	7
梯子	tīzi	16
体质	tǐzhì	7
调理	tiáolǐ	2
停经	tíngjīng	17
通风	tōngfēng	12
痛经	tòngjīng	17

推迟	tuīchí	17
臀部	túnbù	3
拖	tuō	4
脱落	tuōluò	14
脱水	tuōshuǐ	2
脱屑	tuōxiè	13

W

外界	wàijiè	16
挽回	wǎnhuí	16
往往	wǎngwǎng	4
唯一	wéiyī	11
萎缩	wěisuō	14
卫生	wèishēng	5
畏寒	wèihán	13
喂养	wèiyǎng	1
卧床	wòchuáng	10
污染	wūrǎn	5
误伤	wùshāng	9

X

稀便	xībiàn	5
瞎	xiā	9
咸鱼	xiányú	8
消毒	xiāodú	5
小三阳	xiǎosānyáng	6
心理	xīnlǐ	15
心态	xīntài	6
心脏监测仪	xīnzàng jiāncèyí	2
新生儿	xīnshēng'ér	1
性格	xìnggé	15
休克	xiūkè	2
修复	xiūfù	6

虚弱	xūruò	7
血型	xuèxíng	1
寻常型银屑病	xúnchángxíng yínxièbìng	13

Y

咽喉	yānhóu	8
腌肉	yānròu	8
腌制食品	yānzhì shípǐn	8
严格	yángé	11
掩盖	yǎngài	15
眼底	yǎndǐ	9
眼窝	yǎnwō	2
眼压	yǎnyā	10
眼罩	yǎnzhào	9
咬合	yǎohé	12
也许	yěxǔ	17
医嘱	yīzhǔ	9
遗书	yíshū	15
遗嘱	yízhǔ	16
以…为…	yǐ...wéi...	15
抑郁症	yìyùzhèng	15
意识	yìshi	16
意义	yìyì	1
银屑病	yínxièbìng	13
隐匿	yǐnnì	15
婴儿	yīng'ér	4
有利	yǒulì	4
育龄	yùlíng	17
原来	yuánlái	14
晕厥	yūnjué	17

Z

在意	zàiyì	17

暂停	zàntíng	4	重度	zhòngdù	2
糟糕	zāogāo	16	重症	zhòngzhèng	2
早产	zǎochǎn	1	粥	zhōu	3
造成	zàochéng	14	逐步	zhúbù	6
窄	zhǎi	4	煮	zhǔ	5
张口	zhāngkǒu	12	抓挠	zhuānáo	13
折磨	zhémó	11	专护	zhuānhù	2
真菌	zhēnjūn	13	状态	zhuàngtài	2
疹子	zhěnzi	3	追求	zhuīqiú	13
脂肪肝	zhīfánggān	6	咨询	zīxún	15
直系	zhíxì	8	自然	zìrán	17
指标	zhǐbiāo	6	自杀	zìshā	15
指甲	zhǐjia	14	自我	zìwǒ	11
治愈	zhìyù	8	综合	zōnghé	6
致癌物质	zhì'ái wùzhì	8	总是	zǒngshì	14
中度	zhōngdù	6	足	zú	3
终止	zhōngzhǐ	17	足月	zúyuè	1